U0525056

本书的出版得到了国家语言文字委员会"汉语外来词称名的输入认知机制研究"项目的资助和支持,在此谨致以由衷的谢意!

日本近代
社会经济发展述略

张云驹　卢坤洁 ◎ 著

中国社会科学出版社

图书在版编目（CIP）数据

日本近代社会经济发展述略／张云驹，卢坤洁著．—北京：中国社会科学出版社，2019.9
ISBN 978-7-5203-3612-3

Ⅰ．①日… Ⅱ．①张…②卢… Ⅲ．①经济史—日本—近代②社会发展史—日本—近代 Ⅳ．①F131.394②K313.41

中国版本图书馆 CIP 数据核字（2018）第 265924 号

出 版 人	赵剑英
责任编辑	高　歌
责任校对	闫　萃
责任印制	戴　宽

出　版	中国社会科学出版社
社　址	北京鼓楼西大街甲 158 号
邮　编	100720
网　址	http://www.csspw.cn
发行部	010-84083685
门市部	010-84029450
经　销	新华书店及其他书店
印　刷	北京明恒达印务有限公司
装　订	廊坊市广阳区广增装订厂
版　次	2019 年 9 月第 1 版
印　次	2019 年 9 月第 1 次印刷
开　本	710×1000　1/16
印　张	13.75
插　页	2
字　数	217 千字
定　价	68.00 元

凡购买中国社会科学出版社图书，如有质量问题请与本社营销中心联系调换
电话：010-84083683
版权所有　侵权必究

序 言

张云驹

在当今世界经济活动中，东亚无疑是最为活跃的地区之一。同时，东亚也是国际政治关系最为复杂，存在诸多不确定因素的热点地区。除域内国家的我国和俄罗斯、日本、朝鲜半岛两国外，域外国家的美国等也在这一地区有着重要的战略利益。

今天，美国特朗普政府的全球贸易大棒，已经对世界各大经济体构成了新的重大挑战。9月下旬，日本首相安倍晋三即将访华，冻结7年的中日首脑会晤机制将得以重启；第二次"特金会"据说也将于2019年年初举行，围绕东亚政治、经济、军事等的话题，一直是国际关系中的重大热点事件。

尽管面临诸多困难，东亚各国仍应以建立政治和平、经济繁荣的东亚为目标。要实现这一目标，最好的办法就是相关各方融为一体，达到你中有我，我中有你的状态。这个过程将是漫长和艰苦的，但我相信，东亚各国的政府和人民能够做到。东亚各国都对自己的文明史充满自豪，自认聪明和智慧，而且热爱和平。我们应该有能力在各国国内推进对历史的反思，达成共识，形成一种有利于和周边各国建立某种命运共同体的氛围，从最具可操作性的方面着手，逐步扩大，建立起类似欧盟的东亚联盟。这对东亚各国都是最理想的选择。

要实现这一目标，其艰难可想而知。东亚各国的历史积怨、美国的存在、朝鲜半岛的现状、中日关系、俄日关系……，随便一个难题都能阻碍此进程的发展。困难不可回避，条件同样可以创造。在国际经济全球化、区域化的大环境下，没有哪一个国家或地区能够置身事外，任何国家都需要与他国进行合作。世界上业已存在众多政治、经济利益共同体，欧盟自不必说，北美、东盟、中国—东盟之间的经济合作，也卓有成效，有目共睹。

遗憾的是，东亚的中国、日本、俄罗斯、朝鲜、韩国之间，没有涵盖全域的自由贸易圈的安排。经贸关系密切如中日，也没有这方面的计划。在世界大部分国家享受着经济全球化、区域化带来的巨大利益的今天，东亚各国由于没有和自己的近邻建立起类似的经贸关系所蒙受的损失无疑是巨大的。

各国学者应从学术上对历史和现状进行研究，各国政府和民众应对历史和现状进行反思。从学术角度来说，日本近代经济发展史、中国近代经济发展史、朝鲜半岛民族和解的可能性、俄日和解的可能性、东亚钢铁联盟、东亚造船联盟、东亚自由贸易圈等的可能性，均是值得研究的。

日本接受西方先进文化和技术的过程，经历了内外因交错互动的复杂磨炼，历史又一次证明外因是变化的条件，内因才是变化的根据。本书就是力图对明治维新前后，日本人以利国实用为标准，自如地调适社会机制，有效地吸纳欧美的文化和技术，使自己迅速地实现了工业立国的愿望进行阐释。日本近代化的过程留给人们的不仅是丰富的工业产品，还应该有丰富的文化内涵。他山之石，可以攻玉，日本的经验和教训，肯定也有可供国人参考之亮点。

第二次世界大战之后日本社会经济的变化，有更为丰富的内涵可供学人讨论研究。虽然这些问题不在本书的论述范围，但这些纷繁复杂的历史事项也已纳入本人的学术视野，我将继续与大家共同讨论这些繁杂而有趣的学术问题。

从事东亚政治、经济、文化交流研究多年，我把自己平时的所思、所想呈现给各位，希望能起到抛砖引玉的作用。

是为序。

2018 年 9 月

目　录

绪　论 ·· 1

第一章　近代资本主义的萌芽 ·· 11
第一节　江户时代的特征 ·· 11
第二节　日本的原工业化 ·· 33

第二章　倒幕运动 ·· 40
第一节　国内外危机的加剧 ··· 40
第二节　开放港口与幕府的倒台 ··· 48

第三章　明治政府的政策目标 ·· 62
第一节　国家战略 ·· 62
第二节　改革措施 ·· 71

第四章　殖产兴业 ·· 92
第一节　近代工业化的基础 ··· 92
第二节　产业发展 ·· 96

第五章　财政改革和金融 ·· 112
第一节　财税政策 ·· 112

第二节　金融政策 ……………………………………………… 117

第六章　明治维新与近代国家 ……………………………………… 131
　　第一节　近代国家的诞生 ……………………………………… 131
　　第二节　明治维新的性质 ……………………………………… 144

第七章　明治维新之启示 …………………………………………… 151
　　第一节　中日维新的比较 ……………………………………… 151
　　第二节　明治维新引发的思考 ………………………………… 170

第八章　出口热和大萧条 …………………………………………… 179
　　第一节　第一次世界大战和泡沫经济 ………………………… 179
　　第二节　汇率问题和协调外交 ………………………… 184

第九章　战争与经济 ………………………………………………… 187
　　第一节　从中国东北到太平洋 ………………………………… 187
　　第二节　战时经济 ……………………………………………… 200

结束语 ………………………………………………………………… 213

参考文献 ……………………………………………………………… 214

绪　论

1. 外来文化的冲击与日本的社会结构

日本在历史上两次受到外来文化的全方位冲击。这种冲击几乎涵盖了人类社会生活的各个方面，日本几乎被这种外来影响所吞没。

6世纪末起，自3世纪汉朝灭亡之后一直处于分裂状态的中国在隋朝（公元581—618年）和唐朝（公元618—907年）时进入复苏、繁盛时期。中华帝国的强大威武在各个方面均让日本感到震撼并折服。对统治阶层来说，唐朝完善的政府体制，佛教教义的制度化，尤其有吸引力。大量的"遣隋使""遣唐使"被派往中国，全面学习、吸收中国政治、经济、文化、艺术等各方面的经验，用于日本的政治、社会、经济等方面的建设与发展。

隋唐时期中国文化对日本的影响是广泛的。在政治上，日本留学生归国后，效仿唐朝制度进行"大化改新"①，使日本逐步建立起封建制度；在文化领域，日本大量吸取了唐朝的文化，效仿唐朝的教育，以儒家经典为教科书，也在中央设太学，地方设国学；在生活习惯上，习染唐风，学会唐朝制茶方法，后发扬光大，形成独具风格的茶道，此外日本人也在重阳节登高，日本的传统服装和服也是由唐朝服装改进而来，他们还向唐朝学习了做豆腐、生产酱油以及榨糖、缝纫等工艺，围棋也于此时传入日本。唐朝对日本文化的影响正如日本

---

① 大化改新：按照飞鸟时代孝德天皇于大化二年（公元646年）春发布的"改新之诏"进行的政治改革。中大兄皇子（即后来的天智天皇）和中臣镰足等人暗杀苏我入鹿，消灭苏我一族（乙巳之变）后，将首都从飞鸟迁至难波宫（现大阪中央区），以苏我家族等飞鸟豪族为中心的政治体制开始向以天皇为中心的政治体制转变。大化是日本最初的年号，日本这一国家的起源就是这一时代。

汉学家内藤湖南所说：日本民族未与中国文化接触以前是一锅豆浆，中国文化就像碱水一样，日本民族和中国文化一接触就成了豆腐了。这形象地说明了唐朝对日本的巨大影响——促进了日本文化的形成与发展。中日文化间的这种交流，不仅让人感受到唐朝在与日本交往中所显示的强盛，同时还感受到日本民族是一个非常善于向先进文化学习的民族，这种好学精神有利于推动本国经济文化的发展。唐日友好往来的历史也告诫后人，只有和平友好往来，双方民族才会共同进步。中国的文化能用八字概括——"源远流长，博大精深"。尤其在隋唐时期达到了全面繁荣，邻国争相学习效仿，在隋朝时各国便派出遣唐使来到中国学习安邦定国之策，文化繁荣之道，日本是其中受影响最大的国家之一。公元630—894年的两个多世纪中，日本派出了十几次遣唐使团，每次少则250人，多则600人。他们到长安太子监学习各种专业知识，到处参观采访，充分领略唐朝的风土人情。他们在中国时与一些诗人结下了深厚的友谊。最著名的例子就是：晁衡（阿倍仲麻吕）回国时不幸沉船，一时人们都以为他死了而悼念他，李白曾为此作了一首《哭晁衡》。

  遣唐使回国后在日本崭露头角，在各领域都有一定建树。遣唐使是中日文化交流中的空前盛举，特别对推动日本社会的发展和促进中日友好交流作出了巨大贡献，结出了丰硕的成果。遣唐使的贡献首先应该是引进唐朝的典章律令，从而推动日本社会制度的革新。遣唐使在长安的考察学习中博览群书，如饥似渴；回国后仿行唐朝教育制度，开设各类学校授学，培养了大批人才。此外，他们还汲取唐文化以提高日本文化艺术水平。遣唐使每次都满载而归，带去大量汉籍佛经，朝野上下竞相诵读唐诗汉文，白居易等著名诗人的诗集在日本广泛流传。遣唐使还输入唐朝书法、绘画、雕塑、音乐、舞蹈等艺术。唐文化的传播不仅靠的外在因素，还在于日本人所具有的广泛吸收的优点，他们善于利用别国的经验改善和提高自己。

  在留学唐朝回国人士的策动下，645年，以中大兄弟皇子为核心的政治集团为了铲除日益骄横的苏我氏一族，发动革新政变，更改国号为大化，颁布诏书实行新政，建立起中央集权的天皇制国家，仿照隋唐的政治、经济制度进行改革，史称"大化改新"。政治方面，在中央设二官、八省、一台，地方设国、郡、里，分别由国司、郡司、里长治理，废除贵族世袭制，制定官制和冠位制。新政中以唐朝的制度为蓝本，制定了《大宝律令》和《养老律令》，以法律形式确认了新的封建政治经济制度。经济方面，改革了土地制度。仿照唐朝租庸调制颁布了《班田收授法》，规定受田民众必须担负租庸调制。《班田收授法》的颁布，抑制了土地兼并，解除了豪族对部民的奴役，固定农民的租税和徭役负担，并承认农民宅地、园地的私有权和山林池沼的使用权。这些政策措施极大地促进了日本经济的发展。随着改革的深入，中日之间的政治、经济交流也日益密切。大化改新后，日本古代社会关系发生重大变化，氏族和奴隶主的统治最后崩溃。建立起了为新的生产关系开辟道路的上层建筑，日本社会从此开始过渡到封建社会。

奈良时代是中日文化交流的新高潮，新的农业制度——班田制度促进了社会生产力的发展，由中国传入的先进农业技术得到大力推广，当时广泛使用的先进的生产工具中有许多由中国传入，如镘镘，又称"唐镘"，就是当时自中国传入的大型锄具。日本人的博采众长，使他们在建筑、服饰、医学、文字等方面受益匪浅。现在的日本还保留着一些唐朝遗风，而在文化交流中影响最大的莫过于文字和语言。日本民众在中国汉字标音表意的基础上创造了日本假名字母——平假名和片假名，大大推动了日本文化的发展，与此同时，"唐镢""唐犁""唐锻冶""唐讹""唐墨""唐物"等名称在日本语言中大量出现，极大地丰富了日本的词汇。儒学和道家精神也在日本蔓延开来，深深地影响了日本的文化与人们的思想，中国文化已经深深地烙进了日本的历史里。

19世纪，日本又受到西方列强的冲击。这一次的冲击不仅促成了日本的"开港"，还导致了1868年德川幕府的终结和1871年大名领地被取消。取得政权的明治政府颁布了一系列旨在使日本迅速实现资本主义现代化的法令，实施了涉及当时日本社会各方面的变革措施，最终使日本成功进入资本主义列强俱乐部。

一直以来，日本都表现出一种对外来强势文化无条件接受、心悦诚服接纳的姿态，以至于多数人认为日本是一个无创新能力，只会模仿的国家。其原因一是由于地理上的孤立导致的孤陋寡闻，二是由于其社会发展总是落后于世界主流国家。而"比较文明论"学者梅棹忠夫①却认为，日本和英国等西欧各国，与亚欧大陆各阶段的伟大文明均保持了若即若离的距离。与其他国家相比，在能够根据自身需要吸收这些文明所创造的成果的同时，避免了遭受侵略和破坏之苦，从而得以持续专注于本国社会经济的发展。与遭到侵略和破坏后不得不从零开始的社会相比，日本和西欧各国把国内文化和外来影响恰到好处地融合在一起，创造了内部发展的空间。在此背景下，日本和西欧独立且平行地实现了各自的发展。先是建立了封建制度，工商业的发展造就了资产阶级，并最终发展成为资本主义国家。因此，和工业革命在英国兴起一样，日本作为唯一的非欧美国家实现了高度的资本主义现代化并非偶然。梅棹认为，若没有江户时期长达263年锁国政策的束缚，日英两国甚至有可能同时经历工业革命。具备实现工业化所需的所有必要历史条件的，只有西欧和日本。日本并非在模仿西欧，而是两个地区各自进行了自发且独立的发展。

梅棹先生是"比较文明论"的专家，特别强调社会结构的发展和物理距离的决定性作用，对民族性的活力和可塑性却基本上持否定态度。客观地说，单就特定的历史时期尤其是明治维新前的日本社会的状况而言，笔者认为其"比较文明论"是具有说服力的。是对日本为何在遭遇欧美列强之前就已经形成了他国所没有的、适合发展资本主义的独特社会结构的最佳解答。因为日本确实在长达两千多年的时间里持续地、有机地进行了自身的发展。因为日本一直灵活地、多层次地接受并包容了多种新的外来文化，奠定了适应欧美思想，转化并吸收欧美技术的基础。

日本成为基督教世界之外的第一个现代化国家，根本原因在于其传统社会结构不同于东方各国而与西欧相似。明治维新前，其文化结构已趋多元化，政经分离、土地权和货币权分属于不同的阶级，政治上各藩自立，幕府并不是独揽大权的中央政府。这些都为日本现代化的启动创造了有利的条件，促进了明

---

① 梅棹忠夫（Tadao Umesao）：1920年出生于日本京都市，2010年7月3日去世，享年90岁。京都帝国大学理学博士，主修民族学、比较文明学。在大学一开始主修的是动物学，但由于一次内蒙古学术调查的契机，转而改修民族学，致力于现场调查工作，足迹遍布阿富汗、东南亚、东非、欧洲等地。在蒙古和东非等地进行调查的基础上，梅棹忠夫提出了具有独创性的文明论，在1957年出版的著作《文明的生态史观》中，他大力强调西欧的文明与日本的文明几乎都是在同一条轨道上进化着，引起了巨大反响。此外，其阐述信息处理方式的《知性生产技术》一书曾非常畅销。

治维新的成功。

夏目漱石①在《现代日本的开化》中称,西洋的开化是自发型的,而日本的开化是外压型的。西方的潮流左右着日本的现代式开化,他把日本比喻成一个拘谨的食客,在面对现代化潮流时,"连饭菜的样子还没有看清楚,旧菜就被端走,新的一轮饭菜又上来了"。

在日本基本完成现代化之后,一批学者把"东洋的现代性"作为一个命题来探询。梅棹先生就认为与其把日本视为一种西方话语中的未开化者,不如把它视为平行的文明体。日本确实在遭遇欧美列强之前,已经形成他国所没有的一种独特的社会结构。日本社会具有一种类似洋葱式的结构,这使它在对应冲击时相比其他传统社会的硬球式结构更具有弹性。从稻米耕作、佛教传入、中国文化和政治体系的引进,到后来应对来自西方的冲击,一连串看似戏剧性的变革过程中,贯穿始终的是一种高度的灵活性和明确的实用主义。当然,对于这种实用主义,赞之者认为,正是这些多重的同一性使日本没有陷入僵化,但弹之者则认为其埋下了很多陷阱,尤其是政商联合体和军国主义。

日本的现代化基本上是在四个层面展开的。经济的现代化,通过产业化实现经济增长;政治的现代化,实现分权体系和民主化;社会结构的现代化,完成乡土关系和血缘关系向功能化社会的转化;文化的现代化,完成传统向现代的转变,从"天理"走向"公理"。

日本江户时代(1603—1867年)的社会是农耕社会,90%的国民被束缚在土地上,但农民并非没有讨价还价的权利。农村的基层组织类似一种自治体,而村官也由农民担任。这形成了一种博弈:要么相应地降低年贡以使幕府和各藩以极低的行政成本获得税收,要么完全相反。运输业的发达和商业的发达并没有使幕府的商业政策得以连贯地执行。而且由于日本的国土面积狭小,在江户中期就形成了国内统一市场。

当时初等教育就比较普及。意大利使节阿尔米尼杨在回忆录中写道:江户与大阪有教授科学与文学的学校。江户时期的平民教育机构在关西主要是"寺子屋",在关东则主要是"手习师匠"。明治初期之所以能够迅速实施义务教育,

---

① 夏目漱石:日本近代作家,生于江户的牛込马场下横町(今东京都新宿区喜久井町)一个小吏家庭,是家中末子,在日本近代文学史上享有很高的地位,被称为"国民大作家"。代表作有《我是猫》《心》《哥儿》等。

是因为在江户后期已经有了好的基础。德川幕府时期，商人阶层就已经开始形成，所以在日本一直存在着一个训练有素的企业家阶层，他们不仅将自己在经济活动中积累的财富用于再投资，而且为社会积蓄了经济发展所必需的人力资本。对明治时期的产业振兴起了积极的作用。

现代化和全球化是一个充满风险的过程，虽有"内源性现代化者"为目标，但后来者绝对无法简单复制。在剧烈的变迁中，很多人都怀着一种矛盾心理，要结果，而不是过程。在这个颠簸不堪的行程中，现代化这种"普遍的溶剂"到底会融化什么，又会造成什么样的紧张，无疑是一个海中行舟的过程：看起来到处都是航路，却极易迷失，但这是现代化后来者所必须要克服的"现代性痉挛"。

作为现代化的后来者，日本一直存在一种困惑。国家权力不强力推进，现代性将因为社会发展缓慢而丧失生长的空间；如果国家变成利维坦，又无法形成适应市场发展的公民社会，扼杀自由和创新的可能。由国家主导的现代化进程从1868年明治维新后强有力的民族国家的形成开始，到随之而来的军事扩张、对外扩张，1931—1945年的战时经济，直至1945年8月15日，这一进程才被打断。

日本开始现代化之时，维多利亚时代已经结束。对日本的冲击来自已经发生了结构性变化的欧美势力。明治维新是日本与这股势力碰撞的第一次综合反应。明治时代的政治目标是制定宪法，设置西方式的议会。国家甚至开设了主要邀请欧美外交官光临的国营舞厅鹿鸣馆①，全盘西化、"脱亚入欧"② 表现得淋漓尽致。在《日本的经济与政治现代化》中，洛克伍德梳理了这一脉络。1871年，藩的建制被废除，以利于将政治权威集中于东京。1873年，进行了土地税改革，从而使来自农业的收入固定化了，在接下来的40余年里，这一

---

① 鹿鸣馆（rokumeikan）：日本明治维新后在东京建的一所类似沙龙的会馆，供改革西化后的达官贵人聚会和附庸风雅的地方。由于来客都是日本现代化的栋梁型人物，很多重要的政策都出自鹿鸣馆。

② 脱亚入欧：1885年3月16日，福泽谕吉在《时事新报》上发表《脱亚论》一文，称"为今日计，我国不应犹豫等待邻国之开明而共同振兴亚细亚，不如脱离其行列与西方文明之国共进退；对待支那、朝鲜之法，亦不能因为其邻国而给予特别关照，唯有按西洋人对待彼等之法处理之"。"脱亚入欧"口号一经提出，便被日本政府奉为圭臬，成为明治维新时期日本列岛上下喊得最响亮的口号。日本在甲午战争前后完成"第一次工业革命"，在日俄战争后的十多年间，又进行了"以重工业为中心的电力产业革命"，即"第二次工业革命"，在经济上完成了"脱亚入欧"。第一次世界大战后，日本以世界五大国之一的身份，与新老帝国主义国家英、法、美等共同主持和参与了巴黎和会和华盛顿会议，从而在政治上完成了"脱亚入欧"。

直是政府的主要收入。在银行和货币领域中进行的改革进一步为收入的稳定增长铺平了道路。但是1880年之后，为了满足扩充海军对资金的需求，政府卖掉了大部分不能赢利的工业企业。但是随后又建了八幡制铁所，实行铁路、电话和电报的国有化，政府还保留了某些兵工厂和码头。而且政府保留了使私人资本能纳入工业发展轨道的权力。在官员和企业家间形成了一种对双方均有利的复杂的利益联盟。这种国家与利润的混合物，最终决定了日本"金钱与武力"联盟的特点。而寡头政治最后演变成了一种变形的权威主义。

在此过程中，民众到较晚时期才开始分享社会发展进步的成果。在封建地租废除后，他们所承担的沉重的土地税占了国家税收的一半以上。而在工业发展之后，对劳动力的吸收才改变了这一局面。农民是将工业化的负担背在自己身上的忍辱负重的阿特拉斯。值得注意的是，明治时期的政治活动家并没有使用极端的方式迫使农民抛弃以前的生活方式，而是以有利于工业化的方式，维持了日本社会的保守主义基础。这样，日本现代化发展的框架得以形成，强化了私人财产的所有权。日本在使用国家资源来促进工业化的时候，是非常强硬的。但在刺激经济增长的时候并没有促进脱离民族传统的激进要求。

当然，经济增长并非直接意味着社会秩序的稳定和发展。如果没有对社会失序的防范，那么变迁和增长无疑是一种危险的因素。从事比较现代化研究的沙尔玛认为：比较俄罗斯、土耳其的现代化过程，就会发现日本的特殊性。俄国社会以惯例和宗教为支撑，成为一个实行君主制的封建政治国家。而19世纪的奥斯曼帝国是一个横跨三大洲的国家，全部社会生活处于宗教法律之下，缺少国家认同感。而日本社会具有明显的同质性，有着共同的语言和文化。日本的宗教是神道教、儒教和佛教的混合物，不存在不同宗教的严重对立。因此在卷入现代化的漩涡后，呈现不同于他国的特质，体现出很好的灵活性。

2. 明治维新的性质

1868年的日本明治维新是一场没有资产阶级领导的资产阶级革命。这是因为明治维新前，资本主义因素渗入农村，促进了农村的阶级分化，产生了新兴地主；工场手工业也得到了较大的发展，出现了一些资本家。但是拥有雄厚经济实力的是高利贷商人，而不是资产阶级。资产阶级处于形成时期，还没有形成独立的政治力量,因此无力单独领导这次革命。明治维新之所以能够成功,一是因为商品经济的发展对封建统治阶级起了瓦解作用,使封建统治阶级产生分化,等级制度被破坏,中下级武士成为反幕府的主要力量,领导了这场革命。二是因为西方列强的入侵进一步暴露了日本的落后和幕府统治的腐朽,加深了原有的社会矛盾,反幕府的斗争和要求社会变革的斗争融合在一起。最终对封建制度发起全面冲击,成功地进行了资产阶级性质的改革,使日本走上了资本主义发展的道路。

日本明治维新是在作为社会形态更替前提条件的资本主义生产关系及资产阶级尚未成熟的情况下,受到帝国主义国家的外部压力,为了避免半殖民地的危机而提前发生的资产阶级革命。它虽然使日本经历了一次深刻的社会变革,但政治、经济、意识形态中仍保留了大量的封建残余,如天皇制、半封建的地主土地所有制等。之所以保留了大量的封建残余,主要原因是明治维新的领导者——中下级武士带有大量的封建残余。同时,中下级武士掌握国家的政权又是封建残余在近代日本国家根本制度即"国体"上的表现,这决定了日本政体即国家政权的组织形式,影响了日本向帝国主义的过渡以及后来在政治、经济诸方面历史特点的形成。所以,中下级武士掌握国家政权是明治维新保留大量封建残余的最突出的表现,其根源在于日本资本主义生产关系和资产阶级发展程度远远低于英、法、美等资本主义国家。本着经济决定政治,国体决定政体,政治反作用于经济的观点和方法,源于日本国情的社会转型和独具特色的发展历程也就不难理解。

3.世界资本主义的非均衡发展

19世纪70年代至20世纪初是资本主义的基本定型时期。随着垄断资本主义的形成和发展,资本主义政治制度也日趋成熟,民主政治不断扩大,资产阶级统治地位已得到巩固。广大民众特别是广大无产阶级不懈地争取民主权利的斗争促使资产阶级以扩大民主政治来缓和阶级矛盾,维护自身利益。由于各国的国情和历史传统的不同,在进入帝国主义阶段后,资本主义政治发展的不平衡性增加了,主要资本主义国家的政治呈现两种不同的类型。

第一类是民主政治健全的国家,以英、法、美为代表。其特点是政党政治、自由竞争、轮流执政，建立的是较为健全的议会民主制度和共和制的民主制度。这是因为英、法、美等国都经过激烈的资产阶级革命，对前封建主义制度、传统打击和消灭得比较彻底，经济发展和政治民主化进程有了顺利发展的条件。

第二类是专制主义传统较严重的国家，以德、日、俄为代表，其特点是多以高压手段压制多种矛盾与不满，强制各社会利益群体和公民个人要服从当权者的意志，以此来稳定政局。因为这三国在进入资本主义阶段时都没有经历过一场真正的民主革命，保留了大量的封建残余。这些国家的民众也不曾受到革命的洗礼，公民的参与意识远比英、法、美三国弱。而且这三国在进入资本主义阶段时旧有的统治王朝没被推翻，政体带有浓厚的专制主义、军国主义色彩，只是社会性质发生了根本性的变化。

4. 日本式资本主义的发展阶段

日本式的资本主义同样经历了自由资本主义阶段和垄断资本主义阶段。1688年英国资产阶级革命奠定了此后资本主义在世界的统治地位，而第一次科技革命后进一步加快了资本主义世界市场的形成。以亚当·斯密为代表的经济学家为当时的资本主义提供了自由主义的理论依据，所以这一时期的资本主义成为自由资本主义。第一次科技革命结束时，日本正处于闭关锁国的状态之中。1840年中国鸦片战争的失败促使日本进行了深刻的思考，而1853年美国黑船事件更标志着日本处于同中国一样的命运，1853年也成了日本近代史的开端。日本的危机和中国的遭遇使人们认识到了幕府统治的无能，国际国内形势、倒幕派发动的倒幕运动使明治天皇重新回到了权力中心，并于1868年开始了明治维新。明治维新基本上完成了初定的"殖产兴业，富国强兵，文明开化"三大目标，使日本走上了资本主义道路。但明治维新不仅保留了日本的传统和文化，还让日本传统的武士道精神被召回和强化，为后来日本走向军国主义埋下了伏笔。

20世纪初，随着第二次科技革命的蓬勃发展，日本将两次科技革命交叉进行，使其成为进入西方列强的唯一一个亚洲国家。日本进入了以垄断资本主义为特点的帝国主义时代，由于其通过自上而下的改革完成进入资本主义的过程，军国主义的特点十分明显。1895年的中日甲午海战和吞并朝鲜等一次次对外侵略扩张的得手使日本加快了帝国主义发展的步伐，也因此成了"军国主义帝国主义国家"。进入20世纪，日本又在1927年的"东方会议"①上确定了所谓的"大陆政策"，试图通过侵略中国东北、蒙古，进而占领中国，统治东亚甚至世界。

1932年资本主义世界爆发了最严重的经济危机，日本因为国土狭小、市场短缺和外向型经济的受损使国民经济几乎陷入瘫痪。以军部为主的法西斯分子通过军事政变和暗杀建立了对内专制统治、对外侵略扩张的日本法西斯国家。1937年，第二次世界大战爆发。1945年，日本战败。第二次世界大战结束后，出于当时冷战形势的需要，为了让日本成为遏制新中国和苏联的桥头堡，美国放宽了对日本的战后处罚，单独占领日本，制定了战后的《和平宪法》，明确日本放弃作为国家主权的对外发动战争的权利。在美国的帮助下和国民经济非军事化等众多因素影响下，日本经济得以快速发展，并于20世纪70年代成为GDP仅次于美国的资本主义第二经济大国。

---

① 东方会议：1927年日本田中内阁为制定侵略中国的总方针而召开的重要会议。在日本侵华史上，东方会议是一次决定"国策"的重要会议。《对华政策纲领》勾画出田中内阁企图攫取"满蒙"和武力侵华的"积极政策"的基本轮廓，标志着日本帝国主义决定攫取整个东北，加快实现大陆政策。"满蒙特殊论"则成为后来日本侵略中国和亚洲的理论根据，东方会议标志着一系列重大的武力侵华行动即将展开。

第一章　近代资本主义的萌芽

第一节　江户时代的特征

日本历史上的绳文时代（约前10000—约前300年）、弥生时代（前3世纪—3世纪）、古坟时代（3世纪后期—7世纪）属远古时代，基本上是部落形式的社会。真正开始有统一集权的是古坟时代末期，大和政权统一了当时四分五裂的各个部族，统治者称为天皇，这段时间又称大和时代。飞鸟时代、奈良时代、平安时代实际上都是以大和政权为中心的，只不过都城从大和迁到奈良，后来又迁到平安（现京都），所以分开来说，但最高统治者一直是天皇。在平安时代末期，各地的"大名"①势力大增，在源氏和平氏大战过后，源氏获胜，天皇随平氏残部投海。源赖朝新立傀儡天皇，并受封第一代征夷大将军（以下简称将军），在镰仓建立幕府。从此诞生了武士政权，由此产生了武家政治和公家（指天皇为首的朝廷公卿、贵族）政治的对立。随后镰仓幕府倒台。足利义满稳定了京都后受封征夷大将军，建立室町幕府，武家压倒公家，处于优势。日本进入战国时代。战国大名成了统治当地土地及民众的强而有力的独立政权。各地大名为了统一全国而征战，最为著名的是织田信长，信长的时代被称为"安土时代"。信长死后，羽柴秀吉接手了他的统一大任，随后统一了日本，后被

---

① 大名：日本古时封建制度对领主的称呼。由比较大的名主一词转变而来，所谓名主就是某些土地或庄园的领主，土地较多、较大的就是大名主，简称大名。土地或庄园的领主为了保护家园，大多拥有其所属武力，一般称为武士，相当于中国古时的护院、护卫，规模越大，进而成为统领一国的领主，那就是所谓的大名了。日本各个时代大名的定义都有些不同，不过都是统领某一个领地的地主之意。

天皇赐姓"丰臣",并受封"关白"一职。丰臣秀吉的时代被称为"桃山时代"。丰臣秀吉死后德川家康推翻了秀吉的势力,建立德川政权。德川家康受封征夷大将军,在江户(现东京)建立幕府政权,战国时代结束。直到1868年明治维新,将军将政权归还天皇,明治天皇迁都江户,并改名为东京。

日本本身没有朝代的概念,因为无论是哪个将军当政,都是和天皇并存的。将军虽然事实上不受天皇的节制,但都承认自己是由天皇册封的,所以日本历史上只有时代,每个时代都只是换了一个统治集团而已,具体时代如下。

绳文时代。这是日本最原始的时代,人们居住在洞穴,过着采集、捕鱼、狩猎生活,逐渐发展成部落。绳文是指出土的当时的绳文陶器,是那个时期的标志。

弥生时代。标志是弥生陶器的出现,受到中国文化影响,开始种植水稻,使用各种金属器。例如铜剑、铜矛等。当时日本总称为"倭",分为许多小国;汉光武帝中元二年(公元57年),"倭奴国"[①]国王曾遣使通汉,接受了后汉光武帝所赠予的刻有"汉委奴国王"五字的金印。这枚金印于1784年在福冈县被发现。三国时期(3世纪),"邪马台国"的女王送使者到魏,魏的使者也来到了邪马台国。关于邪马台国的所在地,学术界长期争论,至今未有定论。

古坟时代。4世纪中期,大和政权统一了割据的小国,随着国家的统一,以前方后圆坟为代表的古坟扩大到全国各地,因此被称为"古坟时代"。这个时期,大量中国的知识、技术传入日本。5世纪,来自朝鲜半岛的外来人带来了铁器生产、制陶等技术,并开始使用中国汉字。6世纪,日本正式接受儒教,佛教也传入日本,圣德太子仿效中国,致力于政治革新,着手建立一个以天皇为中心的中央集权国家。

飞鸟时代。以奈良南部的飞鸟地区为中心的时代,与古坟时代有重叠的部分。645年,孝德天皇政权颁布《改新诏书》,被称为"大化改新",大化改新之后,日本建立起封建土地所有制,开始进入封建社会。从这个时期开始,日本派遣了很多学生和僧人到中国学习政治、法律、文化及佛学知识。702年,

---

① 倭奴国:1—3世纪前半期出现在《后汉书》《东夷传》《魏志倭人传》中的倭人国度。据推测位于大和时代的傩县(今福冈市附近)。

日本向中国唐朝政府告知国号为"日本",君主为"天皇"。

奈良时代。710年,日本定都平城京(现奈良),平城京是日本仿造中国唐朝都城长安建造的。这一时期,日本继续派出遣唐使,其中留学生阿倍仲麻吕(中文名晁衡)成绩优异,留在唐朝任职,并与李白等文人建立了深厚的友情。同一时代,中国著名高僧鉴真和尚六渡日本失败,第七次终于成功。鉴真把丰富的中国文化传到了日本,受到日本民众的欢迎和尊敬,奈良的唐招提寺里,至今还供奉着鉴真的塑像。另外,这个时代还诞生了几部日本历史上著名的书籍,如《万叶集》《古事记》《日本书记》《怀风藻》。

平安时代。794年,日本迁都平安京(现京都),894年派出最后一批遣唐使后,不再大量摄取中国文化。这个时期主要是藤原家族执掌政权,武士进入了中央政界。在此期间,日本创造了平假名和片假名,并诞生了一批反映贵族文化的文艺作品,如《古今和歌集》《源氏物语》《枕草子》等。

镰仓时代。12世纪末,源赖朝受封征夷大将军,并在镰仓建立了第一个幕府政权。在文化方面,摄取了中国宋朝传入日本的禅宗文化,形成了独特的武家文化,文学方面出现了以源平合战为背景的小说《平家物语》。

室町时代。足利氏掌握政权,在京都的室町建立幕府政权,由于室町幕府是聚集了各有力大名而建立的,因此幕府本身的统治能力较为薄弱。1467年,"应仁之乱"爆发,各地大名群雄并起,室町幕府摇摇欲坠,日本进入战国时代。

战国时代。"应仁之乱"后,进入分裂多战时期,战火纷飞,民不聊生,在此期间,织田信长立誓统一日本,逐步统一了尾张、近畿地区。

安土桃山时代。织田信长修筑了气势宏大的安土城,所以信长的时代被称为"安土时代",1582年,织田信长在本能寺之变中自杀。其后,织田家重臣丰臣秀吉于1590年统一日本,丰臣秀吉统治的30年左右时间称为桃山时代,这段时期,城郭、寺庙的建设十分发达,民间的各种陶艺、风俗画、染织等艺术也得到繁荣发展。

江户时代。1600年,身为丰臣政权五大老之一的德川家康建立德川政权,1603年,德川家康在江户(现东京)建立幕府政权。此后的大约260年间,政权由德川家族掌握,这段时期被称为江户时代。1623年,德川家第三代将军德川家光下令锁国。文化方面,庶民文化是这个时期的特色,人偶净琉璃、歌舞伎、浮世绘等呈现繁荣景象。

明治时代。1868年,代表资产阶级和新兴地主阶级利益的倒幕派发动了"明治维新",迫使德川家第十五代将军德川庆喜交出政权。日本成立了以天皇为中心的新政府,进入资本主义社会。1869年,明治天皇迁都江户,将"江户"改名为"东京"。日本在这个时期实施"脱亚入欧"的政策,学习西方的先进技术和制度,在政治、经济、文教、外交等方面进行了一系列重大改革。1894年中日甲午战争爆发(日本称"日清战争"),1895年以签署《中日马关条约》宣告战争结束。

大正时代。日本大正天皇在位期间,1923年发生关东大地震,1914—1918年的第一次世界大战中,日本和中国均参加了战争。第一次世界大战后战胜国签订的《凡尔赛和约》中,将德国在中国山东的权益转让给了日本,这成为1919年中国"五四运动"的导火索。

昭和时代。昭和天皇在位期间,1931年"九一八事变"爆发,日本侵占中国东北;1937年7月7日的"卢沟桥事变"宣告日本发动全面侵华战争;1939年,德国入侵波兰,标志着第二次世界大战爆发;1941年,日本偷袭珍珠港,太平洋战争爆发;1945年5月8日,纳粹德国宣布投降,标志着欧洲反法西斯战争的胜利;8月6日和8月9日,美国在日本广岛和长崎相继投下原子弹,8月15日,日本宣布投降;第二次世界大战后,美国对日本实施管制,改日本为君主立宪制,天皇作为日本的象征被保留下来。这场战争中,日本军国主义不仅给中国、朝鲜半岛、东南亚及太平洋地区的民众带来了深重的灾难,也给日本民众带来了巨大的痛苦。1972年9月,时任中国总理周恩来和日本首相田中角荣签署了《中日联合声明》,实现了中日邦交正常化。1978年8月,中日缔结《中日和平友好条约》,从此中日两国在经济、文化、体育等各方面开始了广泛深入的交流。

平成时代。1989年9月19日,昭和天皇去世,明仁天皇继位,改年号为平成,直到2019年5月1日。

第一章 近代资本主义的萌芽

表 1-1　　　　　　　　　　日本时代一览表

公元前约 10000—前约 300 年	绳文时代
公元前 3 世纪—3 世纪	弥生时代
公元 3 世纪后期—7 世纪初	古坟时代
公元 300—592 年	大和时代
公元 592—710 年	飞鸟时代
公元 711—794 年	奈良时代
公元 794—1192 年	平安时代
公元 1192—1333 年	镰仓幕府时代
公元 1333—1392 年	南北朝时期
公元 1393—1573 年	室町幕府时代
公元 1573—1603 年	织丰时期
公元 1603—1867 年	江户幕府时代
公元 1868—1911 年	明治时代
公元 1912—1925 年	大正时代
公元 1926—1988 年	昭和时代
公元 1989 年至今	平成时代

江户时代是江户幕府[①]统治日本的年代，从 1603 年创立到 1867 年的大政归还为止。出生于三河的大名德川家康于 1600 年取得了关之原战役[②]的胜利。1603 年，德川家康被任命为征夷大将军，在江户设幕府，成为第一代将军。1615 年，德川幕府军队进攻并几乎捣毁了对手丰臣家族的大阪城，终于结束

[①] 江户幕府：又称德川幕府，日本第三个封建军事政权。德川家族以江户为政治根据地，开幕府以统治天下，故亦称江户幕府。

[②] 关之原战役：安土桃山时代及战国时代发生于美浓国关之原地区的一场战役。战役双方均动员了超过十万兵力，多数大名各自表述自己的立场，是应仁之乱以来日本最大规模的内战。此役是德川家康与丰臣秀赖的家臣石田三成的直接对决，由于其战争胜负直接影响谁可坐拥天下，所以此战也被誉为"决定天下的战争"，最终小早川秀秋叛变，战役在一天内分出了胜负，德川家康取得了统治权，为建立德川幕府奠定了基础。

了之前一直动荡不安的政治局势,再次统一了日本。至第三代将军德川家光时,幕府机构大体完备。幕府领地约占全国土地四分之一,其余由大名领有,称藩国。将军是全国最高统治者,下设"老中"①,决定政策,统辖政务,负责控制朝廷、大名与外交;大名是各藩国的统治者,下设"家老"②"年寄"等,直接统治民众,拥有领地的行政、司法和年贡征收权等。幕府设巡见使及被称为"目付"③的监察官监督各藩国,并采取大名"参勤交代"和"大名改易"等办法控制大名,但各藩国仍具有相对独立性。因此形成在德川将军控制下的各藩国分割统治的政治体制。

17世纪末,由于商品经济发展,幕藩体制出现危机,表现为幕藩财政困难,农民起义频繁。为应付危机,幕府在18世纪中叶—19世纪40年代实行改革,但并未奏效。1854年日本开国后,民族危机又加剧了封建制危机。萨摩、长州等西南强藩,在改革派下级武士推动下,逐渐采取与幕府不同的政策,殖民兴业,抵抗外敌。在幕末农民起义和萨长等西南强藩为中心的倒幕运动压力下,第十五代将军德川庆喜于1867年年末被迫宣布奉还大政。1867年12月9日倒幕派发动王政复古政变,宣布废除幕府制度。新成立的明治天皇政府经1868—1869年的戊辰战争,彻底打倒幕府势力。至此,日本的封建幕府政治结束。

江户时代为明治维新后日本工业化、现代化的发展准备了成熟的条件,其主要特征可归纳为以下几点。

1. 政治上的统一与稳定。当时日本社会是封建阶级社会。享有带刀权的武士是统治阶级,农民虽然不是得到特别尊重的阶层,但因为从负担着年贡的意义上讲他们是税收的基本保障,所以被置于第二位。再往下是手工业者和商

---

① 老中:江户幕府的官职,大致和镰仓幕府的连署、室町幕府的管领相当,是征夷大将军直属的官员,负责统领全国政务、在大老未设置时是幕府的最高官职。设有四至五名,采取按月轮换制轮番管理不同事务,原则上从25000石领地以上的"谱代大名"(世袭大名)中选任。

② 家老:江户时代作为大名的重臣统帅家中的所有武士,总管家中一切事物,每藩有数名,通常为世袭。家老这个名字从镰仓时代开始就有,也称为年寄、宿老,在家臣中地位仅次于大老,为武家重臣,掌管全部事务。室町时代中期出现,逐渐成为大名武士不可缺少的臣僚,江户时代则辅佐领主,是掌管政务的核心人物,即大管家。

③ 目付:室町时期为武士职位的一种,是主君的眼线。江户时期有大目付和目付,分别直属于幕府将军的大管家和大管家的助理,用来监视各藩的大名和中央的官员,类似明朝的东厂。此外,各藩的大名有时也设目付这个职位,从事类似的工作。

人。这个顺序被称为"士农工商"① 更下层的还有"秽多"和"非人"② 两个受歧视阶层。当时的政权为中央集权制。中央（幕府）掌握着对地方（藩）的绝对生杀权和剥夺权。在经济活动中采用了分权制。在不得触犯幕府各项禁令的前提下，将各领地内的行政、税收、教育、产业振兴、颁布地方法规制度以及发行纸币等权力都下放给各藩。另外，幕府还命令各藩承担以下义务：（1）参勤交代—藩主必须每隔一年就要在自己的领地和江户之间交替居住。因每年须率领众多的家臣往返于两地之间，开支巨大。（2）幕府交办的各项公共事业。（3）其他不定期的、随意的税收或募捐。这些强加的义务给各藩带来了沉重的负担，使他们难以筹措足够的资金来作为反叛幕府的军费。

德川幕府时期，国民按严格的等级制度分为四个阶层：武士、农民、手工业者和商人。德川时期前，这些阶层之间曾经有过一些流动，但是，德川将军为了维护其势力和特权，限制了这些流动。他们试图保护武士阶层，使得农民阶层不可能成为武士。1586 年，丰臣秀吉颁布法令，农民必须在他们的土地上耕作。1587 年，他颁布了只有武士才可以佩带长剑的规定。之后这一条规定成了武士阶层的定义。

武士：武士就是战士阶层。最顶端的就是将军本身。在其之面，是大名，控制着大量土地的地主。大名手下是他们自己聚集的武士，可以在很多方面为他们服务，其中一些是指导教官。一部分守卫他的城堡，另有一部分组成其私人军队。在江户等大城市里，武士有着各种各样的身份——幕府的官员、警察等。另外还有浪人，也就是没有主人的武士。他们不用报答主人，同样也没有稳定的生活来源。浪人可能会定居在特殊的地方，教授技能或进行其他的工作。不过许多浪人会在乡下流浪并寻找有酬劳的工作。一些人也会像雇佣兵一样受雇于出价最高的大名。德川时期日本一共有 3000 万人，其中大约 200 万人是武士。

农民：大米是由农民生产的。大米的量度标准是石（读音为 [dàn]），大约

---

① 士农工商：古代所谓四民，指读书的、种田的、做工的、经商的。但在日本"士"被换成了"侍"，"工"和"商"并无严格的区别，被统称为"町人"，"农"和"町人"之间其实也无多大区别。"侍"何时变回了"士"没有定论。

② 秽多和非人：从前在日本低于所有社会阶层的游民阶级，是日本的贱民阶层。被压在社会最低层，受尽侮辱，连生命也无保障，现代日本社会中仍有歧视现象。

相当于 5 蒲式耳。一石能供一个人吃一年。在这个时期，日本大米年产量估计是 2500 万石。将军负责分配整个国家的收成。将军自己占 20%，另外绝大部分都分给地主和大名。按照 Charles J. Dunn 的说法，最强大的大名（日本北部的加贺）能收到 130 万石大米。德川时期，有 270 多个大名能收到至少 1 万石大米。而农民通常上缴一半以上的大米收成。年成不好的时候，将军和大名并不减少他们的需求，农民只能靠更少的粮食生活。在这个时期，农村的饥荒并不罕见。虽然农民在社会中表面上看是有地位的——仅在武士之下，但他们的生活通常十分艰难。种植水稻需要进行大量艰苦的体力劳动，而且许多工作都要手工操作。难以为继的时候，农民也会无视将军的禁令搬迁到城市里从事贸易。当父亲的土地被长子继承的时候，其他儿子也会去经商。

手工业者：很难把手工业者和商人明确地分开，因为他们的经济活动经常重叠。比如一个制衣匠可能会卖掉他的产品，他的生意也可以在其他的行业上发展，比如借贷。德川时期，武士对某些技术有很高的要求，比如铸剑的工匠就会很受重视，享有很高的地位。常见的技术工匠包括木工、石工、酿造和漆工等。

商人：商人尤其是在城市里的商人常常很富裕，但却处于社会阶层的底部。这是由于儒家的观点认为商人不像农民和手工业者那样生产任何东西。相反，他们赚那些生产东西的劳动者的钱。但是因为有利可图，所以其他阶层，甚至一些低级武士，有时候也愿意接受这种较低的社会地位。另外，在社会逐渐走向商业化的过程中，商人可以改善他们的社会地位。这一时期贸易的特点是缓慢而繁重，但利润很高。其时道路系统规模巨大，而且得到很好的维护，但将军为了军事防御，禁止用车辆进行贸易。大部分通过陆路的商品是靠马驮或人背的。

其他群体：其他群体存在于这个阶级体系之外，包括演员、僧侣和屠夫等等。在某些方面，既然它处于组成日本社会的严格的阶级体系之外，它的成员就有一定的自由度。不过，这个体系有充分的生活保障和生计，所以生活在体系之外也有不利之处。屠夫是被驱逐者——强迫生活在他们自己的团体中，并要避开日本社会的其他成员。他们的地位如此之低是因为他们的工作与死有关。他们处理动物的尸体，鞣兽皮并制革，面对着大量的宗教中不吉利的东西。日本人受到佛教的影响，一般都是食素者，禁止杀生，在神道教中，与死相接触需要斋戒。在现代日本，仍然坚持区别屠夫，屠夫家庭的名单在社会中秘密地散播。保守的日本家庭为了防止儿子或女儿与一个屠夫世家结婚，都会参考这样的名单。

2. 农业在耕作面积和生产力上的发展。江户时代的农业生产经历了两个阶段的发展。15世纪中叶至17世纪末（这一时期也包括战国时代），耕作面积尤其是水田面积迅速扩大。18世纪之后，耕地面积和人口都出现了相对稳定的局面。随着江户中期之后生产力的提高，大米产量持续增长，农业生产出现了剩余，农民开始把大米或其他农作物拿到市场进行交易。最终形成了全国性的统一农产品市场，经济作物在农业生产中所占的比例急剧增大，以销售获利为目的的农业逐步发展起来。

江户时代的经济制度是一种封建的小农经济。16世纪末，日本人口的80%以上为农民。基本的生产关系为各藩藩主直接控制广大农民，农民为藩主耕种一块世袭土地，并缴纳一定量的实物地租和贡米。这种被称为"本百姓"的自耕农，是德川幕府时代幕藩体制的主要经济基础。

幕府的收入主要依赖农民的年贡，因此为保证大米等粮食的供应充足，幕府千方百计提高对土地产量的剥削，不断地变换租税收取制度，提高农民上税的份额，对农民的搜刮几乎到了使农民"求生不得，求死不能"的境地。为防止农民从土地上流失，严禁土地的永世买卖。同时为了防止农村生产、生活的商业化，1650年（庆安三年），幕府向全国农民发布《庆安告谕》，禁种经济作物，提倡节约。并通过改革币制、强制捐献、垄断专卖等形式压抑商品经济的发展。

尽管如此，商品经济还是在农村出现了。由于生产工具的改造以及栽培技术的提高，农村生产力获得了很大的发展，一部分农民开始有了年贡之外的剩余产品。这为商品经济在农村的发展与城市的繁荣创造了条件。一部分富裕起来的富农、地主雇佣贫农进行土地的耕种，同时在农村开设手工作坊，进行商品的经营，牟取更大的利益。乡村商人统包农民的农产品及手工产品，销往外地。同时城市商人也把目光投向农村，他们向农村收购产品，谋取利润。封建藩主出于生活与财政的需要，也不得不鼓励农民进行一些经济作物的生产，农业生产日益商品化。在这样的情况下，逐渐产生了农业特产区，如棉花生产集中在畿内和东海地区，养蚕集中于关东和东山地区，大豆盛产于本州东北地区。这样的地区性特色农业为农产品的商品化提供了契机。米、棉、油等农产品除了上交部分外，剩余部分都作为商品出售。自然经济逐渐受到冲击。

3. 交通运输系统的发展和全国统一市场的建立。由于各产业的发达与"参勤交代"制度的影响，交通的建设也如火如荼。"参勤交代"也称为"参觐交代"，是日本江户时代一种制度，是武家诸法度中最重要的组成部分。根据此项制度，各藩大名每年都要有一段时间在江户辅佐幕府将军。这项制度成为幕府监督大名特别是"外样大名"的重要手段。根据武家诸法度，大名的妻子被要求在江户长期居住，事实上成为人质。这在一定程度上限制了大名的反心。另一方面，前往江户并非公款旅游，大名要自费出行。而且参勤交代是一种军役，大名一般会带很多随从前往江户，在前进时必须进行大规模的"大名行列"，这对于大名来说是不小的财政负担，很大程度上削弱了大名的财政实力。如纪州德川家第十一代藩主德川齐顺在1841年（天保十二年）的参勤就动员了1639名武士、2337名工人及103匹马，如此"旅游"成本不可谓不大。更重要的是大名之间的攀比心理，在参勤上各大名都做足派头（如御三家每次参勤都大讲排场，动辄千人），以免丢面子。因此一些财政收入较低的藩，在进行参勤的路上，会雇佣一些"临时工"来充门面，同时还可以节省成本，可谓两全其美。然而，尽管参勤对大名而言是财政灾难，而对于幕府而言却可带来经济收益。因为参勤交代使大量人员来往江户"旅游"——其中很大部分都是消费水平相对较高的武士（当时江户城总人口中武士占了一半多），极大地刺激了江户地区的商业发展，可以说拉动了幕府的内需，对于幕府提高GDP有很大的帮助。

参勤不仅"剥削"了大名的钱，也"剥削"了他们的时间。日本山多地少，交通不便。大名在江户的时间是硬性规定的，而前往江户的路途又要耗费很多时间。总的来说，大名一般只有1/3的时间待在领地，另外2/3的时间，不是待在江户，就是在前往江户的路上，或者是返回领地的途中。特别是那些外样大名，领地偏远，来回一趟，一年就没剩多少时间了。当然，对于那些离江户比较近的大名，幕府也相应延长了他们在江户的时间（就是前面说的"定府"）——总之幕府尽可能地减少大名在领地的时间。大名长期不在领地，藩政大权只能交给家臣团处理。这使得到了幕末，一些大名被家臣们架空。当然一般家臣的人数较多，领地又小，单个家臣没有能力单独掌权。

总的来说，参勤交代既限制了大名的财力，又浪费了大名的时间，还得到了大名的人质（大名的妻子），三管齐下，极大地压制了大名的反心，迫使大名对幕府效忠。这成为德川幕府能够维持200多年稳定统治的一个重要原因。形成了以江户为中心的呈反射状的交通要道。沿海岸到京都的东海道、经信浓到京都的中山道、通往甲州（今山梨县）的甲州街道、去往奥州（今东北地区）的奥州街道与通往日光的日光街道被称为当时的"五街道"。由于运送大米与其他物资的商船的增加，航运事业也逐渐发达起来。除东海道、中山道、日光街道、甲州街道、奥州街道外，还开辟了西回航线、东回航线等主要海路。为这些陆路、海路提供食宿和运输服务的都是民间商人。各通道经过的村落被命名为"助乡"，人手、马匹不足时承担提供帮助的义务。由于"参勤交代"，大名们不得不往返于领地与江户之间，其人数众多的家臣团开支巨大，却带动了沿途地区经济的繁荣。江户幕府的税制依赖全国统一米市的存在。江户中期之后随着生产力的提高，经济作物、手工业品的增产刺激了全国的商业活动。富商和高利贷商人云集的大阪成了日本经济的中心。江户则作为政治中心和消费城市逐步发展扩大，连接两地的陆路、水路运输也空前繁荣起来。在大阪形成了大米的期货市场，被认为是世界上最早的期货市场。

幕府末期，多数藩和地区经济发展水平均有了很大提高，各地方市场的直接交易活动非常活跃。日本经济的中心也从大阪、京都等西部城市逐渐向以江户为中心的东部转移，形成了不仅有大米，还几乎包括所有商品的全国性统一市场。

4. 商业及金融业的发展和富有阶层的出现。江户初期，"朱印船"①贸易和运输业（以军用物资为主）的发展造就了一批以堺、京都、博多、长崎、敦贺

---

① 朱印船：17世纪前期日本江户幕府时代，自政府得到海外贸易特许的船只。之所以称为朱印船，是因为这些船只都有来自幕府签发的"朱印状"（海外渡航许可证）。朱印状是一种类似许可证的证件，上面详细记载贸易核可项目与核发日期等资料。

等地为根据地（大本营）的富商。代表人物有角仓了以、茶屋四郎次郎、末吉孙左卫门、今井宗薰等。后来由于锁国政策导致"朱印船"贸易被禁止、和平时期军用物资的运输减少、水陆交通网的发展打破了垄断式运输等原因逐渐没落。17世纪后期，出现了新型的商人。主要有大批发商、钱庄、酒、酱油等酿造作坊、仓储服务商、大米经销商、新田经营、矿山开发、当铺等，比较大的有三井、鸿池、住友、天王寺屋、平野屋、三谷、鹿岛屋、纪伊国屋文左卫门、淀屋辰五郎、奈良屋茂左卫门等。这一时期，出于对商业和手工业的限制、物价调控的需要、征税的方便，幕府还放开了对"株仲间"（股份伙伴）①的限制，这直接促进了各行业的垄断。

海外贸易方面，积极与越南、吕宋等地进行贸易，与中国和葡萄牙商人竞争，幕府确立了持有朱印状者才准予贸易的朱印船制度，据说丰臣秀吉时代就有朱印状，德川时代加以延续，状上会附上详细的航行目的地，以及幕府批准的准确日期，右上角则盖有将军的红色官印。日本西南的外样大名与有势力的商人便在德川家光下令锁国之前，开着朱印船往来于东南亚、我国台湾、马尼拉之间。江户幕府锁国政策确立之后，限制朱印船海外贸易，1635年在寻求国家安全的前提下，停止朱印船航行，并废止了朱印状制度。

5. 手工业的发展。农业、商业和城市的发展、技术的进步与传播、各藩的保护和支持，使食品工业、手工业得到了迅速的发展。各地都推出了自己的土特产并通过全国性的商业网络在全国流通。主要产品有茶、烟草、干货、蜡、靛青、盐、砂糖、菜刀、刀剑、服装、酱油、酒、纸、石料、陶瓷器、漆器、木制品等。

随着各产业的发达，城市进一步发展繁荣。为削弱各地大名的反抗力量，1615年幕府下令摧毁除藩主居住地以外所有地方的城堡，保持"一国一城"。幕藩的藩主将武士聚集到城堡周围，并召集手工业者、商人，形成"城下町"，在"城下町"的基础上慢慢发展了城市的规模。到17世纪末，全国上下已有城市300余座。其中江户、大阪、京都是全国最大的城市。以江户为例，它不仅是幕府所在地，而且是经济文化的中心。据1693年的调查，江户各阶层的人口总数有100余万，超过当时世界上最繁华的城市伦敦。大阪为当

---

① 株仲间：同业公会，每一会员单位为一株，这种权益为一家所有，可以世袭，不能私人转让。

时商业的中心，有"天下厨房"的美誉，江户时代在这里形成了全国市场的中心，活跃在城市的町人与进出大坂的商人使大坂成为当时最具活力的城市，人口也仅次于江户。另一个繁华的城市就是京都，18世纪初城内外人口达到36万左右。

城市的兴盛使商业更加繁荣。为保证商业利益，批发商门组成同业公会，不断地积蓄起财富，出现了大坂鸿池、江户三井等大商人。

德川中期之后商品经济得到了极大发展，全国形成了以大阪、江户、京都为中心的商品经济圈。江户是全国最大的消费市场，每天都有来自全国各地的商船满载大米、酒类、盐、手工制品在江户港停泊。这些产品除了一部分为上交幕府与藩主的租赋外，一半以上为进入江户流通市场的商品。以大米为例，送到江户的商品稻米由批发商卖给销售商，经"舂米屋"加工后直接送往市场销售，在嘉永年间（1848—1853），仅江户城就有这样的"舂米屋"2700余间。

在大阪，于1697年（元禄十年），开设了堂岛大米市场，1730年，堂岛米会所成立，下设"正米商内"与"帐合米商内"。"正米商内"负责米券的发放，"帐合米商内"则进行相当于期货交易的证券买卖活动。每年有100万石以上来自畿内、九州、四国甚至东北的大米集中在被称为"藏屋敷"的仓库中，米商用购买的"米切手"（米券）兑换大米运往大坂堂岛米市场进行销售。

除大米之外，酒的市场也在形成。幕府为稳定米价，曾于1754年下令解除对造酒业的限制，兵库县滩地方、摄津的伊丹、池田都成为著名的酒产地，兴盛的酒制造业还吸引周边百姓参加劳动。另外，盐的产地主要是濑户内海沿岸诸国。17世纪，这里出产的盐占全国盐市场的九成以上。

由于城乡分工扩大，商品生产的流通、合作日益加强，例如秋田的棉纺织业，其原料就来自藩外的大阪。这种生产方式打破了藩与藩的界限，使商品生产的市场日益扩大。商品经济的发展也把农民卷入了商品生产的环节，农村不仅仅是商品原料的提供地，同时也成为简单加工业的工厂。商人会向农民统购一定的手工产品，支付有限的加工费。地主富农开设手工作坊，雇佣农民进行生产，也有的商人提供原材料和生产工具如棉纱、织机等，组织劳动力生产商品。而在城市，手工工场的数量和规模都达到了相当大的程度。江户时代上层社会穿着的华贵衣物和市民们消费的布料大多出自京都西阵的手工业工场。工场除了平织机之外，还拥有可以织出复杂花纹的"高织机"。西阵的丝织工场在18世纪达到极大的规模。1730年6月京都西阵织造工场遭受大火，损失织机3012台，而这个数字只是全部织机的一半，恢复后的工场，织机数量仍然达到2500余台，可见当时西阵织造工场实力之强。除了酿酒、丝织，其他行业也相继出现了手工工场。

商品经济冲击着封建藩主经济结构，促进了生产关系和农村的阶级变化。一方面，出现了一大批豪商，他们利用商品经营中获取的利润，投资于土地垦殖和河川治理，成为拥有商品、钱庄和大量土地的商人兼地主。他们把资本转化为土地，再通过租佃关系剥削农民，转过来又用地租投入商业活动；另一方面，农民中也发生了分化，大批小农失去土地，沦为租佃农。小农的破产，从根本上动摇了幕藩体制。正是这种生产和阶级关系的变化，推动了推翻幕府、建立代表资产阶级利益的新政府的活动。全国各地建立了相对独立的市场，资本主义生产方式的萌芽逐渐出现，都是这一变化的体现。

6. 地方政府的产业振兴政策。多数藩都将振兴产业作为藩政改革的配套政策来实施。例如德岛藩为了保护本藩农民和支持本地商人，设立了具备商业金融职能的藩属靛青买卖交易所，并在后来通过将其私有化，巧妙地摆脱了幕府为保护大阪商人而对公营交易所下的禁令。

农村经济作物的生产，促进了手工业的发展。从17世纪末开始，农村手工业成为手工业发展的显著特点。农产品的商品化，使农村卷入商品经济的旋涡。上交给幕藩的租贡和农民的剩余品都向货币趋势发展。17世纪后半期开始，为解决复杂的财政生活需要，各幕藩开始实行初期专卖制，并开始经营地方性特色手工业。一部分农民在商业活动中独立出来，成为新兴的阶层。经过商人的活动与幕藩的经营，各地手工业也形成了一定的规模和自己的特色。手工业的主要产地有：京都西阵、九州博多的丝织业，大阪附近的棉织业，越前、美浓的造纸业，滩、池田、伊丹的酿酒业，等等。

7. 教育的普及。教育的广泛普及是日本在明治维新之后能够迅速实现工业化的重要因素。其教育形式多样，且在一定范围内得到了广泛的普及。江户时代的学校大致分作五种。幕府直辖学校：如昌平学门所，以武士为对象，带有强制性。藩学：同样以武士为对象，规模参照幕府学校，以教授儒学、汉诗、汉文、兵学及经济为主，直至幕末时候约有二百余所；著名者有会津藩日新馆、米泽藩兴让馆、熊本藩时习馆及水户藩弘道馆。乡学：幕府及藩主在乡村兴办，以教育士庶子弟为主。私塾：约一千五百间，由著名学者建立，入学者多是慕名而来。寺子屋：提供类似现代的小学教育，学童年龄大都是六岁至十多岁，以训练读、写及算盘为主。

江户时代的教育水平在中古形态的国家中出奇地高，当时的男性大部分识字，女子识字率也较高，一是因为私塾和寺子屋没有特定收费，富人可缴交银两作学费，即使出身寒微，如一般农家也可交少量农作物或土特产作学费，学费的相对便宜令多数人有机会接受教育；二是随着商业化和人流物流增加，生活技艺的提高也迫使人们必须识字以维持生计，故当时日本社会的教育水平是很高的。学校主要有以下几种。

（1）公立"学问所"（学校）。主要研究、传授儒学。江户幕府把儒教作为能使阶级社会名正言顺并得以延续下去的思想大力宣传。学生们被要求背诵并解释中国的古典文化，藤原惺窝、林罗山、新井白石等是当时的儒学权威。儒学家们的主要任务就是如何将这一外国的古典思想体系根据日本的实际情况修正成为对日本社会有用的理论。另外，一部分幕府学校中还教授荷兰语和西方医学、航海、军事技术等。这一时期，除了市场经济自身的发展以及"割据性"的封建幕藩体制的双重影响外，佛教思想对日本资本主义精神也发挥了重要作用。佛教思想中的"方便权智"观念不但在佛教的世俗化过程中具有极其显著的现实功能，而且对资本主义萌芽期的发展也具有积极作用。日本僧侣铃木正三的"任何职业皆为佛行"的"职分论"思想是其表现之一。"职分"思想为江户末期商人的经济行为重新进行身份诠释提供了理据，促进了资本主义萌芽期的发展。

（2）藩学校。为培养自己的人才，各藩也设立了学校，课程基本上和"学问所"一样，以儒学为主。江户末期，藩学校中军事和外语等实用性课程明显增多。

（3）民间学塾。学者们根据自己的特长开办各具特色的学塾，教授儒学、国学、外语、医学、自然科学、技术等。幕府末期，学塾里聚集了很多渴望报效国家、颇具头脑、豪情满怀的年轻人。他们关注国际形势和日本处境，思考国家的前途和发展方略。幕府末期至明治初期的国家级领袖人物中有不少就出自这样的学塾。

（4）寺子屋。江户时代（1600—1868年）寺院所设的私塾，又作寺或寺小屋。寺子屋发源于室町时代后期（15世纪），是寺院开办的主要以庶民子弟为对象的初等教育机构。当时，寺院已经开始实行一定的世俗教育，许多武士家庭和少数庶民家庭把子弟送到寺院。到了江户时代，武士子弟纷纷前往学者的私塾和幕府或藩设立的学校就学，只有庶民子弟仍在寺院学习。因当时的大寺院主要致力于培养僧侣，实施这种世俗教育的一般是一些小寺院。随着庶民教育要求的不断提高，就学儿童大量增加，小寺院已经难以全部容纳。为此，一些武士、浪人、神官、医生和有能力的庶民等开设了实施初等教育的民间教育机构，这些民间教育机构也被称为即寺子屋，教授一定区域内七八岁至十二三岁儿童读、写、算等技能，一般由慈善家设立，只有一名教师，最初主要以慈善事业的形式出现，后来逐渐演变成了每月收取学费的经营性私塾，可自由入学或退学。在享保以前，寺子屋并不多，但到文化、文政之后，寺子屋有了大幅增加，仅在文化到庆应年间设立的就有近万所，其设施和设备逐步得到完善，数量亦不断增加，遍布于都市、乡村的各个角落。其教学内容以阅读、书写、珠算为主，强调封建伦理。明治五年（1872），日本颁布《学制》，各地纷纷设立小学，寺子屋遂逐渐消失。寺子屋的产生和发展为教育向庶民阶层普及，提高他们的文化和道德修养水平作出了重要贡献，为明治时代普及初等义务教育提供了基础条件。由于当时的一般国民都认识到了计算和识字的重要性，寺子屋在全国范围内得以广泛普及，极大地提高了国民的识字率。

江户时代的人们，具备了不同以往的各种能力、感觉和观念。由于识字能力的普及和提高，人们对文字文化热衷起来；对计算能力和日本算术也倍加关心；由于时钟的出现，时间观念得到加强；由于能够制作和使用地图，对空间的认识能力大大提高。这些能力不仅能促进经济社会发生变化，更是资本主义市场经济顺畅运行的重要保证。

表 1-2　　　　　　　　　　　　代表性的民间学塾

学塾名（所在地）	教师（设立时间）	教授内容	代表学生
松下村塾（长州藩荻）	吉田松阴（1855年）	社会、政治思想	高杉晋作（倒幕志士） 久坂玄瑞（倒幕志士） 伊藤博文（总理大臣） 山县有朋（总理大臣）
适塾（大阪）	绪方洪庵（1838年）	荷兰语、西洋医学	福泽谕吉（思想家） 大村益次郎（军事家） 桥本左内（西学） 大鸟圭介（政治家）
鸣滝塾（长崎）	Philipp Franz von Siebold（德国人）（1824年）	西洋医学	高野长英（西学） 伊东玄朴（西洋医学） 伊藤圭介（西洋医学植物学）
咸宜园（丰后藩日田）	广濑淡窗（1817年）	儒学、中国古典	高野长英（西学） 大村益次郎（军事家）

更为关键的是，在江户时代，读书并不是少数文化人的特权。对一般百姓来说，读书识字已经融入日常生活。既是获取实用信息的手段，也是娱乐之一。出版物种类很多，有日汉的学问书、文艺书、面向儿童的画册、教科书、风景名胜图片、观光指南、素描图、武鉴、救荒书、产业技术书等。福泽谕吉的思想启蒙书『西洋事情』（《西洋情况》，全三篇，1866—1870年），据说销量达到了20万—25万部。『学問への勧め』（《劝学》，全17篇，1872—1876年）仅初版时销量就达到22万部。内容如此难懂的书籍竟能以160人/册的比例售出，与识字率和学习热情高关系甚大。

8. 学说思想的繁荣。

（1）儒家学说。儒学发展到宋朝，经程颐、程颢及朱熹的发展，形成了儒学发展的新阶段——宋学。宋学最初作为禅僧的学问被带入日本，16世纪开始形成学派并逐渐影响到幕府政治。朱熹的理论侧重于伦理道德的"大义名分"思想，极符合刚刚建立起统治体系的江户幕府的政治需要，因此朱子学逐渐受到统治阶层的重视。

日本朱子学的代表人物当推藤原惺窝与林罗山。藤原惺窝由禅僧转向儒学，继而用朱子学的理论对佛教发动进攻，为朱子学在日本思想领域的地位作了开创性的努力。而真正使朱子学成为统治思想的是藤原惺窝的弟子林罗山。林罗山也脱胎于禅僧，同样由批判佛教走向朱子学。同时他积极地参与政治，曾历侍四代将军，帮助幕府制定律令，起草文件。在他的努力下，幕府将朱子学定为官方意识形态，并将其推广到民间。幕府资助林罗山在各地开设专门讲授朱子学的学堂，各地也出现了被指定教授朱子学的藩校。第五代将军德川纲吉时期，幕府建立了直属幕府的昌平黉，大学头的职位由林家世袭。

朱子学在之后的发展过程中，逐渐分裂成两派。一派是山崎闇斋为代表的海南派，带有浓重的国粹主义倾向；另一派是以贝原益轩为代表的关西派，强调朱子的"穷理"理论，具有唯物主义的倾向。

阳明学传入日本最早可追溯到室町时代的了庵桂悟。史料表明他与王阳明曾有过接触。但他的思想上并未体现阳明学的系统理论。阳明学真正在日本兴起，始于中江藤树。中江原本是朱子学的追随者，随着学问的深入，他逐渐感觉到朱子学过分拘泥于外在形式，有漂浮不实的感觉。在接触阳明学后，深感"格物致知"理论的深刻，遂倾倒于阳明学。

中江藤树之后，其弟子熊泽蕃三进一步发展了阳明学。熊泽蕃三通过与藩主、大名的接触，将阳明学传播到上层社会。但由于朱子学的强大压力，阳明学未能得到更大程度的展开。熊泽蕃三之后，日本阳明学一度沉寂。直到江户后期，阳明学又出现复苏，它的鼓励实践的精神，鼓舞了一批日本社会的革命家。如大盐中斋（大盐平八郎），吉田松阴等，都是用阳明学作为武器对现实体制展开批判和斗争的。阳明学还影响了一批后来明治维新运动的重要领导人，如高杉晋作、西乡隆盛等。

朱子学在江户时代被树为"官学"的同时，也招致其他学派的怀疑和反对。在反对朱子学的过程中，也出现了许多新的儒家学派。日本的古学派借用复古汉学的口号，从朱子学派中脱离出来。古学派的创始人是山鹿素行。他提出朱子学与阳明学都不是真正的孔孟之道，要恢复真正的儒学，必先追踪孔孟经典，钻研先秦儒学。山鹿素行于1665年撰写了《圣教要录》，批判朱子学和阳明学对儒学的曲解，遭到幕府的流放。另一名古学派的代表人物是伊藤仁斋，他也站在反对朱子学的立场上，高喊复古口号，编撰《论语古义》七卷，主张以"人情"而非政治手段来树立道德。伊藤创建的这一学派被称为"古义学派"。荻生徂徕也是古学派的著名代表人物。他在文学方面提倡"古文辞"，主张摹拟先秦隋唐诗文，反对宋代文风。同时，他将这一文学原则贯穿到自己的政治理论与道德观上，大力推崇"先王之道"，反对朱子学。面对陷入重重困境的幕府统治，他提出幕府统治者应负起恢复古代良风美俗的责任，自上而下地改革"礼乐刑政"，为此必须研究古典文辞，学习"先王"制定的典章制度。

古学派代表人物的观点虽各有不同，但他们都主张返回古典，并企图从古典中寻找到对现实生活有用的智慧，即回归到"经世之学"与实用之学上来。

（2）国学。18世纪之后，在儒家学问的重重包围中，出现了一股主张回归日本古典，从本国文化中寻觅"大和精神"的"国学"潮流。它经过契冲、荷田春满、贺茂真渊的努力，到本居宣长集大成，确立了国学派的地位。契冲通过对《万叶集》与古代假名的深入探讨，总结出了国学的研究方法。主张应着眼于古典中的自然情感，从比考据对象更早的文献进行精密的实证。伏见稻荷神社的神官荷田春满继承这一研究方法，立足于日本古典的研究，致力于将日本传统神道从儒学、佛教中分离出来的活动。而贺茂真渊则吸收了契冲主情主义的文学论与荷田春满的神道论，力求从古语古句中发现"古道"，并主张从儒学的合理主义出发寻求人的内心的解放。

国学在本居宣长时期集大成。本居宣长出身于棉花商人之家，青年时期深受契冲与贺茂真渊的影响，埋头研究《古事记》《源氏物语》、和歌等。文学上，他主张摒弃儒学道德观控制下的文学观，重视人的自然情感的流露，提出著名的"物哀"概念。统治论方面，强调日本乃天照大神之子孙，只要遵守神道，即使没有佛教和儒学，日本也可保持天下太平，皇统无穷。关于政治改革，他主张恢复"古道"，以古人之治挽救今日之危机。

本居宣长之后的平田笃胤更是大力提倡复古神道和纯粹国学，在幕末动荡的社会背景下具有极大的煽动性。国学者提出的理论大多有着尊皇、复古的国粹主义倾向，这也为幕末培养了一批尊王攘夷运动的活动家。

（3）町人思想。町人思想的发展与成熟是以工商业者的经济成长为背景的。就整个江户时代而言，人们生活在等级制度的社会中，在四个等级身份中，"商"的地位是最低的。随着商品经济的发展特别是在元禄时代（1688—1704年），商人在经济上的实力得到极大的提高，在田沼意次的年代，商品经济超越了旧有的农村自然经济，工商业者阶级的实力终于超过武士阶级，这与他们当时的地位显然是不相称的。在这样的情况下，一些代表町人意志，努力为町人争取社会地位的思想家、文学家出现，产生出别具一格的町人思想。

町人思想的首要任务是否定封建社会的尊卑观念，否定等级身份制度。他们首先从全人类的角度，提出人皆为天地子孙，本没有贵贱上下之分，主张"武士不为贵，商人亦不贱"。其次，对于商人的社会作用的肯定是町人思想的又一特征。心学的创始人石田梅岩就认为商人的行业有助于天下，它不为私利私欲，具有公益的性质，因而不应对商人的行业产生偏见，商人的利益也是正当的。学者西川如见在《町人囊》中指出，商人虽位居四民之末，但它具有滋润万物的作用，对贵族社会也是有用的。儒学者荻生徂徕也说："商者互通有无，助于世人。"町人思想的另一表现是努力追求与武士阶级的平等。提出商人对国家的贡献犹如武士对君主的效忠，商人的营利犹如武士的受禄。这一思想还表现在文艺作品中对武士阶层的轻视。商人出身的町人文学家井原西鹤就在他的作品中多次表示对武士阶层的轻视与讽刺。

江户时期町人思想的成长为提高商人在社会上的地位起了很大的作用，他们要求平等的思想倾向虽然招致幕府的打击与压制，但在町人蒸蒸日上的经济实力的支撑下，其思想产生了广泛的影响。尤其是在文学艺术方面，创造出了别具一格的町人文化。

俳谐来源于前代连歌之发句，在江户时代经松永贞德的努力使之脱离连歌，成为迎合庶民口味的短小精悍的诗歌形式。俳谐的风格幽默滑稽，带有讽刺的意味，因而得名。后来西山宗因将俳谐从和歌、连歌等古典传统的束缚中解脱出来，取材、语言都追求自由的风格，表现城市新兴阶层町人的真实生活情感。元禄时期，武士出身的松尾芭蕉（1644—1694）对俳谐进行改造，使之成为由

17个音节组成的短句，并改革俳句的内容与风格，将俳谐从纯粹的通俗消遣文学中升华，成为一种雅俗共赏的诗歌艺术形式。松尾芭蕉是日本江户时代俳谐诗人，本名松尾宗房，别号桃青、泊船堂、钓月庵、风罗坊等。生于伊贺上野（今三重县上野市）。其俳谐总集《芭蕉七部集》（1736年至1741年间出版）比较全面地反映了芭蕉俳谐风格的变化和发展。芭蕉在贞门、谈林两派成就的基础上把俳谐发展为具有高度艺术性和鲜明个性的庶民诗。他的作品被日本近代文学家推崇为俳谐的典范。近代作家芥川龙之介盛赞芭蕉是《万叶集》之后的"最大诗人"。至今，他依然被日本民众奉为"俳圣"。"古池冷落一片寂，忽闻青蛙跳水声""绵绵春雨懒洋洋，故友不来不起床""疲惫不堪借宿时，夕阳返照紫藤花"等应该是我国俳句爱好者所熟悉的。芭蕉的俳句，经过正冈子规等人的努力推广，形式被加以固定，成为世界上最短小的诗歌形式，直至今日，俳句仍然被日本人所喜爱。成为日本文化的特色之一。

江户时期在前代"御伽草子"和"假名草子"的基础上出现了描写当世人俗风情的新形式小说"浮世草子"。"浮世"，指现实社会。浮世草子主要以町人生活与情感为描写对象。17世纪中后期出身于商人家庭的井原西鹤是江户时期浮世草子作家的杰出代表。井原西鹤一直以町人的身份与立场关注着人世间的冷暖饥渴，创造出其著名的"好色"文学。《好色一代男》《好色一代女》是其中的代表。他利用俳谐的手法，通过对町人社会男女恋爱故事的描写，肯定人的欲望与爱情，同时刻画出等级社会中商人的心理与生活遭遇，被誉为日本社会现实主义的顶峰作家。

井原西鹤的代表作品还有《世间胸算用》《日本永代藏》《西鹤诸国话》等。在井原西鹤之后，一大批浮世草子的作家活跃于文坛。著名的作家与作品还有西泽一风的《风流御前义经记》、江岛奇碛的《倾世色三味线》《倾城禁短气》、上田秋成的《诸道听耳世间猿》等。他们都或多或少地受到了井原西鹤世情小说的影响。

"草双子"是以图为主的小说体裁，类似于中国的连环画。它用连续性的绘画来描述一定的故事情节，配以假名解说。江户时代，这种通俗易懂的小说形式得到文化教育程度较低的平民百姓的欢迎。

（4）西籍的传入与兰学的发展。江户幕府作为禁教政策的一环而采取的禁书制度极其严格。所谓禁书，就是只用汉字书写印刷的宣传基督教教义的书籍。这些书籍禁止传入，禁止私藏，更不允许贸易。1692年幕府在长崎奉行之下设书物改役一职，专司调查境外传来的书籍中是否含有基督教的内容，没有的方可进口。在整个江户时代，禁书的书名并没有公开，了解此事的仅限于负责检查书籍的官吏及其他一小部分人。关于禁书的种类，以《御禁书目录》（现藏于长崎县立图书馆）记载最值得信赖，宽永禁书有32种（一说31种），1685年继《寰有诠》被视为禁书后，又把《帝京景物略》《西湖志》等15种列为禁书，其后种类又有所增加。禁书制度的实施，对当时的中日贸易产生了很大影响，但大量被视为不含"邪教"的书籍（其中不乏汉译洋书）仍畅通无阻，进口日本。特别是在德川吉宗解除除基督教书之外的洋书及汉译洋书的进口禁令后，许多与西方自然科学有关的洋书和汉译书籍蜂拥而至，学术研究群体也随之不断壮大，从而大大丰富了当时的儒教实学和作为技术学和经验科学的实学的内涵，为近世实学的高度发展奠定了坚实的基础。

解禁后先后传入的书籍有《历算全书》《新写译本历算全书》《西洋新法历书》《灵台仪象志》《圜容较义》《同文算指》《职方外记》《交友论》《三才发秘》《坚夸瓜集》《西湖志》，《天学初函》器物篇的《几何原本》《勾股义》等。由于希望文库中增加一些载有实利性的荷兰书籍，德川吉宗于1717年收入的《动物图说》（荷语版）等。由于知道了西方医药书籍的附图非常精密，名儒医青木昆阳、侍臣野吕元丈奉将军之命学习兰学。

至德川吉宗时期彻底地结束了对"形而上"学问的追求，改为提倡以形和物为基础的客观的经验主义和实证主义，把注意力转向经世济民上来。实学成为幕府和诸藩殖产兴业、加强封建制度的有力手段。以技术学和经验科学为特色的实学都孕育着实用的、实证的、合理的、批判的性质，因此"兰学"受到人们的重视。通过兰学，日本人的视野也渐趋朝向西方，大规模地吸收先进的西方文化，开始了现代化的历程。

第二节　日本的原工业化

所谓原工业化，就是指在以机器为基础的近代工业产生之前出现的、以手工具为基础、以商品生产为目的、程度不同地在家庭内与农业生产相结合的农村手工业生产。它是以自给为目的的家庭手工业与近代工业的中间形态。它与家庭手工业的共同点在于它们都是手工业，都是手工形态的工业生产，不同点在于它是商品生产，从一开始就是为了出卖，而家庭手工业则是为了自给，自给有余才出卖。它与近代工业的共同点在于都是商品生产，区别点在于它是手工生产，而近代工业是机器生产。

日本的封建制度是一种幕藩体制，其特点是幕与藩的相对集中和相对独立。幕与各藩之间采取"不输不入"的原则，各藩在经济、行政和司法上都是独立于幕府的，构成了所谓的"大名领国"。幕府也有自己的领地，它只能在自己的领地上行使经济和政治权力，从这一意义上来说，它只能算是一个最大的藩国。德川幕府在以下几个方面统治全国：（1）它是全国土地的最高所有者，拥有对各大名的土地进行改易和转封的权力；（2）它有权对各大名实行"参勤交代"制，命令各大名的家室住江户，以作人质，各大名自己也必须每隔一年到江户住一年；（3）它拥有作为中央政府所不可缺少的货币发行权，贵金属矿产的独占权，江户、大阪、京都、长崎等主要城市的管辖权，以及对外贸易的独揽权等。

在幕藩体制下，经济活动是以藩为单位独立展开的。农副产品由作为农民的百姓生产，他们耕种由藩主（大名）那里领来的土地，向藩主缴纳实物地租——大米。藩主给武士的俸禄也是米。手工业由两部分组成：一是农民的家庭手工业，主要是自给，自给有余才出售，其中最主要的行业是衣料生产，其他还有酿造、造纸等行业；二是城市手工业，集中在作为藩国首都的城下町，生产藩主、武士和町人（城市居民，分为手工业者和商人两部分）所需的各种手工业制品。另外还有一些散居在农村的专业手工业者，他们从事一些由于技术等条件的制约而不太适宜农业之余的家庭副业生产的行业，如冶铁、采矿、烧窑、木工等，其服务对象主要是农村的农民，相当于列宁所说的湮没于自然经济中的手艺人。

商品交换发生于以下三个环节：一是藩主和武士必须将米换成货币，以向城市手工业者购买手工业制品；二是耕织结合的农民需调剂余缺，有剩余也需出卖；三是城市手工业者需出卖手工业制品，购取米和农副产品。在幕藩体制下，商品交换和商品流通完全掌握在藩主手中。作为商品交换中介的商人都是通过向幕府或藩主缴纳冥加金从而获得幕藩统治者的保护的特权商人，他们在生产者与消费者之间形成了一个包买和批发体系，生产者（包括农村的农民和城市的手工业者）只能将产品卖给负责采购和包买的特权商人，然后由他们批发给代理商和零售商，最后流通至城乡消费者手中。在城下町与距离较远的农村之间，散布着一些"在町"和"在市"，它们是城下町的延伸，代替城下町执行商业功能，是批发商体系在城下町和农村之间的据点。这些"在町""在市"中的乡间商人是封建特权批发商体系的末端机构。

各藩（包括幕府）在经济上并不是完全独立的，它们还必须依赖中央市场。因为并不是所有的农副产品和手工业品都能在本藩内生产，还有一些高级奢侈消费品必须靠中央市场供给（如京都的丝绸），各藩之间也必须通过中央市场进行特产物交换和产品调剂。中央市场主要有京都、大阪和江户三个由幕府直辖的大城市。京都是手工业城市，大阪是商业城市，而江户则既是幕府的城下町，又是东日本的中央城市。各藩和幕府在中央城市都设有批发商，以进行藩领城市市场和中央市场之间的经济交流。

封建制度下的商品流通结构是以农民的剩余劳动产品作为地租被封建藩主基本剥削光为前提的。在这一前提下，农民的商品交换不是剩余产品交换，而是以必要产品价值为基础的使用价值的交换。如果一个封建社会中，除了必要产品以外的剩余产品全被封建统治者剥削走，那么，对于封建统治者来说，这无疑是一个非常稳定的社会，因为农民将被永远束缚在耕织结合的自然经济中，新的生产方式就永远不会出现。在日本，这种情况一直持续到18世纪前半期。但是，自18世纪后半期开始，由于社会生产力的提高（耕地面积扩大，产量提高，棉布生产的扩大等），社会总产品有了较大的提高，在地租水平不变的情况下，这些新增加的社会产品价值被作为剩余产品而留在了农民手中，有人称其为"全部剩余劳动被剥削的原则的衰退"。

从表 1-3 可以看出，在整个德川幕藩体制时期，人口、耕地面积、大米总产量和亩产量都在不断增加，但在 1750 年以前，后三项的速度都赶不上人口增长的速度，故人均大米量呈减少趋势。1875 年之后，人口增长速度减缓，耕地面积和亩产量仍保持较大增势，使人均大米量由 1750 年的 150 公斤增至 1850 年的 175 公斤，增长 16.7%。175 公斤米折合成稻谷有 350 公斤左右，再加上麦子和杂粮，人均粮食可达近 500 公斤以上。到明治初年的 1872 年，则可达人均稻谷 388 公斤、人均占有粮食 550 公斤的水平。

表 1-3　　　　　　　　德川幕府时期人口、耕地面积及大米产量的变动

年份	人口（万人）	耕地（万亩）	大米总产量（万吨）	人均拥米量（公斤/人）	亩产大米（公斤/人）
1650	1718	3503	316.92	184	90.5
1700	2769	4227	419.63	152	99.3
1750	3110	4451	467.71	150	105.1
1800	3065	4512	515.80	168	114.3
1850	3228	4717	563.89	175	119.5
1872	3311	4812	641.32	194	133.3

资料来源：速水融、宫本又郎编《日本经济史》第一卷，岩波书店 1988 年版，第 44 页。

人均产量增加了，封建地租率却呈减少或恒定趋势。如在幕府领地上，在 1770 年以前，贡租率经常保持在 35%—45%，但自 1770 年始一直到 1840 年之后，贡租率一直保持在 30%—35%。据研究，由于自享保年（1716—1735 年）后贡租征收由每年检定的"检见法"改为恒定租率的"定免法"，使得由生产力提高而产生的剩余能够留在农民手中。在生产力提高和地租率降低或得以维持两种因素的作用下，农民手中拥有剩余产品成了一个必然现象。

农民手中剩余产品的出现必然导致农民的生活水平的提高，而生活水平的提高则必然引起消费需求和国内市场的扩大。首先是粮食消费能够达到充足的水平，在吃的问题解决之后，必然会将一部分剩余用于衣着的改善，再其后就会产生享受型消费。在这一阶段，消费增长最快的是衣着，因而衣料生产部门（丝织、棉纺织）也就理所当然地成了农村工业的最主要部门。

总之，农民手中剩余产品的出现和生活水平的提高，必然导致国内市场的

扩大，从而导致生产的扩大。18世纪后期以农民的剩余产品价值为基础的原工业化——作为商品生产的农村丝织业和棉纺织业的广泛发展，就是在这样的背景下展开的。

正如前面所说，作为耕织结合自然经济的一个组成部分的家庭棉纺织手工业早在德川前期就已存在，这种农村工业是以必要劳动价值为基础的，是使用价值的生产，投入市场也只是为了调剂余缺，它不可能导致生产方式的改变。但是，以剩余产品价值为基础的农村工业则完全不同，由于它是伴随着国内市场的扩大而发展起来的原工业化，有可能导致生产方式的改变，即由原来的家庭手工业中发展出专业的手工业生产者，甚至进一步扩大生产规模，出现较大的集中作坊或手工工场，出现雇佣劳动现象。

国内需求的扩大必然导致生产总规模的扩大，而它首先必然表现为生产者户数的增加。就农村丝织业来说，日本以一般富裕农民为对象、生产普通丝绸的产地在18世纪中期以前主要有桐生新町、小千谷和八王子三个地方（日本最著名的丝绸产地是京都的西阵，但那是出产高级丝绸，供藩主、武士和特权商人穿着的，是城市手工业）。在1750年以前，这三个地方的丝织户数比较稳定，变化不大。1750年之后，丝织户数呈急剧增加倾向，总户数从1700年的1400余户增至1850年的4000余户。而且还出现了新产地，如丹后在1800年之后也成了农村丝织工业的生产地。原产地生产的扩大和新产地的出现，说明国内对一般丝绸需求的增加，这正是农民剩余产品的出现导致农民生活水平提高，能够穿着一般丝绸的较富裕的农民增加的结果。

生产户数的增加只不过是生产扩大的外延方面。生产的扩大还有其内涵方面，这就是生产者专业化程度的提高和生产形式的进步，亦即集中作坊和雇佣劳动的出现。以桐生为例，据《桐生织物史》记载，下久方村的金子善右卫门在天保五年（1834）"雇佣男女十数人，从事丝织业"。桐生新町的吉田清助拥有织机8台，在嘉永二年（1849）雇有男工7名，女工11名，下广泽村弘化三年（1846）共有从事丝织的农户33户，其中拥有4台织机的1户，5台织机的3户，6台、7台、8台、10台、12台织机的各为1户、1户、3户、2户和1户。与这些集中作坊（其中个别的已具有手工工场的性质）经营相并列的，是更为广泛的包买商制，即包买商支配小生产的生产形式。

棉纺织业也一样。18世纪中叶之后，在日本全国各地农村兴起了许多棉纺织地带，其中最著名的有近畿的摄（津）、河（内）、（和）泉地区和中部的浓尾地区（类似中国的苏松地区），其他还有中部的三河和知多、四国的柳井、九州的博多和久留米，也都是著名的棉纺织业基地。在这些生产地，至文政、天保年间（1818—1844），生产形式也发生了重大的变化，出现了许多拥有4台、5台织机的农户，有的甚至达8台、9台。

农民剩余产品价值的出现导致国内市场扩大，在此基础上原工业化得到发展，生产方式发生改变，必然导致国内市场结构的变化。在18世纪中叶以前的封建的市场结构中，商品流通完全控制在藩主手中，农民的余缺调剂也必须通过藩主的商品流通机构进行。在这一市场结构中，商人都是与幕藩政权相结合的特权商人，与农民相对应的乡间商人都是封建特权商人的末端机构。以农民的剩余产品价值为基础的工业兴起之后，农民投入流通领域的已不再是作为调剂余缺的零星商品，而是数量多而稳定的商品供应。在这种情况下，光靠原来的乡间商人已不能完全解决将这些商品收购并运送到城下町特权商人手里的问题，于是新的农村商人应运而生。当然，能够成为新的农村商人的，大多是农村较富裕的中上层农民，因为在农村中只有他们拥有最初的启动资金。这些农村商人是直接收购农民生产者产品的最基层商人。他们先是从特权商人那里领取株札（准许营业的木牌子），收购之后卖给特权商人，也是特权商人的下部组织。但是，当这些农村商人积累了一定的资本之后，便试图脱离特权商人的控制，开辟自己的流通渠道，形成不受特权商人控制的"农民的商品流通渠道"。这样，由于农村工业的兴起和农村商人的出现，市场结构由原来的一元的封建藩主的商品流通机构改变为以藩主的商品流通机构为主，同时也存在着农民的商品流通机构的二元结构。随着商品生产的进一步发展，农民的商品流通机构就有可能进一步发展、壮大，吞并藩主的商品流通机构，使市场结构演变为资本主义的市场结构。

18世纪中期之后以农民的剩余产品价值为基础的原工业化的兴起和发展导致了新的生产方式的出现和市场结构的改变，但这种发展并未能得到继续和深入。至文政、天保经历了一个高潮之后，到了幕末维新时期，原工业化出现了停滞和徘徊现象。表现在生产方式上，即原来那种经营4—5台、多者7—8

台织机，并且雇有一定雇佣劳动的集中经营形态逐渐趋于萎缩，退化为受商人支配的家庭手工业生产形式。

原工业化的停滞不仅表现在生产形式上，也表现在市场结构上。在18世纪中期之后农村工业的发展中产生的"农民的商品流通机构"在幕末时期也开始变质。主要是原来作为代表农民利益的积累了一定资本的农村商人上层不断地与幕藩藩主相结合，成为新的特权商人。这些新特权商人越来越远离农民的利益，成了幕藩藩主控制农村工业和农村商品经济的工具。

在日本，为什么会出现这种原工业化的倒退现象呢？其根本原因在于社会生产力和国内市场的发展程度还不够。

从英国的情况来看，其原工业化之所以能不断地发展，最终发展成为工场手工业，进而在国际市场的诱导下发展成为近代大工业，主要是因为其劳动生产率能不断提高，国内市场能不断扩大。在日本，虽然自18世纪中期出现了农民的剩余产品价值，其后在幕末时期和明治初期社会生产力也在缓慢地增长，如1872年的大米产量比1850年增长13.7%，1878—1890年的农业增长率也以年平均1.88%的虽低但不失稳定的速度增长，但1865—1880年和1880—1900年的人口增长率也达10.6%和16.3%，人口的快速增长消耗了缓慢的经济增长的成果，消耗了原来应当成为农民的剩余产品的价值，减少了农民的剩余产品的量，或者说延缓了农民剩余产品价值的增长，从而限制了国内市场的扩大。也许有人会说，经济增长的成果无论是被原有人口所消费还是被增加了的人口所消费，都是消费，都构成市场，只要消费增长，就会导致国内市场的扩大。对此，我们必须说明这样一点，即经济增长或消费价值的增加在人口增长速度低于经济增长与高于经济增长这两种不同的情况下对于市场形成具有不同的意义。在人口增长速度低于经济增长的情况下，由于农产品消费是基本固定的，增加的价值会被用于衣着或其他工业品的消费，从而直接扩大工业品的需求，为工业化创造市场。而在人口增长速度高于经济增长的情况下，增加的价值大多被用于新增人口的粮食和其他农产品消费，只有少量被用于衣着和其他工业品的消费。这样，可望扩大农产品市场，但却缩小了工业品市场。由于农业生产受自然规律的限制而不可能大幅度增长，工业生产又由于市场停滞而不能增长，社会经济就只能陷于停滞了。也就是说，只有增加了的价值不断地被转化为剩余产品价值，而不是被作为必要产品价值的时候，工业化的国内市场才能不断扩大；价值不能增加或虽增加但却转化或主要转化为必要产品价值，就会限制国内市场的扩大，而日本却恰恰是后者。

  国内市场的停滞必然会导致商品价格的徘徊甚至降低。而另一项因素——雇工工资却由于生存水平的限制，不会大幅降低。实际上，幕末时期的实际雇工工资是略有上升的。商品价格的降低与雇工工资的提高，使得雇工进行集中生产变得无利可图，于是那种原来雇工进行一定规模棉纺织生产的农户不得不放弃雇工，把织机租放给其他较贫穷的农户，进行出机经营，他们自己则转向土地聚集和商业经营，转化成了地主和包买商。而依靠家庭劳动的家庭棉纺织业生产则由于不计劳动成本，虽然出售价格降低，但仍可获得微利以维持家计。这就是幕末时期日本原工业化趋于衰退的根本原因。

第二章 倒幕运动

第一节 国内外危机的加剧

19世纪中叶，世界主要资本主义国家通过17世纪以来的圈地运动、殖民掠夺和对外贸易，完成了资本主义原始积累过程。

英国在1640—1688年完成资产阶级革命，确立了资产阶级和新贵族的联合统治，为资本主义的迅速发展开辟了道路，大大促进了社会生产力的进步。18世纪，圈地运动进一步推行，基本消灭了自耕农。英国取得了向西班牙在美洲的殖民地进口黑人奴隶的专卖权。18世纪中期又打败法国，扩大了国外市场。18世纪中期到19世纪上半期率先开展并完成了工业革命，社会生产力迅速提高，英国成为世界上第一个工业化国家，处于世界工业霸主地位，也成为拥有广大殖民地的"日不落帝国"。19世纪末20世纪初，在向帝国主义的过渡中，英国由于设备陈旧又不愿更新生产设备和采用先进技术，拥有广大殖民地而把资本输往国外，利用殖民地廉价的劳动力和原料榨取高额利润，同时也受到殖民地反抗斗争的沉重打击，经济发展速度相对缓慢下来，工业制造由原先的世界第一位退居第三位，丧失了"世界工厂"地位。第一次世界大战后，海外贸易中各国的购买力锐减，同时受到美日的商业竞争，加之大战期间国内经济损失惨重，英国工商业呈衰退现象，经常失业的人数达200万人，伦敦也不再是世界唯一的金融中心。英国经济衰退导致政党政治变化、国际地位下降、军事实力削弱和对殖民地控制的减弱。

18世纪，美国的资本主义生产关系得到了相当大的发展，北部资本主义工商业比较发达，中部以农业为主，南部盛行黑人奴隶制种植园经济。但是英国殖民者竭力压制北美经济的独立发展。1775—1781年独立战争胜利，推翻了英国殖民统治，解放了北美社会生产力，促进了北美资本主义生产关系的发展。独立后，北方资产阶级和南方种植园主都强烈要求领土扩张。19世纪上半期开始了工业革命，在交通运输领域的革新领先一步。西进运动使西部广大地区得到开发，这为美国资本主义工农业的发展提供了优越的地理条件、丰富的自然资源和广阔肥沃的土地，为各国移民提供了广阔的大有希望的空间。随着资本主义工农业的发展，南北两种经济制度的矛盾激化，引发了美国内战，结果先进的北方工业资本主义战胜了落后的南方奴隶制种植园经济，废除了黑人奴隶制，为资本主义进一步发展扫清了道路。加上第二次工业革命的推动、垄断组织的促进、国内丰富的天然资源、欧亚移民带来技术与劳动力和欧洲剩余资本涌入，到1894年美国工业总产量已跃居世界第一位。

大革命前法国是一个农业国。到18世纪晚期，资本主义工商业比较发达，里昂丝绸工业在欧洲首屈一指，波尔多、马赛、勒阿弗尔成为大商港。但资本主义工商业的进一步发展受到波旁王朝的严重阻碍。1789—1794年大革命期间，制宪会议通过了一系列有利于资本主义发展的法令，国民公会将逃亡贵族土地卖给农民，废除封建义务。法兰西第一帝国建立后，拿破仑在保证农民小块土地的同时，鼓励和刺激资本主义工商业发展，还通过对外战争夺取财富、殖民地和贸易特权。19世纪上半期，工业革命开始。1848年二月革命推翻代表金融贵族利益的七月王朝，为工业资本主义发展创造了条件。由于农民的贫困和农业经营的落后造成国内市场狭窄，普法战争后50亿法郎的赔款和阿尔萨斯、洛林两大工矿区的丧失，大量资本投在信贷方面而不投在生产领域，致使工业生产由19世纪中期的第二位到19世纪末下降到世界第四位。但银行资本集中十分突出并与工业资本结合形成金融寡头。

俄国在17、18世纪还是一个农奴制国家，但在莫斯科、土拉出现了一些手工工场，彼得一世改革客观上有利于手工工场的发展。19世纪上半期，俄国资本主义取得一定发展，19世纪30—50年代开始了工业革命，使用机器生产的工厂开始取代手工工场，农业中资本主义因素也在增长。1861年改革废除农奴制，为资本主义发展提供了必需的劳动力、国内市场和资金，俄国从此走上了资本主义发展道路。19世纪80年代完成了工业革命，但封建农奴制残余大量存在，严重阻碍了生产力的发展，俄国资本主义发展水平远远落后于西欧和美国和日本。

19世纪中期，工业革命向德意志扩展，资本主义经济发展迅速，农业中资本主义发展的"普鲁士道路"取得了胜利。但是，德意志四分五裂的状态严重阻碍了资本主义生产力的发展，劳动力的自由流动受到限制，货币和度量衡的差异不利于商品流通，缺乏集中而强大的国家政权去保护海外贸易和开拓海外市场。普鲁士举起统一旗帜，通过三次王朝战争，于1871年年初最终实现统一，为资本主义进一步发展提供了前提条件。统一后开辟了广阔的国内市场，普法战争获得赔款割地补充了资金和矿藏资源，第二次科技革命中采用最新技术和设备，垄断组织发展迅速，这一切加速了资本主义发展。到20世纪初，它超过英法，居世界第二位，农业也有新发展。为满足工商业界要求，德国统治者大规模地对外扩张，欲"夺取阳光下的地盘"。

17世纪下半期至19世纪中期，欧洲国家为争夺殖民霸权展开了激烈的角逐。从17世纪下半期到18世纪中期，为了争夺殖民霸权，英国先后同西班牙、荷兰和法国多次交战，最终确立了英国的海上霸主地位，成为世界上最大的殖民国家。18世纪末到19世纪中期，欧洲列强为争夺欧洲霸主地位进行了激烈斗争，先后爆发了反法同盟与法国的战争、克里木战争和普法战争等。

18世纪60年代，工业革命首先从英国开始，随后向欧洲大陆国家和美国扩展，19世纪上半期英国率先完成了工业革命。工业革命是资本主义发展史上的一个重要的阶段，是从工场手工业发展到大机器生产的一个飞跃，它在生产领域和社会关系上都引起了根本性的变化：第一是导致了社会生产力的迅速提高，它把人类推进到了蒸汽时代；第二是英法等主要资本主义强国的殖民扩张大大加强，导致东方从属于西方；第三是使整个社会日益分裂为两大直接对立的阶级——资产阶级和无产阶级，这是最重要的后果；第四是把劳动力引向城市，开始了城市化进程；第五是使工业资产阶级力量日益强大，自由资本主义发展起来。科学技术的发展使资本主义作为一种新的社会制度在确立后迅速显示出它的优越性。19世纪70年代前后，科学技术有了突破性的发展，自然科学新发现被迅速应用到工业上，在新能源的开发利用、新机器和新产品的创制、电讯事业新发明等领域产生了巨大影响，人类进入电气时代。电气时代具有三个显著特点：（1）自然科学新成就直接转化为生产力，大大推动了经济的发展；（2）同时发生在几个先进的资本主义国家，其规模更加广泛，发展也比较迅速，一些后进国家例如日本，两次工业革命是交叉进行的；（3）电力的广泛应用，使资本主义工业生产从棉纺织时代跨入了电力和钢铁时代。生产和资本的高度集中产生了垄断，主要资本主义国家进入帝国主义阶段，对外侵略则以资本出口为主。

日本国内背景方面，江户时代的统治机制是幕藩体制，由幕府和藩构成。其最大特点是通过统治权力的分割和世袭身份制进行统治。日本的封建社会是从平安时代末期武士直接统治农民开始的，镰仓幕府即是日本最初的武士阶级政权，随着后来的变迁，废除了以前的律令体制遗留下来的各种对土地的统治，到了16世纪末即日本战国时代末期，各地形成了大名和手下的家臣完全掌握该地区统治权的大名领地制。大名领地时期的霸权，依次被其中最有实力的织田信长、丰臣秀吉和德川家康所掌握。德川家康于1603年创建了新的幕府，以大名领地制为基础，最大的大名德川为中央政权，形成了君临其他大名之上的幕府体制。在这种体制下，全国的土地基本上被划分成幕府领地和大名领地，此外还存在部分皇室领地、公卿领地、寺院领地等，但在全国土地中只占极小部分。幕府领地又分为藩主直辖地（天领）和旗本（幕府直属武士）领地，大名领地分为藩主直辖地和家臣领地。根据江户时代的制度，土地是通过稻米的生产额（俸禄额）来体现的，在幕府直属武士和各藩的藩士（诸侯的武士）中，也有无领地仅靠幕府和藩供给稻米的人。

幕府拥有调动诸大名军事力量（兵役）的权力，幕藩体制是以最具实力的大名德川相对其他大名的霸权为基础的。幕府除了对大名采取改易（没收领地）、转封（转移领地）等手段进行统治之外（江户后期已逐渐减少），承认各藩的军事组织和在领地内的统治。幕府体制最重要的特点是幕府对诸大名不行使上级征税权。各藩从统治领地获得的收入，原则上全部由各藩自行使用。参觐交代所花费用、临时征收的土木工程和仪式的费用、和平时期军费的征收等都包括在内。第八代将军德川吉宗时代，为了摆脱幕府的财政危机，向大名临时征收相当于俸禄额的稻米，也是为缓解参觐交代而采取的措施，而且只实行了七年。幕府的财政收支主要以直辖领地，包括有实力的矿山以及大阪、长崎等大城市的收入和外国贸易为基础，另外还有从大阪、江户等地有实力的商人那里临时征收的费用。

幕藩体制是世袭制的等级社会。不仅作为统治阶级的武士和被统治阶级的农工商之间存在严格的等级差别，而且统治阶级的武士内部也存在森严的阶层序列，是靠世袭制的原则来维持的。幕府中在将军下设大老（临时任命的最高官职）、老中（处理日常政务的常设职务）和若年寄（老中的辅佐），这三个执政要职被世袭大名所占据，他们依据各自的门第而得到任命。有实权的各奉行（包括勘定奉行、江户町奉行和寺社奉行）、监察官的大目付和目付等官职，也全都被德川直属武士的旗本所占据，并依照门第加以任命。各藩的家老（执政官）、奉行以下的差役也都是从各藩的家臣中按门第任命的，因此，要成为老中就必须出生于具有该资格门第的家庭，成为藩主；要成为各藩的家老，就必须出生于具有该资格门第的世袭大名家庭，成为该家庭的户主。相应的，如果出生于下级武士家庭就将终生成为下级武士，如果出身于农民家庭就将终生当农民。也许是出于客观需要，在江户时代收养养子相当普遍，上自作为幕府首脑的将军（征夷大将军）、各藩藩主，下至学者、商人，有势力的人大多有养子。这在某种程度上弥补了世袭制的缺陷。

自18世纪初起，幕府体制的矛盾逐渐表面化，其原因首先是农村生产力获得了很大发展。17世纪以来，日本几乎没有发生过战乱，加之推行了技术革新，以农业为主的社会生产力迅速提高。第二个原因是阶级斗争日益激化。封建社会建立的前提是封建统治者对劳动民众（主要是农民）生产成果的剥夺。在生产力提高的同时，如果阶级斗争出现激化，封建统治者就无法把生产力的增加部分全部据为己有，生产成果的剩余部分开始逐渐流入封建统治者以外的人手中，资本主义的萌芽就是在这种前提下产生的。从17世纪末到18世纪初，在生产力提高的同时，封建统治者却很难剥夺农民生产成果的增加部分，幕府以及各藩开始面临严峻的财政困难。如前所述，当时的日本已经通过陆路和使用帆船进行的海运建立了统一的国内市场，发达的商品流通网络覆盖全国，促进了商品经济的大发展，商业资本也已发达起来。

旗本以及家臣等幕府直属武士和各藩藩士的贫困化急剧加深。他们的俸禄没有增加，而随着商品经济的发展，物价上涨很快，许多藩又以藩主借用的名义征收家臣俸禄中的一部分，家臣们的生活较前更加困难。许多下级武士因此而从事手工业等各种副业，不少人还背负了越来越多的债务。进入18世纪，出现了以收养养子的名义向富裕商人收取扶养费的武士，这实际上是出卖武士自己的地位，以世袭制为原则的封建等级制度就这样逐渐崩溃了。

农村的急剧变化是幕府体制动摇的最大原因。由于生产力的提高和商品生产的发展，农村逐渐被卷入了货币经济，农村中贫富差距拉大，丧失土地的农民越来越多。到了江户时代中期，富裕的农民雇用临时工耕种土地，被称作"地主手作"的农业经济开始盛行。由于对临时工有人身支配权，所以这种劳动虽然还不是纯粹的有酬劳动，但却是向有酬劳动过渡的一种形态，具有重要的意义。

从江户时代中期开始，出现了把土地租给佃农然后收取地租的地主，也称作寄生地主。在封建藩主征收全部农业生产成果的情况下，靠在藩主与农民之间进行中间榨取的寄生地主不可能得到充分的发展。然而，由于社会情况的变化，封建藩主已经无法剥夺农民的全部生产成果，商业高利贷资本开始在藩主与农民之间获取剩余生产成果中的一部分，在以藩主—农民关系为基础的部分农村中，出现了藩主—地主—农民（佃农）关系。

寄生地主出现的原因主要有两个。一是新土地的开发。幕府和藩的封建藩主为了解决财政困难，必须增加统治地区内的农用土地，允许有雄厚资本的大商人投入大量资金开发海滨和湖沼地，建设灌溉水利工程，幕府和大名承认他们有征收一定地租的权利，于是出现了"新田地主"。二是土地的典当。生活贫困的农民把土地作为典当物从农村的高利贷者处借钱，高利贷者又把典当来的土地租给农民（佃农）耕种，收取所获农产品的一部分作为地租，各地出现了"典地地主"。

幕藩体制的原则是以自耕农（原始农民）为中心，只有藩主才能剥削农民，而寄生地主的出现破坏了这种原则，由于当时幕府等封建藩主陷入了严重的财政危机，为了获得捐款，不得不承认寄生地主依靠这种方式获取剩余农业生产成果中部分成果的权利。

寄生地主的出现是幕府体制崩溃的表现之一。寄生地主采取封建方式从藩主手中瓜分剩余劳动产品，而不是通过付酬劳动进行生产，因此具有封建性的本质。同时，他们尽管获得收取地租的权利，但却没有土地的全部所有权。寄生地主是在幕府体制消灭后，在明治初期实行土地税制改革时才开始获得土地所有权的。

19世纪中期，日本处于最后一个幕府——德川幕府时代。掌握大权的德川幕府对外实行"锁国政策"，禁止外国传教士、商人与平民进入日本，只有荷兰与中国的商人被允许在原本唯一对外开放的港口——长崎继续活动。此外德川幕府亦严禁基督教信仰。同一时期，在日本一些经济比较发达的地区，开始出现家庭手工业或手工作坊。作坊内出现了"雇佣工人"制，形成资本主义的生产体系。在商品经济形态的快速扩展下，商人阶层，特别是金融业经营者的力量逐渐增强。商人们感觉到旧有制度严重制约着他们的发展，于是开始呼吁改革政治体制。具有资产阶级色彩的大名（藩地诸侯）、武士，和要求进行制度改革的商人们组成政治联盟，与反对幕府的基层农民共同形成"倒幕派"的实力基础。

天保年间（1830—1844），日本社会已经和17世纪初期大不一样。在德川幕府"闭关锁国"期间，人口和财富都有了很大的增长。大名统治的城堡内外，日本人广泛地得到了受教育、做学问、娱乐的闲暇。尽管未必称得上是盛世，但"太平"却是肯定的。1830年时日本已经意识到了来自西方列强的威胁，内部的危机也进一步加重。

天保年间是德川幕府后期的关键时期，笼罩在全国上下的危机感时时提醒当政者必须进行改革。大部分日本人都有一种"不适、痛苦"的感觉。其中武士阶层对未来最感沮丧。幕府的经济政策，尤其是货币贬值，对领固定俸禄者的负面影响极大。1819—1837年货币前后19次贬值，通胀使武士阶层的生活越来越困难。尽管物价飞涨，但低薪的武士们还不得不"主动"减薪以缓解领地的财政困境。有的武士和能带来丰厚嫁妆的商人家庭联姻，出卖与生俱来的武士权利；有的下级武士转而从事手工业生产，制作灯、伞、扇、刷子一类的小商品交由商人出售等就是这种例证。大多数城堡中的武士都因收入少、工作少而痛苦。他们人数众多、收入渠道太少，碍于严格的纪律，又必须注意自己的身份，不能轻易改换职业。

和武士个人相比，大名领地的财政状况更加困难。18世纪末，大名领地已经开始负债，大多数大名都向商人的银号借贷，因为他们的支出必须保持官方的水平。"参勤交代"、超编的官吏、不必要的军队让他们不堪重负。火灾或水灾之后，军队常常被调去重修堡垒或江户的城市，开支巨大。尾张藩的年收入大约25万石米，1801年却举债12万7千两金子。1石米当时大致等于1两金子，负债已经超过了收入的一半。1849—1853年，尾张藩以每年稻米的税收为抵押，借债180万石。萨摩藩的情况更加严重，77万石收入的领地在1807年负债130万金子，至1830年负债增至500万两，相当于其20年的税收。1840年全国大名们借自大阪商人的金子约为6000万两。若按约分期偿还，仅利息一项，每年将占全国税收的1/4。

多数藩都学会了如何应对负债的财政，采取了一些对策。例如发行证券、与商人合作经营一些垄断行业等。赤字财政在凯恩斯主义盛行的今天几乎无人反对，但在当时对任何机构或个人来说都是巨大的压力。紧缩和节约之下，多数藩和幕府都陷入了财政困窘之中。

19世纪30年代，经济上最富裕的是成功的商人和农村的企业家。城市和乡村中少数富人之外的广大农民和城市贫民在通货膨胀和货币经济的压力下生活在饥饿的边缘。以农业为主的经济结构，自然灾害和歉收都会带来直接的打击。1824—1832年的歉收波及范围很大，1833年北部又大幅减产，1836年出现全国性的饥荒。18世纪年代中期，农村到处是流离失所的农民，城市挤满了找苦力干的贫民。幕府和各藩设立了不少救济站，但情况仍未好转，暴乱和抢粮仓的事件时有所闻。最大的要数1837年大盐平八郎在大阪号召的"米骚动"，他鼓动大阪周围四国的农民起来"杀掉没有心肝的官吏和生活豪奢的富商，这些人都是在穷人饿饭的情况下自己发财的"。他准备夺取大阪城，控制日本的商业中心。尽管这次暴动仅仅一天即被镇压下去，但却使幕府的权威遭受重创。

1853年，美国海军准将佩里（Matthew Calbraith Perry）率领舰队进入江户湾（今东京湾）的浦贺，要求与德川幕府谈判，史称"黑船事件"（亦称"黑船开国"）。1854年，日本与美国签订了神奈川《日美亲善条约》，又名《神奈川条约》，同意向美国开放除长崎外的下田和箱馆两个港口，并给予美国最惠国待遇等。由于接踵而来的一系列不平等条约的签订，德川幕府再度成为日本社会讨伐的目标。

由于封建阵营出现分化，中下级武士中要求改革者形成革新势力，号召"尊王攘夷"。革新势力的代表人物有吉田松阴、高杉晋作、大久保利通、木户孝允、西乡隆盛、横井小楠、大村益次郎等，主要集中在长州（今山口县）、萨摩（今鹿儿岛县）、土佐（今高知县）、肥前（今佐贺县和长崎县）等西南部强藩。这些藩国在历史上与幕府矛盾较深，接受海外影响较早，吸收近代科学技术和拔擢中下级武士都比较积极。他们与在资本主义萌芽期出现的豪农豪商阶层、下级武士中的革新势力和出身豪农豪商的志士以及部分皇室公卿一起，在"尊王攘夷"的口号下，展开了要求改革幕政，抵御外侮的运动，最终发展成了武装倒幕。

第二节　开放港口与幕府的倒台

18世纪末到19世纪初，欧洲发生了巨大变化。1776年的美国独立战争、1789年的法国大革命，使欧洲的形势发生了很大变化，对世界形势也产生了重大的影响。在英国、法国等国开始的产业革命使社会生产力飞速提高，增强了西欧各国的国力。同时，西欧各国以增强的国力为背景，到世界各地寻找市场以及原材料、战略据点等，开始了对世界各地的侵略。俄国在18世纪初就征服了西伯利亚，他们的船只经常出没于日本近海，并多次到达日本，要求进行贸易活动，但遭到幕府的拒绝。英国于18世纪中叶在印度建立了据点，进而开始了同中国的贸易往来。19世纪初，荷兰本土被拿破仑征服后，英国就开始抢夺各地的荷兰殖民地。

日本自1639年开始实行锁国政策，这个政策的实施主要与当时西方贸易往往和基督教传教势力成为一体有关。但在18世纪末期，日本的锁国政策开始受到挑战，日本列岛四周的近海和沿岸不断地有西方的船只出没，有的还提出了通商要求，1808年发生了英国军舰追击荷兰船只侵入长崎港的事件，美国的捕鲸船也大量出现在日本近海。江户幕府对此态度很明确，于1825年发布了《驱逐异国船只令》，即"无二念打拂令"，也就是"二话不说，立即驱逐"，中国和荷兰以外其他国家的船只要一靠近日本，就毫不客气地一律予以击退。就连1837年来日本遣返日本漂流移民和进行贸易活动的美国船只也遭到炮击。当时，高野长英等兰学者和渡边华山等深受兰学影响的知识分子，因站在开国论的立场批评幕府的政策而遭到幕府的严厉镇压。这一事件被称为"蛮杜之狱"。此后，兰学者们避开了社会科学方面的研究，转向医学和技术方面。

1842年，幕府从中国人和荷兰人口中得知堂堂的"天朝大国"中国居然在鸦片战争中惨败于英国后，为了怕与外国人发生冲突，又急忙把"无二念打拂令"改成了"薪、水给予令"。但日本在面对西方列强以武力相威胁的开国挑战时，情形还是与中国有所不同。中国在鸦片战争之前与西方的交往大多仅限于零星的朝贡贸易，甚至连林则徐这样的人也认为洋人的腿是直的，龚自珍更是堂而皇之地把英国也列入"朝贡国"。日本尽管也奉行锁国政策，却留下了一道缝隙，允许与中国和荷兰通商。1844年，荷兰国王威廉二世就曾致信幕府的将军，劝他开国，并在信中叙述了中国在鸦片战争中惨败的教训，劝告将军放弃锁国政策。

幕府虽然以"锁国为日本的祖法"为由拒绝了荷兰国王的劝告，但荷兰对日本的影响力却依然不容忽视。日本由于和荷兰一直有贸易往来，在18世纪初叶，"兰学"开始产生，并因大槻玄泽的推动而被发扬光大。借由兰学，日本管窥了西方的各种科学技术并因此比中国更为了解西方。明治维新过程中极具影响力的启蒙思想家福泽谕吉，也在20岁时便学习了兰学。日本从中国学到了很多文明，但日本并没有科举制度和宦官制度，尽管日本也有儒学，但却始终只是知识分子的"教养"而已。在奉行锁国政策的时期，也通过兰学对外打开着一扇窗口。和中国儒学的绝对权威不同，日本的文化一直呈现着多元化的发展，有儒学、国学、兰学，这种多元化也为后来向西方学习先进文明打下了思想基础。

到了19世纪中期，西方列强将世界全部纳入资本主义制度的进程加快，日本已无法阻挡资本主义的猛烈进攻，对于日本来说，不是要不要加入这种全球性体系的问题，而是如何加入的问题。1853年，美国总统米勒德菲尔莫尔派东印度舰队司令官佩里率军舰四艘，士兵560人，于6月3日闯入日本浦贺港，并致国书，要求开港通商。佩里行前接受了美国国务院的三项指令，要求就以下内容与日本政府达成协议：

（1）签订有关救护海上遇难的美国船员的长期协定；

（2）日本为美船只提供补给煤水粮食的港口和补给站；

（3）日本对美开放通商口岸。

此外，为促使日本打消顾虑从速开国，佩里还需向日本说明：随着美国国力日趋强盛和与东亚关系的日益密切，日本继续保持锁国是错误的；美国与英国在亚洲的扩张活动毫无瓜葛。但若和平谈判无法奏效，应以武力为后盾，表明强硬态度。

幕府拒不受理美国总统国书，要求其舰队依照日本法令，开往长崎。佩里断然拒绝，派遣"密西西比号"入江户湾测量水深进行示威，声称："若不受理国书，舰队就开进江户与将军直接谈判，否则万一开战，美国必胜，那时可执白旗来见。"幕府屈服于威压，不得不在浦贺附近的久里滨收下美国国书，约定次年答复。佩里无视幕府旋即离去的请求，命舰队开至羽田附近示威，直指江户，江户市内群情哗然。不过佩里明白要幕府迅速回复是困难的，加之在琉球另有紧急任务，遂声言明年春天前来听取答复，撤离日本。日本坚守200余年的锁国体制危在旦夕。

由于美国军舰船身漆成黑色，以蒸汽为动力，冒着黑烟，因此日本人把佩里舰队的叩关通称为"黑船事件"。1854年春，佩里又率7艘军舰再次开进东京湾，停泊于神奈川河口，以武力胁迫幕府谈判签约。结果于3月3日签订了《日美亲善条约》，通称《日美神奈川条约》。翌年2月在下田交换批准手续后正式生效。这是日本近代同外国签订的第一个国际条约。

日美神奈川条约共有正文12条和附录13条。条约规定：日本对美开放下田、箱馆函馆两港，并允许美国在两港设驻日领事；供应美国船只水、燃料、粮食及其他必需品，价格由日方规定；日本须救护并优待美国遇难船只；给予美国最惠国待遇等。这样，下田港就成了美国开辟横渡太平洋航线的中继站，箱馆变成了美国在北太平洋捕鲸船的基地。美国通过《日美亲善条约》的签订，迫使日本迈出了开国的第一步，大体完成了其扩张目标。佩里曾如此评价过《日美亲善条约》："虽然是初步的，但对于今后将与日本政府建立的通商协定，却是最重要的一步。"

之后，英、俄、荷等国均援引美国先例，陆续胁迫幕府签订了类似"亲善条约"的各类不平等条约。日英条约较日美条约简单，要求开放长崎和箱馆两港；日荷条约主要确认其在日的既得利益，并在此基础上放宽限制。荷兰在日本长达200年的锁国期间，独占对日贸易，但仅限于出岛一处，因此乘签约之机，荷兰要求享受同等待遇，开放长崎、下田、箱馆三港。日俄条约与众不同，在要求开港的同时要求享有治外法权，并提出了划定北方领土边界问题。定边界于择捉岛与得抚岛之间，库页岛为日俄共管。至此日本锁国体制崩溃。

根据《日美亲善条约》，美国派遣了第一任驻日使节、总领事哈里斯，其主要使命就是在亲善条约的基础上，进一步推进与日本缔结通商条约。哈里斯在中国宁波担任过代理领事，并曾将不平等条约强加给泰国，是一个具有殖民侵略经验的"东方通"。时逢中国遭遇第二次鸦片战争，于是他不失时机地对幕府软硬兼施，以武力相威胁，最终于1858年6月19日在神奈川海面停泊的美国"波瓦坦"号军舰上签订了《日美友好通商条约》(亦称《江户条约》)，条约共14条，附《贸易章程》7则。

条约的主要内容有：限期开放神奈川、长崎、兵库、新泻、箱馆五口及江户、大阪两处通商；允许在开港地设立出入自由的"居留地"，享有居住买地盖房信教等自由；美国在日本有贸易自由和领事裁判权；确定了进出口商品的四类关税率，即外国人旅居日本所持金银及生活用品免税，进口酒类纳税35%，造船、捕鲸用具、蒸汽机械、铅、锡、马口铁、煤炭、丝绸、木材以及米面食品等纳税5%，其余皆20%。除金银货币和棒铜外，日本产品的出口税为5%。改变税率须在神奈川开港五年后双方"协商"解决。

紧接着，幕府又相继与荷、俄、英、法签订了同样的通商条约，史称《安政五国条约》。在"亲善""友好"的名义下，日本陷入了半殖民地的境地。最具殖民侵略性质代表的条款就是关税协定和领事裁判权。《安政条约》的关税协定使日本失去了保护本国工商业的自主权；领事裁判权则侵犯了日本的司法自主权，使外国人能够躲避日本法律的制裁。

随着日本锁国体制的崩溃，幕府独裁统治日趋动摇。幕府原本一直架空天皇，对各藩尤其是外样大名则加以限制，以防尾大不掉。然而"黑船事件"之后，束手无策的幕府竟破天荒地向天皇及诸大名征询对策，企图借助天皇"神威"摆脱困境，并调整与诸藩的关系以获得实力派大名的协助。从此天皇与雄藩得到了干预国政的权力。1858年起，围绕将军继嗣问题，雄藩改革派与幕府保守派之间的斗争也日渐激烈。改革派（亦称一桥派）以主张限制幕府独裁实行强藩和议制的越前藩主松平庆永、萨摩藩主岛津齐彬为首，以才智、年龄为理由，推选一桥家的德川庆喜（1837—1913），原为水户藩藩主德川齐昭之子，过继给一桥家）。保守派（亦称南纪派）以维护幕府独裁的谱代大名彦根藩藩主井伊直弼为首，主张按血缘关系，推选12岁的纪伊藩藩主德川庆福（1846—1866）。这时，业经议定的《日美通商条约》也遭到了改革派的反对。两派就"将军继嗣"和"条约批准"问题，不约而同想得到天皇的支持。于是在外来压力下，"尊皇攘夷"势力崭露头角，日后逐步演变成倒幕的一面大旗。

1858年4月，保守派为维护幕府统治，由井伊直弼出任幕府大老，并于6月19日不待"敕许"，断然签订了《日美友好通商条约》。6月25日又宣布德川庆福为将军继承人。并以将军名义勒令水户、尾张、越前三藩藩主隐退。一桥派指责幕府专权，"违敕"签约、迫害三家，策动公卿以天皇名义下密诏给水户等藩，企图推翻井伊直弼的统治，将政权移交德川齐昭父子。井伊直弼对此采取了高压手段，于9月初开始大肆搜捕，首先逮捕了尊攘派著名领袖梅田云滨、吉田松阴等人，兴起了"安政大狱"。次年，梅田云滨死于狱中，吉田松阴、桥本左内、赖三树三郎等被斩，水户藩家老安岛带刀等四人被迫切腹或问死，四名皇家公卿被勒令"辞官"或"落饰"（出家）。遭迫害者近百人，其中1/4遇害。

安政大狱之后，尽管皇室公卿和藩主鼓吹"公武合体"，许多尊攘志士充分认识到幕府的反动与诸侯大名的无用，开始产生了倒幕维新思想。正如吉田松阴在狱中所写的《草莽崛起论》中所阐述的那样："今日之幕府、诸侯皆已为醉人，无扶持之术，非草莽崛起之人无所望矣。"

面对井伊的高压政策，在京都的萨、长、土、越前和水户的藩士，经过多次秘密磋商，决定督促萨摩藩主率兵东上，改造幕府，实行攘夷；同时制定暗杀大老井伊直弼的计划。1860年3月24日凌晨，在爱宕山上集合起来的18名志士——水户藩士17人和萨摩藩士1人，于上午8时以城楼的鼓声为信号，利用井伊为庆贺上巳佳节而坐轿登城的机会，在樱田门外，成功地袭击了由60名武装卫队护卫的井伊直弼，砍下了这个幕府大老的首级。史称"樱田门事件"。暗杀志士自称"草莽"，在其随身携带的《斩奸旨趣书》中痛斥井伊罪大恶极，"其中犹以对于外房，为其凶猛之虚声恫吓所惊恐，酿成神州之大害"，并"玷污国体，使圣虑烦恼，又违背敕意，横生奸计，实可谓天下之大罪人"。同时强调他们"与幕府毫无敌对之意，……无论依法受何种处置，均无怨恨"。

由此可见，此次有组织的暗杀活动，仅是所谓的"清君侧"，不具有反幕色彩。但它是草莽志士从"安政大狱"的血泊中崛起的重要转折点。值得一提的是，此次暗杀活动得到一位名叫樱冈的豪农的支持。从此之后，各地志士不论藩属，只问信仰，云集长州、土佐，联合豪农豪商与朝廷公卿，开始了以"尊王攘夷"为旗号的倒幕运动。

根据《安政条约》，1859年（安政六年）5月28日起开港。日本对外贸易随之激增，生丝、蚕卵纸、茶、水油、海产品大量出口，其中生丝居首位，占总出口额的50%—80%，其次是茶，占总额的7%—20%。随着需求量的大增，日本制丝业和制茶业取得了明显进步。制丝工场手工业在信州、上州、甲州等地快速发展起来。由于生产技术及规模的变革，丝、茶产量大幅提高，新兴的农村商人活动活跃，给幕末农村经济带来了勃勃生机。

与此同时，日本封建社会制度在开国的打击下，面临解体的全面危机。由于日本的关税权为外人操纵，资本主义国家的工业品大批向日本倾销，而日本的农产品等原料源源流往国外。开港后的1860—1867年，日本对外贸易出口额增加2.5倍，进口额却增加13倍。日本民族工业的发展受到严重阻碍，成了西方列强的商品倾销市场和原料供应地。大量西方质优价廉商品的涌入，沉重打击了日本国内产业。而生丝的大量出口，造成国内供应短缺，丝价暴涨，丝织业萎缩。由于条约认可洋银在日本的自由流通，西方商人和使馆人员就利用日本金银比价远低于国际牌价，用墨西哥银圆套购日本黄金，攫取巨利。幕府为限制外国水兵兑换日本银币套购黄金，便规定每人每天兑换的数量。于是水兵们开具假名单，随意捏造名字以便多换。就这样，开港贸易仅半年，日本黄金外流了一百万两。再加上幕府改铸劣质货币，大量发行不兑换纸币，导致日本物价飞涨，整个经济陷入一片混乱。

经济的破坏，造成了包括下级武士在内的民众生活的恶化。农民起义次数剧增，1860 年发生 43 起，1865—1867 年平均每年发生 55.3 起，均远远超过了天保年间 32.5 起的纪录。城市贫民暴动的次数也显著增加，主要表现为反对藩主和投机商人的"米骚动"。下级武士本属幕藩体制的特权阶级，也在商品经济的冲击下逐步分化，趋向没落。随着商品经济的发达，形成了新兴的社会阶层——豪农豪商。该阶层一经诞生，就具有对封建制度的反抗性和依附性的双重性格。在内外矛盾日益加剧的情形下，萨、长、土、肥和水户等强藩大名与幕府的矛盾进一步深化。大名们反对专制，要求参与幕政。幕藩体制在内外交困之下分崩离析。

活跃于幕末维新时期的西南强藩（长州、萨摩、土佐、肥前等），通过天保、安政年间两次重大藩政改革，增强了经济和军事实力，由此奠定了其雄厚的政治资本。综观其成功的经验，主要有三点：

（1）破除身份限制，大胆启用人才。一批擅长理财和精通近代军事技术的下级武士脱颖而出。豪农出身、熟悉经济的知识分子也开始受到重用，参与藩政。例如西乡隆盛辅佐萨摩藩主岛津齐彬，桥本左内辅佐越前藩主松平庆永。

（2）鼓励商品经济，加强专卖制，统一藩内市场，自力更生，逐步转变为独立自主的藩领经济。

（3）大力改建近代军制。如 1855 年，长州藩设立"西学所"，研究西方军制，探索西方各国海陆兵制沿革、政事得失、人物善恶等情，以供海防之用。萨摩藩从 1856 年起，学习英国海军，建设水兵队。又建造了洋式炮台，装备了有限电信，用电引爆水雷。

藩政改革的成功与幕府改革的失败形成了鲜明对照。通过安政改革，西南雄藩的物产交易以长州的下关和长崎为中心而益发繁荣。然而西南雄藩的这种经济繁荣，必然要与幕府以江户、大阪、京都等"三都"为中心控制全国市场的传统政策发生冲突，从而导致幕府与雄藩之间的矛盾日益尖锐。西南雄藩经济军事实力的增强，促使其不再满足于外样大名的地位，反对幕府专制，渴望登上中央政治舞台分享政权，实现权力再分配。于是兴起了要求"强藩和议、改革幕政"的雄藩联合运动。

起初，雄藩通过"开国"和"将军继嗣"两大问题干预幕政，随后在尊王攘夷运动的潮流中被推上了中央政界。虽然雄藩中的尊攘派是其进入中央政界的推动力，但雄藩的主流上层却坚持公武合体的方针。所谓公武合体，又称为公武合体论、公武合体运动、公武一和，是日本江户时代后期（幕末）的一种政治理论，主旨是联合朝廷（公家）和幕府（武家）改造幕府权力。这种政治理论获得幕府和部分大藩的支持，主要目的是要结合朝廷的权威，压制当时的尊皇攘夷运动，以避免幕府倒台和进一步强化幕府的地位。不过雄藩的公武合体与幕府的公武合体政策不同之处，在于幕府为了强化幕权，而雄藩则主张以朝廷为主，幕府应处于从属地位，然后在两者之间谋求自己的发展空间。

"尊王论"和"攘夷论"本是源于儒学的"名分论"的两种不同思想。"尊王论"确立于江户初期，江户中期后，随着幕藩体制矛盾扩大，国史研究和国学的发展，"尊王论"逐渐有了现实基础。到了江户末期，后期水户学和平田国学进一步发展了"尊王论"。"攘夷论"起源于儒学的"华夷思想"。幕末幕藩体制矛盾的激化和外来入侵，促使两者结合起来，成为幕末政治运动的一大潮流。最初并无倒幕色彩，相反是为了加强幕藩统治。然而在"安政大狱"之后，藩政改革的幻想被无情打碎，"尊王攘夷"演变成了由天皇取代幕府成为新政权核心的一面倒幕大旗。樱田门事件之后，"尊王攘夷"由理论变为下级武士、浪人的实际行动，从此草莽志士开始越过大名走上政治舞台。

尊攘派对公武合体派展开了针锋相对的斗争。主要战术就是通过一系列的攘夷事件使屈服于西方列强的幕府陷入困境。1860年12月在三田刺杀美国使馆翻译休斯要。1862年5月英国水兵被杀（"东禅寺事件"）。8月21日发生了"生麦事件"，即在神奈川的生麦村，四名英国人因骑马穿越萨摩藩主的父亲岛津久光出行的行列而被藩士杀死一人，刺伤两人。12月，长州藩的高杉晋作、久坂玄瑞等放火焚烧正在江户品川兴建的英国公使馆，等等。尊攘派还通过恐怖手段打击公武合体派。幕府老中安藤信正推行"公武合体论"，迫使孝明天皇的妹妹和宫下嫁将军德川庆福，企图借天皇的权威来恢复幕府权力地位，招致尊攘派的激愤。宇都宫藩的大桥讷庵积极策划反幕斩奸活动，准备刺杀老中安藤，后因事泄被捕。但水户浪士为中心的尊攘派武士7人，在1862年1月，利用安藤登城的机会，在江户城坂下门外进行伏击。安藤虽仅背部受伤，并无生命危险，但此次"坂下门之变"沉重打击了以幕府为主导的公武合体运动。1862年7月长州藩召开的藩政会议上，尊攘派领导人久坂玄瑞等成功地使藩政方针由公武合体宗旨转变为"奉敕攘夷"，将长井雅乐为首的公武合体派上级武士逐出藩政府。长州藩遂成为尊攘派的基地。激进派少壮公卿的登台，从而使朝廷内的尊攘派得势，公武合体派势力开始消退。幕府迫于形势，终于决定遵奉攘夷敕旨。长州藩率先响应，炮轰下关的美国商船和英法军舰。7月爆发英萨战争。武装斗争使尊攘运动发展到了鼎盛时期。然而尊攘运动的发展，令幕府诸侯深感恐惧，连尊攘派所倚重的孝明天皇也开始动摇。双方串通一气，由幕府与公武合体势力联合发动了1863年8月18日政变，驱逐了京都的尊攘派势力，掌握了政局的主导权。

以幕府为中心的公武合体运动，主要是为了强化幕府统治，为此，他们于1860年5月策划了皇女下嫁将军的计划。同年10月得到敕许，实现了孝明天皇之妹和宫与十四代将军德川庆福的政治联姻。以雄藩大名为主导的公武合体运动，主要是想利用天皇的权威以实现藩政改革，进入中央政权而分享权力，同时联合整个幕藩藩主阶级，共同克服内外危机，以维护封建统治。其主要代表人物有长州藩的长井雅乐和萨摩藩的岛津久光。长井雅乐作为长州藩的"直目付"，早在1861年4月向藩主毛利庆亲提交了《航海远略策》建议书，指出：毁约攘夷不过是血气方刚的暴力论；开国进取乃是自古以来的国策；公武合体可望国内和睦；须伸张国威于海外等。长井奉藩命进京游说，周旋于公武之间，受到朝廷和幕府双方的欢迎。岛津久光是萨摩藩主忠义之父，作为国父掌握实权。1862年，久光为实现"公武合体"而率兵进京，一方面利用"寺田屋骚动"镇压尊攘派，另一方面侍奉敕使大原重德赴江户，逼迫幕府实行幕政改革。结果实现了一桥庆喜就任将军后见职，松平庆永任政事总裁职。1863年幕府在尊攘派和朝廷的压力下，被迫决定攘夷。公武合体势力一度处于劣势。"八·一八政变"后，公武合体派重新得势。1863年年底到1864年年初，一桥庆喜、松平容保、松平庆永、伊达宗城、三内容堂、岛津久光等公武合体派强藩大名组成"参予会议",但由于雄藩与幕府的权力争夺和萨长同盟,不久便分裂解体。公武合体运动趋向没落。

1863年7月,英国为了生麦事件,派遣军舰7艘驶抵鹿儿岛,兴师问罪。谈判破裂,发生交战,双方均损失惨重。英方旗舰舰长副舰长等共计13人战死。萨方炮台被毁,鹿儿岛市街1/4被烧毁,船只烧毁3艘。通过与英军的交战,萨摩藩痛感军备现代化的重要,认识到英国的实力,从而意识到攘夷是行不通的,答应搜捕生麦事件的元凶并支付赔偿金。英国也因萨摩藩的英勇好战而重新评价其实力,承诺为萨摩藩购买军舰进行斡旋。

1864年8月,英国乘幕府第一次征讨长州藩之机,联合美、法、荷四国舰队炮击下关,武装进攻尊攘派基地——长州藩。此次行动是为了报复1863年5月长州藩炮击通过下关海峡的外国船只事件。虽然最后幕府征伐长州藩获胜,但长州藩内保守派势力却开始抬头并掌权,英国也从此看清了腐朽的幕府终将被强藩支持的皇室所代替,所以当尊攘派转向倒幕后,英国便竭力接近萨、长,售与舰船武器,暗中予以支持。

萨摩和长州两藩之间,曾由于政见的根本对立而存在尖锐矛盾。萨摩藩长期推行岛津久光的公武合体政策,在"八·一八政变"和"禁门之变"中残酷镇压长州藩尊攘派,一度被长州人称作"萨贼会奸"。但两藩在历经西洋炮火洗礼之后,均开始向开国倒幕转变,萨长同盟因而成为可能。

1864年,萨藩政局发生深刻变化。由于萨藩激烈反对幕府独占对外贸易的垄断政策,导致"参予会议"的解体。随后,幕府又在第一次征长中出尔反尔,突然宣布恢复过去的交替参觐制度,这又标志了公武合体路线的破产,大大削弱了岛津久光在藩内的政治影响。此时,武士出身的著名商业家五代友厚提议"富国强兵"政策。于是原本追随岛津久光的大久保利通和西乡隆盛,开始实行"割据富国",走向倒幕。

在第一次征长战争时,担任幕府军征长参谋的西乡隆盛,对幕府持异议,力主撤回征长军,从轻处理长州藩,迈开了萨长接近的第一步。1866年1月,长州的木户孝允和萨摩的西乡隆盛、大久保利通在京都缔结萨长军事同盟条约六条。密约规定在幕府第二次征讨长州时,萨藩要协助长藩,并共同举兵反幕。1866年年底,木户孝允和五代友厚,又经土佐藩倒幕派坂本龙马的斡旋,在下关签订《商社会谈议定书》,从而继军事同盟又建立了萨长经济同盟。萨长两藩意图以萨摩、长崎、下关为中心的西南日本贸易圈,切断幕府支配的国内商业网,形成全国性市场。这样,萨长两藩在军事和经济上形成了左右日本全局的讨幕联合阵线。

在倒幕运动的蓬勃发展中,农民起义和市民暴动也日益高涨,沉重打击了幕府统治。其中最具代表性的是1866年大起义和1897年的"可好啦"暴动。

由于1866年农业歉收和第二次征长战争,物价飞涨,民怨沸腾。1866年5月,西宫爆发了要求降低米价的捣毁运动。运动扩至大阪,上万市民包围米店,攻击富商,800余家商店被毁。有的被捕市民在庭审时甚至公开宣称:引发暴乱的罪魁祸首就是将军。6月中旬,更大规模的捣毁运动在江户爆发。町奉行所的大门被贴上了"政治售完"的讽刺性传单。一连数日,江户陷于瘫痪状态。当时萨摩藩在大阪的藩吏木场传内曾把这情况详报在京的大久保利通。大久保认为:"民心已离将军,幕府何足惧!"

与市民暴动遥相呼应,农民起义也爆发了。6月7日,在幕府发动第二次征长战争的当天,川越的木匠要求降低米价,掀起了"改革世道"的起义。各村农民群起响应。起义者打着"改革世道""为救日本穷民"的旗帜,提着印有"国内各地太平"的灯笼,袭击、捣毁商人和高利贷者。在秩父,农民捣毁官衙和监狱,释放囚犯,烧掉土地清册,砸毁枪支,把大炮扔到井里,并冲进当铺,当场发还抵押品,销毁当票。几天时间起义席卷武藏、上野两藩,参加者超过十万。

1867年,名古屋盛传伊势神宫天降神符。市民们视之为"变天"瑞兆,纷纷男扮女装或女扮男装,反复唱着"可好啦!"的歌,在街头狂歌乱舞,闯入高利贷者、商人、地主家宅,勒令拿出酒食,吃饱喝足,继续歌舞。幕府各藩严加弹压无效。这场以宗教形式表达"改革世道"要求的运动,迅速波及东海、近畿、南关东、中国、四国等地。

继公武合体运动的破产,"公议政体"派代之崛起。其政治理想主要是一种吸收了欧美上下两院议会制度,通过公武合体、诸侯会议谋求革新幕藩体制的设想,反对武力倒幕,幻想将军自动放弃政权,成立以诸侯会议为基础的封建联邦。1867年6月,坂本龙马与后藤象二郎同船从长崎去京都时,坂本曾向后藤提出关于建立新国家的八条基本纲领,即"船中八策",可以说这是"公议政体"派政治纲领的初步草案。1867年6月22日,缔结了以实现"奉还大政"为目标的萨、土盟约,使"船中八策"更加具体化。接着,萨、土、安艺三藩之间于9月缔结了倒幕军事协定。土佐藩藩主山内容堂在后藤的说服下,也认为:在讨幕运动愈演愈烈的形势下,奉还大政是德川氏的唯一出路,因而劝说江户幕府第十五代将军德川庆喜向天皇交还政权。

1867年10月14日庆喜接受劝告,为了挫败讨幕运动,向天皇奏请"奉还"大政。然而在公议政体派积极奔走活动的同时,讨幕派也在紧锣密鼓地策划武装倒幕。萨摩藩的大久保利通等与长藩讨幕派领袖木户孝允等会见,商讨出兵讨幕和控制天皇(即所谓"夺玉")问题。就在庆喜提请"奉还"大政的同一天,讨幕派也接到了《讨幕密敕》。15日,将军庆喜得到天皇批准其奉还大政的敕书和三项指示:

(1)天皇收回最高政权;

(2)迅即召集诸侯会议,决定一切政务;

(3)在未召开诸侯会议之前,仍由将军照旧统治领地领民。

这样,将军事实上又重新掌握了内政外交的实权,而这也正是幕府所希望的。

德川庆喜上奏"大政奉还"并无诚意,只不过是使倒幕派师出无名而保存幕府实力的缓兵之计。木户、西乡、大久保等倒幕派识破了公议政体派的阴谋,更加坚定了武力倒幕的决心。他们利用京阪地方爆发"可好啦"骚动的有利时机,集结与部署兵力。至年底,萨、长、安艺三藩大军集聚在京阪神地方,摆开了和幕府决战的阵势。倒幕派还通过倾向倒幕的朝廷公卿,紧紧地控制住天皇这块"玉",以便正大光明地举行讨幕战争。另一方面,"大政奉还"也确实鼓舞了公议政体派,以会津、桑名两藩为首的佐幕派在大阪集中海陆军部队,妄图维护幕权。11月15日,倒幕志士坂本龙马和中冈慎太郎被暗杀。大久保、岩仓等决定于12月9日发动"王政复古"的宫廷政变。同时大久保、西乡写信给岩仓说:"实行决战,死中求生,乃当前之急务",明确指出以武力迫使德川庆喜"辞官纳地"是唯一出路,警告岩仓莫再犹豫而错失良机。

1867年12月9日晨,倒幕派按预定计划发动政变,以天皇名义,解除幕府亲藩部队对宫廷诸门的警卫，改由西乡指挥的军队取而代之。宣布废除摄政、关白、幕府，设总裁、议定和参与三职，进而发布《王政大号令》，宣布一切权力重归天皇，除旧布新。是夜，在皇宫小御所召开了首次三职会议，史称"小御所会议"。会上武力压制了公议政体派，强行通过了命令庆喜"辞官纳地"的决定。所谓"辞官"，就是剥夺德川庆喜的统治权；"纳地"，则是夺取德川庆喜的领地领民。它意味着要彻底消灭长达260年的江户幕府专制统治，无疑等于天皇政府下达了讨幕的命令。一场决定日本前途和命运的内战，迫在眉睫了。

小御所会议后不久，庆喜逃往大阪。他公开会见六国公使，表明不承认"王政复古大号令"和"辞官纳地"。又制定"讨萨表"，决心以"清君侧"的名义武力征讨萨摩藩。幕府海军副总裁榎本武扬率海军舰队在兵库海面，突然开炮袭击萨摩船只"平运号"，从而挑起战端。庆喜亲自率兵会同会津、桑名等藩兵，共15000人，从大阪沿淀川北上，兵分两路，向京都进攻。当时岩仓等公卿动摇不定，公议政体派又大肆反扑，情势危急。大久保、西乡等奋力反击，督促朝廷决定坚决征讨庆喜"朝敌"。1868年1月3日黄昏，两军在鸟羽、伏见开战，宣布全面内战的开始。新政府军虽仅5000人，但在士气、装备和训练方面远远领先。幕军终于不敌，全线溃败。日本国内外形势为之一变：倒幕派击败了公议政体保守势力，取得了领导权，朝廷内力量对比发生了根本变化；原本处于观望的近畿以西各藩倒向讨幕；三井等三都特权商人抛弃幕府，财力支持新政府；欧美各国承认新政府和幕府为对等交战团体，宣告保持中立，但事实上英、法通过大量出售武器，暗中支持各自的扶持力量。

奉命追讨德川庆喜的东征军包围了江户城，决定择期发动总攻。然而在关东地区民众起义日益高涨的形势下，引起了幕府、维新政府及西方列强的强烈恐惧。维新政府和对讨幕派有影响的英国公使，都"恐怕因决战而引起'无知之民'的不测之变"。幕府军事总裁兼海军奉行胜海舟见识卓越，力主讲和。他从民族利益出发，担心"同族相煎，西洋诸国将乘虚而入"，不愿印度、中国之悲剧重演于日本。他又从统治阶级利益出发，担心幕府统治地区民心离反，有可能"敌军未到而都下瓦解"。于是总攻前一天，胜海舟与西周谈判，达成妥协。4月21日，江户"无血开城"，德川庆喜出逃，退隐于水户。

1868年9月8日，日本新政府改年号为"明治"，定都江户，并改名东京。"明治"二字取自中国《易经》中"圣人南面听天下，向明而治"的句子。这似乎预示着一个沉寂多年的东方岛国将以新的面貌出现在世界历史舞台上。从此，日本开始了"明治维新"的历史。

德川庆喜虽降，但一小撮旧幕吏仍负隅顽抗。在东北地区，以仙台、米泽藩为中心结成奥羽列藩同盟，并发展成奥羽越列藩同盟；在北海道，幕府海军副总裁榎本武扬成立"虾夷共和国"。1869年5月，发生函馆战役，榎本被迫出城投降。至此，持续一年半之久的戊辰战役，终于以江户幕府的彻底灭亡和新政府的最后胜利而结束。

第三章　明治政府的政策目标

第一节　国家战略

1868年9月8日,日本新政府改年号为"明治",定都江户,并改称为东京。"明治"二字取自中国《易经》中"圣人南面听天下,向明而治"的句子。这似乎预示着一个沉寂多年的东方岛国将以新的面貌出现在世界历史舞台上。从此,日本开始了"明治维新"的历史。

1.求知识于世界。戊辰战争结束之时,日本可谓百废待兴。尽管一系列破除旧制度的改革都相继展开,使政府对于国家政权的掌控能力逐渐恢复,但日本如何实现强国梦想的问题,一时却难以回答。关键时刻,"求知识于世界,大振皇基"的誓文解决了人们心中的迷惑,学习西方迅速成为日本精英阶层的共识。在他们的全力推动之下,日本国内掀起了一场上下一致学习西方的热潮。经过精心准备之后,1871年12月23日,以太政大臣岩仓具视为特命全权大使的日本使节团登上了美国公司的轮船,从横滨出发奔赴美国和欧洲。使节团成员共有48人,几乎涉及政府机构中的每个重要部门,其中包括了木户孝允、大久保利通、伊藤博文、山口尚芳这样的重量级人物。明确规定了使节团出访的目的:一是交涉修改不平等条约;二是考察各国情况,学习治国经验和各种优长。当轮船在礼炮声中渐渐离开海岸的时候,出访的人们长久地伫立在甲板上,远眺着美丽的富士山,心中充满了对获取知识的渴望和对日本未来的美好憧憬。

岩仓使节团先后访问了美、英、法、比、荷、奥、德、俄、丹、意、瑞士、瑞典 12 个国家，历时 22 个月。每到一国，团员们都本着认真学习的态度，对该国的情况进行细致的研究，并把搜集的信息和心得感受通过书信及时发回国内。岩仓使节团的规模之大、周期之长、考察之详细的确世所罕见。使节团回国之后，根据他们的日记、书信和整理的资料，编辑了长达 100 卷、共 2110 页的《美欧回览实记》，于 1878 年出版发行，在日本民众中起到了很好的介绍和宣传作用。

尽管原定的修改条约的设想因阻力巨大而未能实现，但岩仓使节团还是收获丰富：不仅使明治政府的领导层开阔了眼界，更新了观念，认识到日本与欧美的差距，从而坚定了全面学习西方的决心，而且通过亲身接触，确实学到了许多有价值的具体而实用的经验，寻找到了适合日本自身条件的切实可行的方法。在考察过程中，使节团对普鲁士由小变大、由弱变强的经验尤感兴趣。特别是"铁血宰相"俾斯麦和参谋总长老毛奇所说的"方今世界各国，虽以亲睦礼仪相交，但皆是表面名义，于其阴私之处，则是强弱相凌，大小相欺"，"万国公法，也是系于国力来实现其权力"等言论，更给他们留下了深刻印象，使他们认为在当时的国际环境中，以实力求强权是唯一正确的逻辑和法则。以欧美之行的收获为基础，木户孝允等人提出了"文明开化""殖产兴业""富国强兵"三大政策，作为指导国家建设的总方针。这无疑给日本的发展指明了方向，一幅精心描绘的宏伟蓝图就此展开在日本的面前。

2. 师从西方，文明开化。所谓文明开化，也就是提高国民的知识水平，按照当时的理解就是要以西方为师，在教育、思想、观念甚至生活习惯等方面进行全面彻底的变革。事实证明，这的确是明治政府最具战略眼光的决策之一。日本历来重视对先进文化的学习和引进，这一点在中日两国古代的交往史上有深刻的体现。到了近代，儒学地位不断降低，使日本逐渐加强了对洋学的引进。对日本影响较早的洋学主要是"兰学"，即以荷兰语为媒介的西方近代文化。因此"兰学"受到人们的重视，"兰学"书籍大量流入日本。通过"兰学"，日本人的视野日趋转向了西方，大规模地吸收了先进的西方文化，开始了现代化的历程。可以说，明治时代日本掀起全面学习西方的热潮本身就是文明开化的重要表现。要文明开化，首先就要抓好教育。明治时代日本的迅速崛起，离不开近代日本教育改革的成功。早在幕府末年，日本的教育就已具有一定的普及程度，那时已经有专门以平民百姓为传授对象的"教谕所""寺子屋"，甚至还有教授洋学的学校。这些都为明治教育改革打下了基础。

文明开化也带来了自由民权运动的兴起，终于引起了保守势力的担忧和反感。他们以文明开化伤风败俗为由，提出加强"忠孝仁义"教育的主张，使以强调"忠君爱国"为核心理念的国家主义教育逐渐占据了支配地位。很快，连发给小学生使用的《幼学纲要》中都充斥了忠孝仁义的学说。

1890年，天皇颁布了《关于教育之敕语》。这是一个集儒家礼仪道德和日本传统神道思想于一体的带有浓厚封建色彩的产物，核心思想就是造就所谓的忠孝良民。此后规定，每当节日庆典，全国学校都需要集体宣读《教育敕语》，播放歌颂天皇统治的歌曲《君之代》，同时向天皇、皇后的"御影"鞠躬行礼。它使一代代日本人从少年时开始就深受忠君思想的影响，成为忠实履行天皇使命的工具。《教育敕语》的颁布表明，文明开化尽管使日本成为知识上和技术上先进的现代化国家，但在思想的某些方面，封建落后的种子却并没真正根除。

3. 内治优先，殖产兴业。如果说贯彻"文明开化"的方针主要从精神层面推动了日本的进步，那么"殖产兴业"则更多的是从物质层面使日本的实力得到加强。工业的发展、经济的振兴是国家兴盛的基础，这是岩仓使节团欧美之行的最深感受。他们把欧美国家"内治优先"的发展经验带回了国内。1874年，考察归来的大久保利通在《殖产兴业建议书》中强调发展工业、增加物产是政府最紧迫的任务，指出："大凡国之强弱，决定于民众之贫富，民众之贫富则系于物产之多寡，而物产之多寡又起因于是否鼓励民众之工业。因此，归根到底，是依据政府官吏之诱导鼓励之力。""如果时间不足，上下为衣食奔走，无暇顾及其他，即使有海陆军备之严，学校教育之盛，但徒属虚美，国非其国。"根据这一建议，明治政府制定了殖产兴业的政策，主要发挥国家干预的力量，发展资本主义经济。为了推行殖产兴业的政策，明治政府首先根据考察得到的经验，设立了内务部，全面统领经济建设。将原属大藏省负责的资金筹措和调配，工部省主导的铁路、矿山和机械加工业，以及司法省的安保等机构划归内务省，内务卿由大久保利通担任，而大隈重信和伊藤博文则作为他的左膀右臂。在如此强大的领导班子的指挥下，日本的殖产兴业政策克服重重困难，得以顺利进行。

  筹措资金是发展经济面临的首要问题。从欧洲国家发展起步阶段的情况看，其工业发展的大部分资金都来自国外，但日本直到20世纪初入侵亚洲各国之前，主要依靠的是国内资本。这一方面是因为当时的日本缺乏对外资的吸引力，另一方面也有政府出于维护国家安全的考虑。1868—1885年，明治政府用于殖产兴业的资金，约占财政支出的1/5左右，但仍然难以满足经济发展对于资金的需要。尽管政府采取发行公债、税费改革、广设银行、大量发行纸币等措施，提高了国家的资本积累，但并没有从根本上解决资金紧缺的问题，这也是导致日本走上侵略道路的重要原因之一。

  为了在资金有限的条件下发展经济，大久保利通建议以传统产业为基础，以农牧业、轻工业和海运为中心，推行经济建设，调整殖产兴业政策开始前以发展重工业为主的模式，同时加大对民间投资的鼓励和支持，大力支持私营企业的发展。1875—1880年，政府为私营企业提供补助资金5000万日元，而同期平均每年的正常财政支出仅为6000万日元，足见政府扶持私营企业的决心和力度之大。同时，政府还采取了出售官营企业，使之私营化的措施，也收到了很好的效果，如三菱仅以官办投资额1/7的价格就购买了长崎造船厂，川崎仅以官办投资额1/10的价格就收购了兵库造船厂。

  对于经济发展所需要的先进技术、设备和人才问题，明治政府施行了"拿来主义"的做法，通过从欧美先进国家引进技术、设备、聘请专家和派出留学人员，迅速提高了本国的工农业生产水平。改革初期，日本聘请外国专家，技师和技工，最多时达400多人，其中尤以工部省最多。1880年起，随着归国留学生和本国的高等学校毕业生的日益增多，日本遂逐年减少了外国专家的数量。总的来看，日本在其发展过程中贯彻的方针主要是利用外国专利和技术来进行模仿性生产，而不是依靠自己的力量来研发全新的科技产品。日本始终把对引进技术的消化和本土化作为引进技术的最终目标。这种廉价的应用外国智力的方针，显然比直接引进外国的资金进行生产有效得多。直到今天，日本依然是一个技术方面的进口大国。

  在国家的干预和扶持下，日本的私营经济蓬勃发展，涌现出一批像三井、三菱这样的大型企业。它们凭借着同政府建立的亲密关系，逐渐发展成财阀、政阀，成为推动日本垄断资本主义发展的主要力量，在日本发动对外侵略过程中也起到了巨大的作用。殖产兴业政策的实施，使日本经济迅速发展。19世纪90年代中期，日本首先实现了轻工业的工业化。到甲午战争时，日本已经以资本主义工业国的面貌在大清王朝的面前亮相。

4. 富国强兵，强兵富国。富国强兵其实是每一个国家和民族梦寐以求的目标，明治时代的日本也是如此。在殖产兴业、文明开化、富国强兵三项治国纲领中，富国强兵被确定为建国的总目标，其他两项政策都围绕实现这一目标而展开，这也更加凸显出其重要地位。日本史学家藤原彰认为，明治初年的富国强兵政策，以创建中央军队、扶持军事工业为开端，从整顿户籍、义务教育制度、强化警察网、充实官僚机构来看，无一不是以建设强大的军事国家为目的的。可以毫不夸张地说，军队建设成为当时日本压倒一切的任务。

早在幕末开国之时，西方列强的坚船利炮不仅打开了日本的国门，也深深地震撼了日本人的内心。在恐惧、愤怒和羡慕相互交织的复杂的心态下，他们对于国际强权政治现实的认识和理解也陷于矛盾之中：在被迫忍受并试图摆脱强权政治所带来的痛苦煎熬的同时，却又充满了将这种痛苦强加于其他国家、以谋求自身利益的急切渴望。因此，对日本而言，富国强兵政策的提出从一开始就不单纯是为了修改不平等条约和改变受列强压迫的局面，而是具有更深层的考虑，就如《五条誓文》所言：要"开拓万里波涛，布国威于四方"。正因为这样，"富国强兵"政策很快就演变为"强兵富国"。看似简单的文字调整，却显示出治国理念和发展道路选择上的转变。

其实，明治政府中要求走"强兵富国"路线的声音始终存在，特别是人称"后三杰"之一的山县有朋更是鼓动侵略的代表，他露骨地叫嚣："现今兵部之目标在于内，而将来则在于外。"充分表明了其对外扩张的野心。在执掌了日本军队的大权之后，他主持进行了一系列的军事改革，也发动了一次次的对外侵略战争。

体制的变革是强军的根本。在认真研究对比西方列强兵制的基础上，山县决定日本陆军采用法国体制，而海军则采用英国体制。1872年，他建议政府取消了原有的兵部省，转而设立了陆军省和海军省。1873年，明治政府颁布《征兵令》，彻底打破封建武士垄断军事的特权，开始实行近代意义上的全民义务兵役制。这不仅使日本建立了一支新式的常备军,而且确保了兵源的充足,为进一步扩军备战打下了基础。1874 年,山县效法普鲁士的成功经验,在陆军省内设立参谋局,后将其改组并扩大为独立于陆军省的参谋本部,成为统辖军令的核心机关。参谋本部成立后所做的第一件事就是下令侦察中国的地理和军事情况,着手为武力入侵做必要的准备。此后不久,又设立了监军本部,后改为教育总监,专司军队教育和干部人事之责。至此,形成了由陆军省、参谋本部和教育总监共同组成的日本军队的最高指挥机构,即通常所称的"军部"。这一系列的改革使军队的政治地位迅速上升,军部的权力也越来越大。到 19 世纪末,随着日本对外扩张步伐的加快,军部的地位更加高涨,其政治影响力逐渐超过了政府内阁,表明日本的军国主义体制最终确立。1874 年,日本参照外国经验建立起近代警察组织,成为维护国内安全、镇压民众反抗的重要力量,甚至在殖民朝鲜期间,也发挥了臭名昭著的作用。

提高军人素质也是造就强军的重要内容。为提高军人的素质,日本广泛借鉴欧美强国的做法,建立了各种专业军校,并聘请外籍教官负责训练,为军队培养了大量的专门人才,带动了日本军人素质的整体跃升。在日本官方看来,效忠天皇也是日本军人必备的素质。因此,日本的新式军队称为"皇军",意为天皇的军队。1882 年,天皇颁布了由参谋总山县有朋提交的《军人敕谕》,要求军人以忠节、礼仪、武勇、信义和质朴为必须遵从的道德准则,绝对服从天皇的领导。这实际上提倡了一种盲目忠君的封建思想,企图以此主宰士兵的心灵,使他们成为甘愿替天皇卖命的战争工具。

在购买武器和引进先进的军事科技方面,明治政府给予了高度重视,花费了大量金钱,军费开支不断增长。在引进过程中,日本十分注意对新技术的消化吸收,不断提高军事生产的自主能力。这不仅促进了日本工业技术和生产水平的提高,也充分保障了日本自身的军事和国防安全。19 世纪 70 年代末,日本已经掌握了独立设计建造军舰的能力;1883 年,大阪兵工厂实现了火炮生产的自主化;1885 年,在法国技师的建议下,日本建造了严岛、松岛、桥立三艘舰船,专门用于应对中国北洋水师的定远和镇远这两艘当时世界上最先进的巨型战舰。

以强大的军事力量为后盾,通过掠夺他国财富,实现本国的富强,这是近代多数西方列强实现崛起的"成功经验",以西方为师的日本对此心领神会。随着日本军事实力的日益增强,明治政府逐渐把罪恶的魔爪伸向周边邻国,开始了侵略扩张的"富国之路"。

1874年,日本出兵入侵我国台湾,在获胜无望的情况下,仍以外交讹诈的手段迫使清政府签订了不平等的《北京专约》。中国除向日本赔款50万两白银外,还轻易承认了日本对琉球的实际统治。当时旅居中国的一位英国人评价指出:"台湾事件的处理向全世界宣告:这里有一个富饶的帝国,它将随时自动地给你支付赔款而绝不进行战争,支那的命运的确是结束了。"清政府的举动不仅降低了大国的威信,动摇了长期维持的东亚封贡体系,也让日本尝到了恃强凌弱的甜头,看透了中华帝国外强中干的本质,从而助长了日本军队的冒险心理。1879年,日本正式吞并琉球,从此改称为冲绳。

1876年,日本以美国佩里扣关的方式敲开了朝鲜的国门,逼迫朝鲜政府签订了《日朝修好条约》,即《江华条约》,从事实上否定了中朝两国间的宗主藩属关系,使日本势力进驻朝鲜,为日后吞并朝鲜、侵略中国做好了铺垫。条约签订之后,日本对朝鲜采取了掠夺式的贸易政策:一方面,把朝鲜作为原料产地和产品市场,以不等价交换的方式牟取高额利润;另一方面,用各种手段大量套购朝鲜的金银,以增加本国的财富积累。据统计,到甲午战争爆发前,日本从朝鲜运回本国的黄金约合835万日元,占同期日本所得黄金总量的68%,这为日本的经济发展和军备扩张提供了更多的资金。

1882年,不堪忍受日本盘剥的朝鲜民众爆发了反日高潮。愤怒的士兵和群众杀死了日本军训教官和亲日官员,发动了"壬午政变"。中国政府应朝鲜请求,出兵平息事态,同时使日本趁机吞并朝鲜的企图破灭。日本国内便以此为借口大做文章,煽动民众对朝鲜和中国的仇视,也为继续扩军备战找到了最为合适的理由。山县有朋鼓吹说:"时至今日,若不恢复我邦尚武之遗风,扩张陆海军,把我帝国比作一大铁舰,四面扩展势力,以刚毅勇敢之精神运转之,则我所曾经视之直接近邻外患,必将乘我之弊。"他还警告指出:"若坐失此机,则我帝国将复与谁同保独立,与谁同语富强乎?"言语间,把强兵与富国联系在一起,似乎合情合理,却难以掩盖狂妄自大的心态和急不可耐的侵略本性。他建议政府进一步加强扩军力度,提出:"今欧洲各国远离我国,痛痒之感并不急迫，然而近察我邻邦之势，正在迅速勃兴，决不可轻忽。"无疑将战争矛头直接指向了中国。为实现这一目标，日本进行了长达十余年的有针对性的准备，不仅加快了扩军的步伐，建立了战时大本营，还千方百计地搜集关于中国的军事情报。

为了扩大税收以增加军费，明治天皇亲自出马，召见地方官员，对征税进行动员指导，强调："汝等身为地方官，应深体朕意，保证贯彻执行。"从1887年起，天皇每年从自己的宫廷经费中拨出30万日元，并要求文武百官从薪金中抽出1/10，用于补充造船费用。在政府的诱导和鼓励下，日本国内支持侵略扩张的情绪高涨，推动了扩军计划的顺利实施。到甲午战争前，日本的军费开支占总预算的40%，建立了一支拥有6.3万常备兵力和23万预备兵员的陆军，海军已拥有31艘军舰，24艘水雷艇，总排水量达7.2万吨。日本在军事上完成了发动战争的准备。

1890年，已经身为首相的山县有朋，在第一届议会上鼓吹他在《外交政略论》中提出的所谓"利益线"理论，指出国家独立自卫之道有二：一是防守主权线，即保卫本国疆土不容他人侵犯；二是维护利益线，即在与国家主权线安危密切相关的地区，必须经常处于优势地位。他认为，在当时列强纷争的时代背景下，仅仅防守主权线已不足以维护国家的独立，必须进而保卫利益线。利益线理论其实并不新鲜，不过是为推行武力扩张政策而精心编织的又一个蛊惑人心的理由。根据山县的要求，青木外相在《东亚列国之权衡》一文中，更加露骨地提出要在近期内抢先占领朝鲜、满洲和俄国滨海地区，甚至要把朝鲜、满洲并入日本。山县、青木的这些论调，是日本立宪后第一届内阁对邻国外交的总方针，也就是通常所说的"大陆政策"，此后成为日本对亚洲政策的核心内容。

当时的日本正陷于资本主义经济危机之中，经济萧条、物价飞涨、民心浮动，阶级矛盾、社会矛盾和政府内部的政治斗争都空前加剧。在这样的情况下，日本政府决定发动对朝鲜和中国的战争，既符合其侵略扩张的战略传统，也希望借此达到转嫁国内矛盾的目的。为了降低战争风险，日本急于寻求美英等列强的支持。而此时，美英也恰好希望借日本之力制约俄国在亚洲的势力扩张。双方各有所求，一拍即合。日本借此良机提出了修改条约的请求，得到了英国的同意。1894年7月，日英双方签订了约定将在5年后废止两国间不平等条约的《日英新约》。以此为契机，日本与其他列强也陆续进行谈判，相继废除了一系列不平等条约，最终于1911年恢复了关税自主权。在近代史上，日本成为第一个摆脱西方列强奴役的亚洲国家。但从开始进行交涉到最终完成条约，日本足足花了半个世纪的时间，而且是在以牺牲亚洲近邻的利益为代价获取欧美列强青睐的条件下才得以实现的。也就是在《日英新约》签署的第9天，即7月25日，日本政府对中国和朝鲜不宣而战，揭开了"甲午战争"的序幕。这一战争，对于近代中国、日本和朝鲜都具有极不平凡的意义。

1895年，甲午战争结束，战败的清政府被迫同日本签订了屈辱的《马关条约》。通过《马关条约》，日本长期占领了我国台湾、澎湖和朝鲜，加紧了对那里的剥削和掠夺，并将其作为进一步入侵中国的跳板；日本还深入长江流域的广阔地区，有权开矿设厂、修筑铁路，直接掠夺那里丰富的资源和倾销商品，沉重打击了中国的民族工商业，加深了中国经济的半殖民地化；日本从中国索取了高达2.3亿两白银的巨额赔偿，加上掠获的战利品共计约合4.6亿日元，比1893年日本一年的财政收入的3倍还多。从此，中国背上了沉重的经济负担，一蹶不振，而日本的国家实力则为之大增。早稻田大学教授依田熹家在《日本帝国主义与中国》一书中曾明确写到，中国的甲午战争赔款"成为日本经济发展和国际地位提高的一个开端"。依靠中国的巨额赔款，日本建立了金本位制，实现了与欧美国家的金融接轨，给经济发展带来了长期而深远的好处。甲午战争后，日本先后募集了大笔外债用于发展经济和进行战争，这与实行金本位制有直接关系。借助战争赔款，日本开始了新一轮的扩军备战。在此后用于陆海军扩的费用约3.1亿日元中，有大约2/3来自赔款。依靠从中国掠取的巨额财富和大量资源，日本国内掀起了兴办企业的新高潮。1894年，日本各种公司总计不到2900家，1898年就猛增至7000多家，特别是重工业的发展进步显著。1897年，日本创立了第一个大型冶金企业——八幡制铁所，其资金部分来自赔款，而原料铁矿石则完全来自中国。八幡制铁所投产第一年的钢铁产量占日本国内总产量的53%，钢材产量占82%。源源不断的钢铁为日本的资本主义发展注入了活力。

随着日本资本主义的迅速发展，生产和资本的日益集中，出现了越来越多的垄断组织。到19世纪末20世纪初,垄断组织已在国民经济中占据统治地位,财阀、政阀不断涌现,日本进入了帝国主义阶段。由于受自身历史和经济的影响,日本帝国主义自诞生之日起就带有强烈的军事封建色彩。从此,好战的日本军部的新军阀们同热衷于追求利润的垄断资产阶级相互勾结,更加疯狂地投入了对外国的侵略战争。

第二节 改革措施

1869年6月,明治政府强制实行"版籍奉还""废藩置县"政策,将日本划分为3府72县,建立了中央集权式的政治体制,在各个方面推行了改革。

一、政治改革

1. 官制改革。废藩置县结束了封建割据状态,建立了中央集权的统一国家,为在全国范围内进行资产阶级改革创造了条件,1871年7月末政府又进行了官制改革,明确规定天皇亲临"总裁万机"。8月,废除神祇官,改为太政官下面的一个省。次年又把专管神道的神祇省扩大为包括神道、佛教等的教部省,重新确定宗教政策。太政官分为正院、左院、右院。正院是决定、执行政策的机构,由太政大臣、纳言(后来改称左、右大臣)、参议组成,下设行政八省。左院是立法机关。其职能是创建、修改、考订各项制度条例,由议长、议员组成,实质上是正院的咨询机构。右院是各省长官、次官的联络协商机构,是后来内阁的先驱。公元1875年左、右院撤销。作为左院的后身成立了元老院。这次官制改革后,在形式上作为各省长官保留下来的公卿和诸侯,全部离职。除太政大臣三条实美、右大臣岩仓具视外,政府的要职都由萨、长、土、肥等藩出身的藩士担任。1873年5月2日进行了太政官制改革,开始在太政官中设内阁。参议作为内阁的议官,主持商议机密政务,同时兼任省卿,加强了掌管领导行政机构的体制。

2. 法制改革。明治维新建立起来的中央集权国家,为实现其专制统治,需要建立起一套资产阶级法律制度,以适应现代化的需要。但在这方面明治政府毫无基础,必须从头做起。关于法制改革的重要性,江藤新平看得很清楚。他说:

"（与万国）并立之根本在于富强，富强之根本在于正国民之地位……严婚姻、出生、死亡之法，定继承、赠送、遗产之法，严动产及不动产之借贷、买卖、共有之法，定私有、代有、共有之法，而听讼始得敏正。加之国法精详，刑法公正，断狱始得清明。此之谓正国民之地位也。于是民心安宁，财用流通，国民乃深信政府，乃保全其权利，以至各立久远之目的，图宏大之事业。"

明治政府将法制改革的重要任务交给江藤新平，从1870年起，他开始编纂日本的民法典，企图借此确立国民的权利和义务建立资产阶级法律体制。他清楚地看到中央集权主义对亚洲后进国家现代化所起的巨大作用，所以首先让人翻译法国的《拿破仑法典》，并以此为蓝本编纂民法典。1871年编成《民法决议》80条，1872年又编成《皇国民法暂行规则》1185条（1873年改成88条的《民法暂行规则》）。但这些法典是试编性质，没有实施。他还让人翻译法兰西刑法典，进一步编纂日本的刑法典。

1872年江藤担任司法卿（部长）实施行政和司法分离的政策，把司法从行政中分离出来，集中于太政官的刑部省。政府批准了江藤起草的《司法职务定制》，确定了司法省、审判官、检察官、法院等的职制和事务章程，并规定了最高法院——司法省法院的长官由司法卿兼任，把司法行政和司法裁判集中在司法卿手中，以保障藩政权无法侵犯中央政府的权力。

1872年政府出版《宪法类编》。此书将1867年10月至1872年12月的公文案件按国法、民法两纲分类汇编而成，以供法官办案参考。

早在1871年，政府还公布了户籍法，详细登记应保护的民众，把民众当作统一国家的国民。户籍法规定，各地因地制宜划分"区"，每区设正副户长（相当于过去的村吏），四五个镇或七八个村为一区，一府一郡可分为数百或数十区；区分大区、小区，小区可达数十个，大区仅一两个；每区设区长、副区长。户长和区长的主要任务是宣传并贯彻中央政府的法令，如贯彻通告、整顿户籍、征收租税、设立小学、调查征兵等。户籍法建立了新的行政区，打破了村落共同体的范围，使政府能一户一户甚至一个一个地控制民众，加强了中央集权的统治。

3. 废除封建等级身份制度。废藩置县后，明治政府立即着手改革等级身份制度。废除大名（诸侯）和公卿（宫廷贵族）的称号，改称"华族"，其地位次于皇族，幕府直属的家臣、各藩的藩士及一般武士改称"士族"，宫廷内的下层也划入"士族"。农民、工人、商人和僧侣、神官都称"平民"。允许平民称姓和骑马，并有选择职业、迁徙的自由；允许武士脱刀，废除"格杀勿论"的特权；允许华族、士族和平民之间自由通婚；允许不做官的华族、士族经营工农商业；废除"秽多""非人"的称呼，改称平民，取消贱民制。政府称此为"四民平等"。但这种改革还很不彻底。第一，士族的封建特权仍未完全废除，国家仍支给家禄；而且对"王政复古"和戊辰战争中的有功人员，还给以优厚的"赏典禄"。这些家禄、赏典禄的总额约占国库岁出的1/3，是废藩置县后国家财政上的一大沉重负担。第二，保留了皇族、华族、士族、平民的身份等级和皇族、华族的特权。第三，废除贱民制度实际近于一纸空文，贱民在职业、居住、生活、婚姻等方面一直受到歧视。

4.废除封建武士俸禄制度。明治维新之后，仍然保持着德川时代遗留下来的封建俸禄制度。它成了武士阶级所保留的重要经济特权，不废除这种俸禄制就不能彻底消灭武士阶级。当时这种武士阶级人数众多，据统计，士族的户主为425872人，家属1515414人，合计1941286人（截至1872年1月29日）。明治政府发给他们世袭及终身的俸禄和赏典禄，其数目相当于岁入的1/3（以1871年为例）。这对明治政府的财政负担确实沉重。但由于明治维新的资产阶级革命性质上的不彻底，不能采取无偿剥夺的革命方式，只能通过赎买的方法。明治政府采取了四个步骤。第一，削减俸禄。1869年6月规定藩主以领内贡租收入的1/10作为家禄。同年12月实行"禄米制"，制定一切俸禄以库存米支付，使俸禄脱离领地贡租，改变了封建俸禄的性质。1870年12月规定，凡愿务农经商的士族，政府发给相当于俸禄1/5的赏金，鼓励就业。第二，奉献俸禄。1872年12月令家禄、赏典禄不满百石的人献出俸禄。次年又令百石以上的人献俸禄。凡献俸禄者，政府发给产业资金（世袭禄给六年份，终身禄给四年份），一半给现金，一半给公债。第三，将俸禄米改为货币。1875年9月规定，按1872—1874年的三年平均米价，以现金支付俸禄。第四，发行货币俸禄公债。1876年8月命令所有领取俸禄的人一律献出俸禄，政府一次性发给公债券（称为"金禄公债"）作为代价。从发行公债后第六年起以抽签方式30年内偿还。当时享有公债的武士有31万余人，公债总额为1.73亿日元，每年支付 1.7 万余日元。金禄公债发行之后，少数华族每年可得巨额利息，而大多数士族所得极微，难以维持生活。据 1884 年的调查，约 80%（1 亿日元以上）的金禄公债脱离武士之手，而落入商人高利贷者手中，转化为集中在少数人手里的资本。士族的就业成了严重的社会问题。虽然政府实行"士族授产"政策即奖励开垦、贷给授业资金，使他们成为独立生产者，但所得甚微，收效不大。俸禄制度改革后，武士中除一小部分人成为中央、地方的官吏、公立学校教职员、军人、警察外，大多数中下级士族都成为小生产者、工资劳动者、佃户和人力车夫，有的甚至妻子沦为艺妓。相反，华族与少数上级士族则把他们所得的高额公债转化为资本，变成资本家，或者用公债购买土地成为寄生地主。

二、军事改革

1. 征兵制改革。明治维新运动的主要领导人早就认为"强兵"是"富国之本"。废藩置县后，明治政府为了实现"富国强兵"的目的，巩固中央集权国家，渴望建立一支强大的常备军。最初主张建立常备军的是曾经指导长州改革的兰学军事家大村益次郎。他根据长州藩的经验，主张"不依靠藩兵而靠农兵——国民征兵来建立中央武力"。木户孝允也持有同样意见。但岩仓、大久保等人害怕群众当兵会造成反抗政府的危险，对此表示反对，而主张"应该同藩的势力进行妥协并加以利用"。以西乡为首的士族代表们更反对义务兵役制，认为农民不是正规军的可靠基础，只有武士才是补充军队的唯一来源。其目的是想维持武士军职的世袭地位。这样，大村的主张一时没能实现。公元 1869 年 9 月他遭到反对派士族的袭击，在兵部大辅任内死去。公元 1870 年 8 月，山县有朋从欧洲研究兵制回国，继承大村遗志进行兵制改革，首先投入建立"亲兵"的工作。同时为总辖军务而建立统一的兵制，于公元 1871 年 4 月 23 日设置东山道、西海道两个镇台。8 月 20 日又设东京、大阪、东北（石卷、暂设仙台）及镇西（小仓，暂设熊本）四个镇台。四镇台拥有士兵 7900 多名，加上亲兵 14200 多名。精选旧藩常备兵改编为中央直属的军队，分驻各镇台及其所属的外地兵营，但这些士兵因循封建身份制，组织训练各异，难于统制，无法依靠他们建立强大的近代军队。

公元 1871 年 9 月政府改组兵部省，设立陆军部和海军部，陆军中又设掌管军令的陆军参谋局（后来的参谋本部）；1871 年 12 月，山县向正院提出《军备意见书》，主张实行以欧洲兵制为楷模的征兵制，并为防备帝俄南进，强调扩充陆海军；1872 年 2 月，兵部省分为陆、海军两省，山县有朋任陆军大辅，胜海舟任海军大辅；1872 年 11 月发布《全国征兵之诏书》和《太政官告喻》，强调兵制要建立在"自由""平等"的基础上，宣告"佩双刀，称武士，抗颜坐食，甚至杀人而官亦不问其罪"的封建兵制已经结束。这在一定程度上反映了明治政府废旧立新的要求。1873 年 1 月，撤销四镇台，设东京、仙台、名古屋、大胶、广岛、熊本六个镇台，确定了征募区；1878 年 1 月 10 日发布征兵令，强征国民服兵役，建立近代资产阶级国家的常备军。征兵制把陆军分为常备（服役三年）、后备（第一、第二后备各两年）、国民三军，士兵分为步兵、炮兵、骑兵、工兵、辎重兵五个兵种。

1873 年 4 月，东京镇台管下的应征青年入伍，接着，征兵逐渐扩大到全国。1873 年刚实行征兵制时，官兵平时定为 31680 人，战时定为 46350 人，约占全国总人口的近千分之一，远低于同期英、法、意等国兵力所占的比例。海军刚建立时拥有军舰 17 艘，排水量 1.3 万余吨。但随着扩军政策的实施，兵员和军备都迅速增加。至 1879 年前后，陆军已拥有 7 个师团 5 万 3 千人，海军拥有军舰 25 艘，鱼雷艇 10 艘，总计 5 万余吨。

2. 军事学校与武官制的建立。在整顿军制方面，木户孝允认为"普鲁士之军事最为出色"，主张学习德国的军事经验。为培养军官，设陆军兵学寮，1874 年改称陆军士官学校。同时设海军兵学寮，1876 年改称海军兵学校。为培养高级军事人才，1883 年设陆军大学校，1888 年设海军大学校，聘请德国的麦克尔（K.W.J.Mekel）少校为军事顾问。

实行征兵制建立近代军队，对摧毁诸侯割据的主要工具——封建武士和保障日本的独立发展，是一个有力的步骤。实行征兵制后，军部在政府中逐渐占据优势地位。1874 年陆军省的官制规定"陆军卿由将宫中任命"，确定了之后武官制陆军大臣的基础。这时军政及军队的统帅权仍属太政官，但 1878 年 12 月设立了直属于天皇的参谋本部，掌管军队的军令和统帅权，政府无权过问，相反参谋本部决定的部分军令事项可交陆军卿执行。这就为参谋本部通过陆军省干涉政府开辟了道路。

三、警察制度的建立

在发布征兵令的同时，明治政府还建立了近代警察制度。1868年以藩兵为基础，建立了东京市政警察，称"府兵"。1871年全国"府兵"改为"逻卒"这是日本近代警察的开始。萨摩藩出身的川路利良为逻卒总长。1872年，在司法省设置了警保寮，统一指挥全国警察事务。为研究警察制度，川路利良被派赴欧洲考察，1873年9月回国。川路认为加强帝政，必先加强警察；警察是预防国家发生疾病的一种手段。他强调"一国乃一家，政府乃父母，民众乃子女，警察乃其保姆"，因此他建议建立新的警察制度，加强警察统治，希望日本成为"警察国家"。1874年1月司法省警保寮划归内务省，由内务卿统一指挥；同时建立了东京警视厅和分布全国各府县的警察网。1873年颁布了统一的监狱制度，1887年12月颁布《保安条例》，加强对国民的统治。

四、财政经济改革

1. 土地改革。废藩置县后的1871年9月，大藏卿大久保利通、大藏大辅井上馨建议正院，废除旧法，允许买卖土地，然后再设新法，按照地价征收地租。同年12月，太政官发布废除"武家地"和"町地"的告示。1872年1月，大藏省颁布东京府地契（地券）发行章程。2月，解除《永远禁止土地买卖令》，四民可以自由买卖土地，否定了过去的藩主权。使自耕农从土地封建束缚中解放出来，成为自由的土地所有者。经过全国土地丈量、划价，1880年土地改革基本结束，这是一种确认土地私有权的近代土地所有制，相比封建藩主土地所有制是一个进步。第一，土地改革废除了土地所有的封建限制，促进了日本农业生产力的发展，耕地面积不断扩大，1874年为4129800町步，1890年为5029886町步，16年间增加了22%。稻米产量也迅速增长，1878年是23276200石，1880年是28727729石，1890年是43037809石，12年间几增1倍，基本上满足了日本资本主义发展的需要。第二，土地可自由买卖，成为商品和私有财产；土地所有者还可自由支配自己的劳动时间，根据市场情况自行安排生产，由此提高生产积极性。第三，农民人身自由与地主没有依附关系，不受超经济盘剥，只需缴纳地税，有利于活跃商品货币经济，新兴地主（或寄生地主）还可利用剥削自佃农的剩余价值，投资于工业和金融，促进资本主义发展。第四，近代土地所有制及高额地税，为国家推行原始积累、发展资本主义提供了物质基础。如1883年职工数为91716人，1884年为110132人，1885年为138227人，1888年为214579人。职工人数如此迅速增长，主要是由于农民能自由离开土地，不断为资本主义提供劳动力。然而，土地改革还存在消极的方面。首先，新兴地主（寄生地主）和富农几乎都是由过去村吏和商人、高利贷者演变而来，封建家长制关系根深。表现在地主对农民既进行资本主义剥削，也保留着封建剥削方式。其次，地主一般不愿经营资本主义农业，自己住在大城市里，宁肯出租土地，坐收租米，也不肯改进农业，以至定型为寄生地主阶级。最后，土地改革后耕地极端分散，处于零星的佃耕状态，始终未达到资本主义经营的发展阶段。

2. 地税改革。废藩置县后，明治政府依靠征收地税，建立了财政基础。但随着支出的不断增大及推行"殖产兴业"国策的需要，如继续按旧幕藩制度征收地税，便无法满足形势的发展，加之因要求减免租税而不断爆发的农民起义，促使政府决心改革地税，建立有稳定收入的租税体制。早在1870年6月，集议院副议长神田孝平即提出《田租改革建议》，批判贡纳制的旧税法，主张土地买卖；申报买卖地价，按地契价格确定地价，按地价征收货币租税。1872年5月，神奈川县令陆奥宗光也提出了"田租改正建议"，提倡收益地价方式。神田的地契方式和陆奥的收益地价方式，形成了之后地税改革的基础。

1872年8月，在大藏省租税宏内建立了地租改正局，陆奥宗光与松方正义分别任租税头（主任）和租税权头（副主任），进行地税改革。1873年4—7月，大藏省召开全国地方官会议，讨论地税改革。同年7月28日，政府颁布地税改革法，其要点是：第一，旧地租（年贡）以土地收获量为标准征收，新地税则按地价征收，每经五年，按平均米价更改地价；第二，旧地租的征收率从收获量30%至50%不等，新地税则按地价3%征收，镇、村征收不超过地税1/3的地方税，欠丰无减增；第三，过去水田交米，旱田交实物或现金，新地税一律按地价缴纳现金；第四，纳税者过去是土地耕种者，现在改为土地所有者。旧年贡根据每村总产量而定，村内拖欠者的年贡也要由五人组成全村负责缴纳；而新地税规定，本人无法缴纳，他人不连坐。地税改革从1873年年底开始，到1881年基本完成。

地税改革对明治政府具有十分重要的意义。第一，地税改革后政府每年在全国征收统一稳定的货币地税，解决了过去存在的收入是实物，支出是货币的矛盾，建立了正常的预算制度，确立了明治政府的财政经济基础。当时日本工商业还不发达，短时期内不可能大量征收物品税。海关税也因不平等条约的压制为数很少。明治政府为实现"殖产兴业""富国强兵"所需资金只能求诸农村，即征收地税。以1875年为例，地税收入5034万余日元，占国税收总额5072万余日元的99%。表明地税在国家财政中的重要作用。另一方面也反映了征课地税之重，统一按地价3%征收的货租，平均占农民收获量的34%，这意味着农民承受着沉重的剥削。第二，地税改革虽承认农民的土地所有权，另一方面国家也由此取得了大批土地。旧藩主直辖的山林原野以及过去的"入会地"，不能证明是个人所有的山林、原野等土地都收归国有。第三，地税改革使寄生地主制得以确立。地税改革承认新地主和自耕农的土地所有权，但没有承认佃农的权利。当时全国耕地大约有1/3是佃租土地，佃农必须向地主缴纳沉重的实物地租。改革地税后，佃农必须把收入的68%交给地主，而自己只得到32%（其中包括15%的种子、肥料费，佃农净得只有17%），地主剥削所得的米量比佃农所得米量多一倍。地主将其中一半以货币形式缴纳地税和地方税，其余34%归自己。可以说地税改革的实行，给地主增大剥削量和兼并土地提供了有利条件。而且明治时代的米价一般每年都有所上涨，地主向国家缴纳的地税却是定额货币，这样，地主需要卖出掠自佃农的实物地租（米）的比例越来越小，所得收入的比例越来越大，这对寄生地主制的扩展，无疑是有利的。于是出现了新泻县的伊藤家、市岛家，酒田的本间家，岛根的田部家等大地主。地主土地所有制成了土地所有制的基础，佃农向地主缴纳的实物佃租成为地税的源泉。为此，政府用国家权力保护地主对佃农的剥削，决不允许佃农拖欠佃租。过去幕藩藩主不满地主的中间剥削，而现在地主却受到国家的保护。以改革地税为中心的土地改革，给予寄生地主阶级以最大的利益，从此寄生地主阶级成为新政府依赖的另一个社会支柱，日本农业也走上了一条类似普鲁士近代资本主义农业发展的道路。第四，地税改革规定用现金缴纳地税，因此不仅把正在经营商业农业的富裕农民，而且也把贫困的农民投入货币经济之中，强迫他们在困境中出售农产品，甚至最后丧失土地，沦为佃农。佃农在农村只靠农业无法生活，于是有的在农村资本主义家庭手工工场劳动，有的流入城市，到工厂劳动，形成雇佣劳动者，成为近代工人的来源。

3. 发行纸币与金融机构的建立。政变后成立的维新政府，没有触动各藩的经济，所以明治初年政府财政基础十分薄弱。就米的产量论，废藩置县前，全国米总产量为3000万石，而明治政府统治所及领地的米产量仅730万石。这样，财政经济上只有依靠大坂、江户、京都的大商业资本。1868年正月，明治政府以年贡作抵押，向三井等大商人借到"会计基金"300万两，同时发行政府纸币。1868年5月至1869年5月发行称为"太政官札"的政府纸币（不兑换纸币）4800万两。1869年9月至1870年10月又发行民部省纸币750万两。为筹措激增的行政费用，1871年10月至1872年2月，利用三井组的信用，由三井发行大藏省兑换证券680万日元，1872年1月发行开拓使兑换证券250万日元。当时政府本身还没有建立金融机构，只有利用幕末建立了信用的大商业资本三井组、小野组及岛田组管理公金的收支和汇兑。这些在1868年即被政府任命为汇兑员的大商业资本家，可以自由地无息利地用公款为自己营利。也就是从这时起，三井等大商业资产家和政府建立了十分密切的关系。

明治政府为加速经济发展，在成立之初就废除了限制自由往来的封建关卡和限制工商业者自由活动并拥有特权的手工业行会、商业同业公会。为统一币制，掌握全国商品流通，管理对外贸易和对抗外国资本，1869年2月组织三井、小野、岛田、鸿池等大商业资本建立通商司。在其管理下，于东京、大坂、京都、横滨、神户、新泻、大津、敦贺设有掌握全国金融和商品流通的半官半民汇兑公司和通商公司。政府企图依此把三井等封建特权商人转变为近代资本家。

在确立近代币制的过程中，明治政府于1871年5月制定了新货（币）条例，过去的一两改为一圆，并确立金本位制。此后政府为建立近代银行，清理汇兑公司债务，整顿政府纸币，并于1872年11月15日公布了《国立银行条例》。从1873年7—12月，先后建立由三井、小野出资的东京（第一）、由横滨汇兑公司转变而来的横滨（第二）、由新泻大地主市岛出资的新泻（第三）、以鹿儿岛士族为中心的大阪（第四）四个国立银行（即与国际银行相对的国家银行或国民银行），最初发行纸币，充作振兴产业的基金。从此国立银行取代汇兑公司办理公款出纳和经理政府税收业务（三井组等继续营业）。后因纸币贬值，现金外流，银行营业不振，1876年8月政府修改了条例，以金禄公债充国立银行资本，银行纸币不须兑现，直接替换政府纸币。为此国立银行增多，到1879年共有国立银行153家，同年年末便停设。1877年由华族出资建立的第十五国立银行，其资本占全部国立银行资本的40%以上。此外还设立了横滨正金银行，专门从事外汇业务。1876年三井银行建立，这一特权豪商转化为近代资本家的同时，也成为新政府的经济支柱。

五、"殖产兴业"政策

1. 资本的原始积累。幕末和明治初期，日本的社会经济仍很落后，全国广泛存在的资本主义家庭劳动仍占优势，工业生产远落在西方先进资本主义国家的后面，重工业几乎不存在。同时，一系列不平等条约还没有废除，未摆脱沦为殖民地或半殖民地的威胁。为争取民族独立，赶上先进资本主义国家，明治政府在进行一系列资产阶级改革的同时，提出了"殖产兴业"政策。所谓"殖产兴业"就是要大力发展资本主义经济。明治政府依赖国家政权的力量，多方筹集资金。其来源包括发行纸币和公债，征收土地税、消费税和地方税，以及发动侵略战争索取赔款等。马克思说过，原始积累"利用国家的强力，利用集中的、有组织的社会暴力，温床般地助长从封建生产方式到资本主义生产方式的转化过程，缩短它的过渡期。暴力是每一个旧社会孕育新社会的助产婆"。日本就是如此利用国家权力从各方面积累资金，实行自上而下的资本主义现代化的。明治政府为殖产兴业和弥补戊辰战争军费，从1868年起发行大量纸币，成立了百余家国立银行，给工矿企业提供资金，促进货币流通和商品经济发展，推动资本的原始积累，解决工业化所需的大量资金问题。

发行公债也是解决资金问题的一种重要手段。1869—1876年进行的封建俸禄制度改革，一方面消灭武士阶级，另一方面为资本主义现代化积累资金。1876年领取货币公债券的武士有30余万人，其中获得高额公债的约500多人。他们用公债券开办银行、铁路、纺织厂等，但大多数士族持有的公债被卖掉，集中到高利贷者手中。一方面公债转化为资本，促进工业化；另一方面卖掉公债的下级士族进一步贫困化，为近代工业提供了劳动力。

地税改革和封建俸禄制度改革一样，也具有资本原始积累的意义。在日本，地主制度下的资本原始积累和英国等国不同，不是采取工农分离、农民与土地分离的资本原始积累的过程，而是国家以地税的形式剥夺农民的剩余产品，依靠征收庞大的地税来取得发展近代工业的资金。19世纪80年代，日本佃耕地的比重为35.9%，地主制完全确立。这就表明地税改革期间自耕农占大多数，由于政府加紧掠夺，使自耕农破产，加入到了无产阶级队伍。这种通过掠夺农民增加资本积累和为资本主义发展造就工人的过程就是日本的资本原始积累过程。此外，日本还通过发动侵略战争索取赔款来达到资本积累。甲午战争后日本向清政府索取赔偿银2.3亿两（约合3.45亿日元），一举取得了发展近代工业的资本。

2. "殖产兴业"的机构和方针。1870—1885年约15年的时间为殖产兴业政策实施时期。这期间，日本以西方列强为榜样，努力发展资本主义，在"富国强兵"的总目标下，要把日本从一个封建国家改变为近代资本主义国家。但明治政府在发展资本主义经济方面没有现成的东西可以借鉴，全凭实践取得经验，不断改革。这表现在主持"殖产兴业"的机构和方针几经变动上。公元1870年12月成立工部省，下设工学、劝工、矿山、铁路、土木建筑、灯塔、造船、电讯、制铁和制造等寮（相当于司局）。工部省根据参议大隈重信发展生产是"国家第一紧急任务"的主张设立，是为了加强国营示范工厂的建设，是推行殖产兴业政策的领导机关。它标志着殖产兴业政策走上正轨，对扶植资本主义起着很大作用。工部省总管工业建设，接管前属各省的大部分国营企业，经过改造，初步建立起机械化工业企业。如赤羽工作局利用旧佐贺藩机械设立及大阪炮兵工厂（利用幕营长崎制铁所等机械设立）等，制造出各种机械，成为国产机械的主要来源。又如深川工作局和品川玻璃制造厂，制造出水泥、耐火砖玻璃等建筑材料和化工产品。工部省还兴办铁路、通信和采矿事业。

至1885年12月工部省撤销为止，其总支出额为4600余万日元，用于建设和扩大国营企业的费用占2900余万日元。其中构成工部省企业中心的是铁路和矿山，铁路支出为1400万日元，矿山支出为800余万日元。凡工部省兴办的工矿交通事业一律是官办事业，且大部分具军事意义，忽视农业和轻工业。以大隈重信为代表的明治政府，对当时的形势和国家富强道路的认识是不足的。他们只想以发展近代大工业来实现日本的资本主义，大工业中又以为军事侵略服务的重工业和兵器工业为急务，无视当时日本还十分贫穷，百业待兴的现实，国家财力有限，只靠官办重工业不能解决国家工业化问题。他们根本无视以发展农业、轻工业为主的近代工业化的正途。

1873年10月西乡隆盛等征韩派下台后，形成了以大久保、岩仓木户等人为中心的大久保政权。11月10日设置内务省，以大久保为长官。大久保在大藏卿大隈重信和工部卿伊藤博文的协助下，以英德为榜样大力推进殖产兴业政策。主张产业立国，设立内务省的目的就在"整饬内治""厚殖民产""振励民业"。这种方针是针对当时日本经济形势提出的。当时日本还是个落后的农业国，农业人口占全国人口的80%左右。且处于不平等条约的束缚之下，西方列强的商品充斥全国。只有发展本国产品，振兴出口，才能免遭欺压。以大久保利通为领导的内务省创立，纠正了过去工部省偏重发展重工业的状况，以发展农业、产品加工、海运业等为主，确立了明治维新后日本实行资本主义化的根本方针。

除工部、内务两省外，1869年在北海道设置"开拓使"，作为开发北海道的机构。积极推动北海道开发事业，如测量地形、调查矿产、开采煤矿、发展交通运输等。开拓使一直到1882年2月才撤销，其间经营了39个工厂，如札幌炼铁厂、机械厂、啤酒厂、函馆煤气厂、厚岸罐头厂、纹鳖制糖厂等。这些企业也是殖产兴业时期官办企业的组成部分，对北海道近代工业的发展起了很大作用。

3.大办国营企业。明治维新一开始，政府就接收幕藩军事工厂，通过引进西方技术、设备、改造和建立日本近代军事工业的基础。1868—1885年是日本近代军事工业的创建期，也是在工部省领导下实行富国强兵国策的时期。当时接收的幕营企业有关口制作所（东余炮兵工厂的前身）、横须贺制铁所（横须贺海军工厂的前身）、横滨制铁所（1879年租给私人经营）。接收藩营的企业有水户藩的石川岛造船厂和萨摩藩的鹿儿岛造船所（两者都是海军兵工厂的前身）、萨摩藩的敷根火药制造所（后改称陆军火药制造所）、和歌山藩的弹药制造所（后为大阪炮兵分厂的附属厂）等。经过合并、改造、调整后，至1880年前后已经建成两大陆军兵工厂——东京、大阪炮兵工厂及其附属厂，两大海军兵工厂——筑地、横须贺海军工厂及其附属厂。

东京炮兵工厂是1868年在幕营关口制作所的基础上建立起来的，主要生产步枪。1880年制造出村田步枪，成为陆军规定样式的步枪。大阪炮兵工厂是在幕营长崎制铁所的基础上建立起来的，主要生产火炮。1872年制造出法式山炮，次年制造出野炮，1882年制造出钢炮。筑地海军工厂是在藩营石川岛造船所和鹿儿岛造船所的基础上建立起来的，主要生产和修理军舰和武器；1882年开始了西式炼钢。横须贺海军工厂是在幕营横须贺制铁所的基础上建立起来的，主要生产海军舰船，1880年建成日本自己设计、制造的军舰"盘城"号。

工部省所辖的赤羽工作局是一个制造各种机械的工厂，从机床到农产品加工工具到矿山、铁道等用的机器均有。又如横须贺海军工厂，除制造军舰外还制造官用民用船只、矿山机器及纺纱厂的动力机。大阪炮兵工厂也制造各种机床。军事工厂为民用企业提供设备，对日本近代工业起了重大推动作用。

明治政府还致力于发展交通运输及通信事业。铁路在官办企业中居首位，其投资占官办企业投资总额近一半。1872年9月，东京、横滨间铁路通车，这是日本第一条铁路。1874年5月神户、大阪间，1877年2月大阪、京都间的铁路相继通车。同时发展电讯、邮政业。1869年东京、横滨间架设电线，这是日本第一条电讯线路，同年东京、横滨间电报开通。电报最初为政府专用，1878年后民间也可使用。1871年改良"飞脚"（邮递信件货物）制，建立国营邮政制度。1871年1月东京、京都、大阪间通邮。

工矿业方面，政府公布《矿山须知》和《日本矿法》，把幕藩的矿山收归国营。主要矿山有生野、佐渡金矿，阿仁、院内、足尾、小坂铜矿，釜石铁矿，三池、高岛煤矿等。在这些矿山里聘用外国技师，引进机械设备，使用蒸汽动力。政府集中力量改良制铁技术；从英国买进机械，聘请德国工程师；在釜石矿山设立制铁厂，于1880年开始冶炼。

为扩大生丝和丝织品等出口商品的生产，在大藏省管辖下设立了制丝、纺纱模范工厂。1872年聘请法国技师，购置法国机器，在群马县富冈建成第一所模范制丝工厂，同时收买旧鹿儿岛棉纺厂和界棉纺厂。1876年创办新町丝纺厂。1878年从英国进口设备建立爱知和广岛两纺纱厂。同年在东京创办千住呢绒厂，生产毛绒呢绒（1888年改为军工厂）。制丝业方面，从意、法进口机房制丝技术，改良原有缫丝法。这种机制丝厂很快以长野县为中心普及。1873年有14家工厂，1877年有50家，此后逐年增加。农业方面，1872年创办了内藤新宿试验场。1877年创办三田育种场、三田农具制作所、取香种畜场以及牧羊场，实行品种改良，试用外国农具。

4. 扶植私人资本主义。进入19世纪80年代，日本已建成一大批以军事工业为主的国营企业，为今后以轻工业为主的产业革命奠定了基础。但当时只顾移植近代资本主义产业，没有考虑到日本所处的半殖民地经济条件。结果国营企业不仅不能带动民办产业，且由于缺乏财力经验而连年亏损。于是1880年起，明治政府压缩财政支出，将国营企业带动和示范的方针改为"处理"国营企业和直接扶植私人资本主义的政策。同年11月颁布处理国营企业条例，将大部分国营企业廉价处理给一批大资本家。

表 3-1　　　　　　　　　　处理国营企业一览

类别	企业名称	处理年代	接受人
矿山	高岛煤矿	1874年	后藤象二郎，后转给三菱
	油户煤矿	1884年	白势成熙
	小扳银矿	1884年	久原庄三郎
	院内银矿	1884年	古河市兵卫
	阿仁铜矿	1885年	古河市兵卫
	大葛金矿	1885年	阿部潜
	釜石铁矿	1883年	田中长兵卫
	三池煤矿	1888年	佐佐木氏，后转给三井
	幌内煤矿	1889年	北海道煤矿铁道会社
	佐镀金矿	1896年	三菱
	生野银矿	1896年	三菱

续表

类别	企业名称	处理年代	接受人
造船	兵库造船局	1886年	川崎
	长崎造船所	1887年	三菱
化学工业	深川水泥制造所	1884年	浅野
	品川玻璃制造所	1885年	西村胜三
纤维工业	广岛纺织所	1882年	广岛县
	爱知纺织所	1886年	筱田氏
	新时纺织所	1887年	三井
	富冈制丝厂	1893年	三井
农畜牧业	藤新宿试验场	1878年	一部委托给地方，后移交宫内省
	下总种畜场	1882年	一部处理给民间，后移交宫内省
	三团育种场	1887年	处理给民间

资料来源：井上光贞：《日本史》，第293页。

明治政府处理的国营企业，价格极低，都是长期无息分期付款，实际上等于赠送。如投资62万日元的长崎造船所，只以9.1万日元一次付清转让给三菱；投资59万日元的兵库造船局，只以5.9万日元一次付清转让给川崎。这些明治政府用民众血汗建立的国营企业就这样几乎拱手给了政商即后来的财阀。

明治政府之后也进一步扶植私营企业，特别以纺织业为中心的轻工业。如用22万多日元购买2000纱锭棉纺机10台，以无息分十年偿还的优惠条件出售给民间，建立前川、冈山等9所棉纺厂，又如用政府垫付纺纱机价款方式建立桑原（在大阪）、宫城、名古屋3所棉纺厂。政府还以多种形式贷款给民间企业和个人。据统计，1873—1881年发放的贷款总额达5300万日元，贷款对象多为特权商人、新兴财阀以及与军事有关的企业。

1883年实业界巨头涩泽荣一组织25万日元的资金建立大阪纺织公司，其所属纺纱厂拥有1万多纱锭，采用蒸汽动力，引进国外先进技术，成为日本最早的现代化工厂。

根据大久保利通的建议，政府决定实行保护民营海运的政策，把侵略我国台湾时委托给三菱的13艘轮船进而无偿地交给三菱，并给予航路补助金。此外政府还购买了因经营不善而解散的邮政轮船公司的18艘轮船，无偿地交给三菱。在国家大力扶植下，三菱轮船公司先后挫败了美国的太平洋邮政轮船公司和英国的半岛与东方航海公司，独家经营起日本沿岸和日本至上海的航运业务。

5. 技术人才的引进与培养。在殖产兴业中，明治政府非常注意引进外国专家和先进技术设备。明治初期聘用外国专家和技术人员，其主体是政府机关。1872年大藏省聘用外籍专家19人，计兵部省9人，文部省24人，工部省153人，开拓使5人，共210人。1876年人数最多，计内务省32人，大藏省21人，陆军省27人，海军省55人，文部省67人，工部省221人，开拓使18人，共469人，1880年年后渐减。聘请专家最多的是工部省。明治政府给他们的待遇很高，但对工作要求也很严，1870年2月制定的《外国聘用须知条项》规定：因"酒色放荡"、成绩不良的外国人必须解雇；因追求"私利"而兼任本业以外的职务特别是与走私贸易有关者必须处罚等。多数外国专家在引进和掌握欧美先进生产技术方面起了重要作用。

这种一切以欧美制度、技术、经验为转移的欧化主义，不仅耗资金巨大，也和日本的实情与需要有距离。明治政府为实现科技自立，决心培养自国人才。1871年4月，在工部省设立了"工学寮"，建立了工学校（1877年改称工部大学校），专门培养高级科学技术人才。1877年4月文部省设立东京大学，有理、法、文、医四个学院，同时挑选优异人才出国留学。到1885年为止，这两所学校培养出来的高级人才418名，再加上学成归国的留学生，可以接替在日本的外国专家，成为日本实现现代化的一支重要科技力量。另外工部省及其他各省都设有修技校、传习所，进行初级技术的速成教育。同时主要的国营企业，如横须贺造船厂、长崎造船厂、石川岛造船所、东京炮兵工厂等，还在外国专家指导下进行职工的培训。

6. "殖产兴业"政策实施后的日本经济。至1885年，殖产兴业政策基本实施完毕。当时国营工厂、矿山有41个，它们分别属于大藏省、工部省、农商省、陆军省、海军省和北海道事业管理局。这些国营企业都是规模巨大、设备先进的炮兵工厂、造船厂、机器制造厂和矿山，它们代表日本现代化的发展方向。当时私营中小工厂有1981个，其中纺织工业占60.9%，窑业占12%，食品工业占9.3%，金属工业占8%，化学工业占4.6%，机械工业占1.9%，其他3.3%。这些工厂以手工业工场为主，农村手工业工场占60%以上，城市手工业工场不到40%。从拥有职工人数来看，在这些工场中，拥有30人以下的占83.4%，所以绝大部分是小厂。只有棉纺、化工、造船方面有规模较大的近代机器生产工厂。

从日本工业发展的速度来看，经济发展是很迅速的。1866—1873年日本工业生产年平均增长速度为32.2%，而英国1851—1873年则为3.3%，美国1861—1873年为5%，德国1861—1873年为3.8%。1874—1890年日本年平均增长速度为12.1%，而英国则为1.7%，美国为5.2%，法国为2.1%，德国为3.5%。日本工业这种飞速发展，列宁曾加以肯定。他认为日本是一个"进步非常快的的新兴资本主义国家"。他又指出，1871年之后，德国实力的加强要比英法快三四倍，日本要比俄国快十几倍。

实施殖产兴业政策之后，日本在短短15年（1870—1885）内，极大地改变了工业落后的面貌，初步实现了资本主义工业化，从封建的农业国初步变成了一个资本主义农业工业国，为达到完全的民族独立和产业革命的新阶段创造了条件。

六、"文明开化"政策

所谓文明开化，也就是提高国民的知识水平，按照当时的理解就是要以西方为师，在教育、思想、观念甚至生活习惯等方面进行全面彻底的变革。

明治政府设立文部省，全面推行国家的教育改革，参照欧洲国家的教育体制逐步建立起比较完备的近代教育体系：重点实施中小学义务教育，还大力兴办中等教育、师范教育和职业技术教育；同时也非常注重高等教育，到1918年，日本全国共有大学和专门学术院校118所；改变以儒学为主的教育内容和传统的教育理念，重视普及具有实用性的先进的科技知识，强调学问为立身之本，通过教育改革，完成了从"士人教育"向"国民教育"的重大转变。对出国留学制度也进行了多次调整，取得了显著的成效，为日本现代化发展培养了优秀人才。

1. 社会风俗的变革。明治初年日本进入"文明开化"时期。指的是日本引进西方资产阶级政治、经济、社会文化和风俗习惯，将日本建成资本主义现代化国家的时期。随着经济政治制度的变革，日本的社会文化开始出现新气象。首先是生活习惯的改变，人们剪去武士发结（丁留），改为剪发，解除佩刀。其次是改旧式礼服（直垂林）为和服或西服。住洋房、点煤油灯，吃西餐的多起来了，被贱视的猪牛肉、牛奶成为上品。1872年起京滨（东京—横滨）、阪神（大阪—神户）等铁路相继通车。1869年京滨直达电报开通。1877年同地电话通话。有趣的是，当时很多日本人学习西方人吃牛肉、喝牛奶，认为牛性格持重，可以增强人的耐力。可见当时日本民众对于许多社会变化还是一知半解，因此参与变革带有盲从性，但上下一致学习西方的目的性却十分明确，其热情更是达到了近乎疯狂的程度。

2. 学校的设立。1871年7月，明治政府设立文部省（教育部），文部大辅江藤新平确定在全国设立学校。1872年9月5日，文部省颁布教育改革法令——《学制》。新学制的基本原则为义务教育和科学精神的普及。各府县按学区设初高等小学，完成四年制初小教育被规定为国民的义务。授课时数一半属于自然科学的内容。

1872年在东京设立男女师范学校。1874年在大阪、宫城、爱知、广岛、长崎、新泻等城市也设立了师范学校。有些地方还设立讲习所、养成所等，以期迅速造就师资。但由于小学经费全由家长缴纳，引起了居民反对担负义务教育费用的斗争。于是明治政府参考美国的教育制度，于1879年9月公布田中不二磨提出的《教育令》，废除学区制，地方可酌情设学校。关于就学义务，规定儿童在学龄期4年中，至少每年要有4个月，共16个月接受普通教育。由于幕府时代私塾等已经相当发达，所以近代义务教育的实现较为迅速、顺利。

3. 大学的设置。明治政府于1871年4月着手建立大学。工部省设立"工学寮"，1869年8月，政府接办幕府的昌平学校、开成学校、医学校，合称为大学校（兼管高等教育行政）。昌平学校讲授汉学（儒学）、"国学"，开成学校讲授"洋学",医学校讲授西方医学。开成学校为南校,医学校为东校。1877年1月,工部省改工学寮为工部大学校。同年4月,并大学南校和东校成立东京大学,设法、理、文、医四个学院(即东京帝国大学的前身)。

明治政府学习欧美国家的先进经验,改革日本旧教育制度的做法,遭到保守派的反对。他们诬蔑文明开化是"以美为母,以法为父","拼命崇拜西洋",以致"礼义廉耻扫地"。原萨摩藩的岛津久光在1872年和1874年先后向天皇和政府提出质询,对日本社会的改革,特别对其中的教育改革进行攻击,并反对雇用外国的教师和技术人员。明治政府批驳了这些谬论,坚持教育改革。

4. 留学生的派遣。明治政府重视派遣留学生和雇用外国学者的工作,这对近代文明的建设,的确产生了效果。1869—1870年,日本派出留学生174名,1873年增至373人,经费25万日元,占文部省预算的18%。1875年又考选学行兼优的人才,由国家贷款留学。1882年改由公费派送留学。明治政府对外籍教师待遇也很优厚,其薪酬竟占大学预算1/3以上。东京大学成立时,39位教授中27名是外国人,此后逐年减少。

5. 西方启蒙思想的传播。"文明开化"过程中,幕末成长起来的洋学知识分子,是传播18世纪西方启蒙思想的先驱者。首先是著名思想家、教育家福泽谕吉(1834—1901)。他曾说:"我们洋学者的目的只有一个,就是介绍西洋实际情况,促使日本国民有所变通,早日进入开化的大门。"福泽在其《西洋事情》一书中,对欧洲各国的政治、经济、社会、文化进行全面介绍。在其《劝学篇》一书中,从卢梭的天赋人权思想出发,猛烈抨击封建制度和旧道德伦理观念,指出"天不生人上之人,也不生人下之人,凡天生的人一律平等,不是生来就有贵贱上下之别的"。主张"一国之独立,基于一身之独立",为维护民众的自由和生存权,必须争取国家的独立发展。1875年福泽又发表了《文明论概略》,认为日本落后于西方先进资本主义国家,"全在汉学教育之罪"。为国家独立,主张采用西洋文明,提倡研究学问,以及自主、自由独立的风气。他还主张以"实际学问",反对儒家"远离实际"的学问,为此就需要开办学校。另一个思想家、教育家中村正直(1832—1891),于1871年翻译出版《西国立志篇》(即斯迈尔著《自助论》),1872年出版译著《自由之理》(即穆勒著《论自由》），介绍西方资产阶级政治学说，宣传民主自由思想。政治学家加藤弘之（1836—1916）于1870年著《真政大意》，1874年著《国体新论》，提倡天赋人权学说，主张立宪政体。思想家西周（1829—1897）于1874年出版《致知启蒙》《百一新论》，是西方哲学的最初介绍者。福泽谕吉等洋学者宣传西方自由主义思想，批判儒家思想，主张教育和社会改革等，对日本推行文明开化政策起了积极作用。1873年6月，他们还组织了启蒙学术团体"明六社"。明六社因建社的1873年为明治六年而得名。1874年2月明六社正式成立，规定宗旨为"会同有志之士推进我国之教育"，"交换不同意见以广知明识"。当初的社员有森有礼、律田真道、西周、中村正直、加藤弘之、箕作麟祥、箕作秋坪、福泽谕吉、西村茂树、杉亨二等12人。明六社成立的意义在于它是日本第一个学术结社，要"以卓识高论，唤醒愚氓"。明六社从1874年3月起发行《明六杂志》，共发表论文百余篇，思想新颖，颇受社会欢迎。社员还译著了20余部著作，介绍民主科学思想。明六社还每月在筑地"精养轩"举行讲演会两次，听众很多。其中的一位青年植木枝盛（1857—1892）后来就成为自由民权运动的思想家。1874年起，自由民权运动激烈，明治政府进行镇压。1875年《明六杂志》停刊，明六社也被迫解散。

6.新闻出版事业的发展。明治政府从明治五至十三年，发行了几十种关于评介文明开化的书籍。其中流传最广的有加藤祜一的《文明开化》和小川为治的《开化问答》。前者以神道主义为基调，讲解理发、易服、食肉、敬神的道理，后者对维新初期政治、经济、社会等问题进行解答，宣传政府的各项改革政策。

在"文明开化"方针指导下，大批报纸、杂志出版了。1870年《横滨日新闻》，1872年《东京日日新闻》（政府报纸）、《邮便报知新闻》《日新真事志》，1874年《朝野新闻》《读卖新闻》、庆应义塾的《民间杂志》，1879年《朝日新闻》（大阪）等先后发行。这些报刊大量介绍欧美资本主义文明制度，报道时事消息。主张新闻自由，批评政府政策。报刊的发行宣传，也使民众的衣、食、住、风俗、习惯发生了变化。但明治政府在推行"文明开化"政策的同时，又处处维护和加强封建意识。1868年3月颁发实施复古神道的"神佛判然令"，支持神道教的废佛毁释运动，激起明治四年、五年的三河、信越两地农民暴动。从此政府便以神道为唯一宗教，作为教育国民的基础，使神道国教化。日本这一"国家神道"宗教,直至1945年战败才被废除。另外,新政府还取消传统的上巳(旧历3月3日)、端午(旧历5月5日)、七夕(旧历7月7日)、重阳(旧历9月9日)等节日,制定天长节(祝天皇生日)、纪元节(第一代天皇神武的即位日,战败时废止,后改为"建国纪念日")、神武天皇祭、神尝祭(天皇献新谷于宗庙的节日)、新尝祭(天皇献新谷于天地并亲尝以祝丰收的节日)等崇拜天皇的节日制度。

第四章　殖产兴业

第一节　近代工业化的基础

明治十年（1878），明治政府开始推行"殖产兴业"政策，标志着日本自上而下的近代工业化开始，同时也标志着原工业化时期的结束。原工业化的结束并不意味着农村工业和工场手工业的衰退或趋于消失，相反，它还有可能进一步发展。不过此时的目标已不再是具有原工业性质的农村工业和工场手工业，而是近代机器大工业。只有在近代工业发展不顺利的情况下，农村工业和工场手工业才具有发展的余地。在一定的市场条件下，近代工业的发展与原工业的发展是成反比的。

日本的原工业化时期为明治之后的工业化留下了一笔不大不小的遗产——一个尚未完全成熟但却具有一定规模的国内市场。这个市场的规模可以用商品化率来表示。日本农产品的商品化率在1874—1877年达到了平均近30%的比率，布的商品化率则更达75%。这为日本的近代工业化提供了最初的市场。

在日本的近代工业化中，存在着一个引人注目的现象，即在大部分工业部门中，都存在着这样一个过程，即在工业化的最初时期，以一定程度的国内市场（内需）为基础，出现了巨额进口现象，而国内生产部分在国内消费中只占很少份额。随着近代工业的逐步发展，进口额逐渐减少，出口额逐渐扩大并超出进口额，国内需求和生产也在这一过程中不断得以增长。最后，生产扩大到国内需求以上,国民经济发展到必须将国外市场作为其发展的重要条件的阶段,近代工业从根本上得以完全确立。以棉纱业为例,其具体情况如表4–1。从表中可以看出,1887—1914年,生产扩大了55倍,国内消费扩大了9.7倍,在1887—1890年之间,国内消费中主要依赖进口,此后急剧减少,与此相应的是国内生产的急剧增长。自1893年开始出现出口,1896年开始出口大于进口。出口额占生产额的比重逐年增长,至1913—1914年增至32.6%,这表明国际棉纱市场对于日本棉纺工业生产越来越重要。

日本近代工业化过程中的这一特征说明其近代工业化首先是以一定程度的国内市场为基础展开的。以其基础产业棉纺织业为例,在近代工业化开始以前的幕末明治初期,西方先进工业国的机纱和机制布曾大量地涌入日本,其数额在1887—1888年达到日本消费总量的80%以上。这说明在此时的日本,棉纱和棉布的自给率至少已缩小到20%以下。前面提到过,日本的棉布自给率在1840年以前就已缩小到30%以下,商品率则扩大到70%以上。西方先进工业

表4–1　　　　　　　　日本近代棉纺工业发展情况　　　　　（单位:千捆）

年份	生产（A）	进口（B）	出口（C）	国内总消费（A+B）
1887—1888	58（18）	269（82）	0（0）	328（100）
1889—1890	178（42）	250（58）	0（0）	428（100）
1891—1892	374（73）	140（27）	0（0）	513（100）
1893—1894	527（73）	119（18）	13（2）	646（100）
1895—1896	812（87）	117（13）	54（6）	930（100）
1897—1898	1 251（92）	109（8）	370（28）	1324（100）
1899—1900	1 433（96）	59（4）	550（37）	1492（100）
1901—1902	1 431（98）	29（2）	407（28）	1460（100）
1903—1904	1 497（100）	5（0）	565（38）	1502（100）
1905—1906	1 851（99）	28（1）	535（28）	1878（100）
1907—1908	1 862（99）	11（1）	394（21）	1873（100）
1909—1910	2 160（100）	4（0）	607（28）	2164（100）
1911—1912	2 481（100）	4（0）	660（27）	2485（100）
1913—1914	3 184（100）	2（0）	1093（33）	3186（100）

注:括号内的数字为相对于国内总消费的百分比。

资料来源:高村直助:《日本纺织业史序说》上卷,第146、183页。

国的机纱和机制布之所以能在近代工业化前夕如此迅猛地涌入日本，得益于日本原工业化的这一成果。大量棉布涌入日本，说明日本已经具有较发达的商品经济和一定程度的国内市场。国内市场对于日本的近代工业化其意义是非常重大的：近代工业化正是在此一定规模的国内市场的基础上由政府自上而下培植起来的。一定规模的国内市场的存在让日本的近代工业化不需受到市场的严格限制。虽然它在初期为西方工业国所占领，但可以通过政府的作用抑制西方工业品的进入，由此腾空而出的市场就成了国内近代工业化的市场。

明治政府的工业化是先由政府示范，再走财阀主导的道路。这是和日本所处时代和国情有关的。19世纪中后期，英国、法国、美国等资本主义国家先后完成了第一次工业革命，紧接着开始了第二次工业革命。他们的工业化经验可以让日本完全地"坐享其成"。但工业化仍然有着很大的风险：一方面，国际市场几乎被列强分割完毕，国内市场也面临列强的挑战；另一方面，日本作为一个岛国，资源贫乏，资金不足。这些都是制约日本工业化的因素。所以，只有政府主导才能把这些风险降到最低。政府在初步取得成果之后，就必须把他的成果交给足以信任而又有能力继续经营的人，所以，与政府关系密切而实力雄厚的特权商人就成了最好的选择。这就是所谓的"工业化进程上的后发加速了托拉斯化的倾向，加速了独占的倾向"。

值得注意的是日本在工业化中处理农业问题的经验教训。农业是人类历史上最早出现的产业。在进行早期工业化的时候，必然要牺牲农业的一部分利益。因为在一个农业化的国家中，发展工业的资金、劳动力、原材料只能从农业上获得。英国"工业革命"前的"圈地运动"如此，苏联工业化前的"农村集体化"也如此。日本在工业化之前是一个农村人口占80%以上的农业国，政府要殖产兴业，需要的资金就必须从农业税收中去筹措，所以政府将幕末时代的地租以法律的形式固定下来。这种保留封建残余的做法牺牲了不少农民的利益，在明治初期引发频繁暴动就不足为奇了。许多人看到农民发动暴动是为了反对改革中的封建残余，就把批评的矛头对准明治政府，认为这是明治维新改革不彻底、政府保守的表现，殊不知任何一种改革都有一个循序渐进的过程，这种"残余"在一定时期内是必须的，是一种无奈的选择。明治政府在这方面没有足够的经验，处理某些问题的时候有失妥当，过多地激化了农村的矛盾，引起了严重的后果。另外，明治政府在牺牲农民利益使工业化取得一定成功之后，并没有及时调整政策，给予农民一定程度的补偿，而是走上了对外扩张的道路，将农民和农村经济继续作为政府赖以扩军的一头"血牛"，榨取大笔的资金，用于对外侵略扩张。

在工业化初期，一定要注意处理好三农问题，农业是第一产业，是国民经济的基础。推进工业化时，农业为工业让步，农村为城市提供资金、粮食、富余劳动力，做出一定牺牲的情况也许很难避免，但如果不对这种牺牲做出相应的补偿，处置不当的话，很容易造成社会的不稳定，进而威胁经济社会改革的全局。

1868年明治维新之后，明治政府在接受幕府和各藩经营的军工厂和矿山的基础上，通过积极从欧美国家购买机器设备，聘用外国技术人员，引进西方先进技术，以国家力量建立了一批兵工厂和示范工厂。1880年后，出现了私人创办和经营近代企业的高潮。

同英国一样，日本的工业化也是首先从食品、纺织业等与农业关系密切的轻工业开始发展的。从1877—1900年，食品、纺织业对制造业增长的贡献程度分别为40%和35%，两者合计为75%，也就是说，在19世纪后期日本的工业增长中，3/4是依靠轻工业的发展。其中，作为主导产业的纺织业（包括制丝业、棉纺业、棉布业）通过引进西方先进技术而逐渐成长为现代化的产业。

进入20世纪，重工业和化学工业逐渐发展起来，特别是经过中日甲午战争、日俄战争，由于扩充军备的需要，与军事有关的工业如钢铁、造船、海运、铁路等产业迅速扩大，同时，作为新兴产业的电力、电机、通信、机床、车辆、化学、药品等产业也成长起来，近代工业的主要部门都已建立，并成为世界上纺织工业发达的国家。与此同时，除去纺织工业以外，轻工业的增长率趋于下降。这样，制造业的发展从以轻工业为中心转向以重化学工业为中心，这意味着日本开始了"重工业和化学工业化"的过程。

由于主导产业实现了迅速的转换，国营及军事部门的工厂所引进的技术向广大民间企业的扩散，加之纺织工业的继续发展与出口为整个工业发展提供了进口机器设备等所需的外汇，从而使整个工业化过程得到了加速。

第一次世界大战基本上在欧洲战场进行，也为日本工业化发展提供了良机。

欧美国家忙于打仗，不仅有利于日本增加对欧美乃至亚洲的出口，还使在工业化初期面对占压倒优势的欧美竞争对手的日本企业喘了一口气。

进入20世纪30年代，日本扩充军备再掀高潮，这也是重工业和化学工业化加快发展的时期。1931—1936年5年间，钢铁生产额增长4.3倍，一般机械增长4.2倍，运输机械增长3.4倍，电机增长3.1倍。1937年重工业和化学工业占整个工业产值的54.8%。

总之，日本的工业化虽然起步较晚，但依靠国家大力扶植，积极引进西方技术，用武力夺取国外资源、资金和市场而得到了比较迅速的进展。但是，一方面，战前日本的重化学工业化是为适应日本军国主义扩军备战的需要，以牺牲民用工业为代价而发展起来的，因而具有极大的畸形性。另一方面，1937年日本进入战时经济体制之后，从欧美引进技术变得十分困难，尽管政府加强了以军需为中心的研究开发，但整个科技发展水平却落后了。

第二节　产业发展

1874年五六月间，考察欧美回国的大久保利通提出了《关于殖产兴业之建议书》，将振兴、发展日本经济，改变贫穷落后状况的设想、主张和盘托出。

"大凡国之强弱，系于民众之贫富，而民众之贫富系于物产之多寡。物产之多寡，虽依赖于民众致力工业与否，但寻其根源，又无不依赖政府官员诱导奖励之力。……为国家与民众，负其责者如能深思熟虑，举凡工业物产之利，水陆运输之便，凡属保护民众极为重要之事，均宜按各地风土习俗，民众之性情知识，制定办法，以为当前行政之基干，其既已建成者保护之，尚未就绪者诱导之。"

明治政府正是按照这种构想，遵循保护、诱导、扶植等原则，筹建起日本近代工业体系。次年，大久保内务卿又明确提出了《关于振兴国外贸易之建议》，阐明开展对外贸易的重要性。

"一国之物产，以农业赞天造之功，以工业遂人力之巧。故增加生产之顺序，在于劝衣励工。但如所产物品需用者鲜，消费者少，则有何术始得劝衣励工耶？而介于其间，取之于农工，分售于需要者及消费者，使产品畅通周转者，则商是也。……而劝商之方法在于扩张商业，开拓销路，使无涩滞壅塞之忧，此劝商事务之所以至急至重要也。"基于这样的认识，大久保建议新政府出资、劝导商贾直接进行海外贸易，越过旅日外商这一中间环节，将日本产品推向海外市场，提高日本产品在国际市场的竞争能力。

所谓"殖产兴业"，是以"富国强兵"为目标推行资本主义工业化政策的重要支柱，也就是实行机械化大工业的移植政策。它的具体方针，就是运用国家政权的力量，通过各种政策手段和动用国库资金，来加紧推行资本原始积累，并以国营军工企业为主导，创办国营工矿企业，保护扶植生丝、棉纺等民间工业，大力保护私人海运事业。在这个过程中，从欧美先进资本主义国家聘请专家和技术人员，引进近代生产方式和经济制度，进口科学技术和机器设备，加速建立和发展近代资本主义。到1885年前后"殖产兴业"和发展资本主义大体告一段落，国家除经营军用工厂、铁路、通信等以外，其他国营企业都出让给私人，以培植产业资本家，迎接即将到来的产业革命。

明治政府通过强制推行一系列的政策，获得了发展资本主义所必需的原始积累和雇佣劳动者。国家利用权力，也就是利用集中的有组织的社会暴力，来大力促进从封建生产方式向资本主义生产方式的转变过程，推进资本和劳动者同"殖产兴业"密切联系起来。

为了繁荣商业和办理太政官纸币的借贷事务，在1868年5月，明治政府设立了通商司，通商司在各地设立了经营商业的通商公司和供给资金的汇兑公司。汇兑公司以特权商人的身份保证金、政府借款、发行纸币作为资金来源，办理存款、放款、汇兑等，为生产和商业提供资金。明治政府就是想把他们积累起来的资金和信用，更有效地用于"殖产兴业"。1873年设立的国立银行也具有同样的意图，到1879年年末，这类银行达153家，它们发行政府纸币和银行纸币。尽管不断引起通货膨胀，但却更加推进了资本的原始积累，对于解决"殖产兴业"的资金问题起了很大的作用，促进了货币流通和商品经济的迅速发展。

从1873年开始到1880年逐渐完成的地税改革，作为资本原始积累的杠杆完成了它的巨大作用，即由于向农民强制征收高额货币地税，促进农民的分化，迫使他们变成廉价劳动力的出卖者，榨取自他们手中的货币则充作扶植近代工矿企业、扩充近代军备等之用。

原始积累资金最重要的来源就是高额地税。明治政府初期的财政收入中，地税约占80%。正是这笔从农民身上榨取的血汗钱，使政府能顺利推行"殖产兴业"政策，得以建立大量的国营企业，然后又廉价"处理"给私人资本家。以地税为中心的各种赋税，是日本原始积累最重要的资金来源。通过地税改革，政府得以征收高额地税，寄生地主得以获取高额佃租收入，积累了大量货币财富，并转化为资本。地税改革是日本强制推行原始积累的最重要手段，对日本的原始积累起了决定性的作用。日本原始积累的特殊方式是使日本寄生地主制确立的重要原因，寄生地主制的形成又使日本原始积累很不充分并带上了自己的特点。寄生地主制的发展也是造成日本农村提供特殊形态的雇佣劳动力的重要原因之一。

日本农家的青少年男女只是短期到城市找活干，充当雇佣劳动力，遇到失业、婚嫁或农忙时期，即返回农村。这不但调节了城市资产阶级对劳动力的需求，又减轻了他们对城市失业工人救济费用的负担，对资本主义的发展有利。另外，日本农民丧失了生产资料，失去了土地，却并不都离开农村，农村人口在原始积累时期虽有相当减少，但基本上仅是自然增长的那一部分外出了。从明治维新到1910年，日本农村的人口几乎没有什么变化，起到了"蓄水池"的作用。

另外，日本封建家臣解体过程在日本原始积累中占有极其重要的地位。1869—1876年实施的封建武士俸禄制度的改革，使封建"武士阶层"解体，武士变成了仅仅是公债的所有者。获得高额公债的少数上层士族，把它转化为资本，而大多数士族则迅速没落，不得不出卖公债来维持衣食，最后转化为除了出卖劳动力以外别无生活之道的无产阶级，从而为近代企业提供了所需要的劳动力。这些下级武士失去的公债，通过各种渠道集中于高利贷者之手，基本上都转化成了资本。高利贷者设立很多的银行，投资兴办铁路、棉纺等近代企业，使不生产的货币具有了生产力。上层士族、华族等则因为领到巨额公债，设立银行和经营各种新产业，转化成了资产阶级。封建武士俸禄制度改革的过程，构成了日本资本原始积累重要的组成部分。

在明治政府的税收中，仅次于土地税的是消费税。政府提高了酒税的税率，并新设了烟草税、点心税、酱油税、印花税等。这些消费税的负担，同样是落到了占居民大多数的农民身上。因此，可以说日本农民是日本资本主义进行资本原始积累时期的被殖民者。明治政府运用它所掌握的国家权力，通过重税残酷掠夺农民，为推行殖产兴业政策、发展资本主义积累了巨额的资金。

明治政府成立后，很快便走上对外扩张的道路。1874年，它对我国台湾发动军事进攻，索取了50万两白银的赔款。1876年，日本迫使朝鲜接受《江华条约》，在该条约的附件贸易章程中暂定朝鲜进口日货免缴关税。日本与朝鲜的贸易对日本商人的初期积累有很重要的意义。1872—1895年，日本从外国进口的黄金总值约1386万日元，其中来自朝鲜的为993.9万日元，大约占71.7%。特别是在"松方财政"时期（1885—1887年），进口朝鲜黄金空前增多，其数量相当于日本黄金产量的4倍。日本掠夺朝鲜的物资，特别是大米和黄金，在日本的原始积累中起了不容忽视的作用。甲午战争后，中国赔款2.3亿两白银，这使日本的工业生产和国外贸易都有了巨大的增长。银行业也有了显著的发展。日本正是以中国的巨额赔款为基金，才于1897年实施了金本位制，对日本产业发展起的作用极大。甲午战争后，平均每天使用10人以上的工厂总数，1904年比1893年增加了3倍，其中使用动力机械的工厂则激增到5.9倍。由于战争胜利而得到的"信用"膨胀，使日本得以引进1.9亿日元的外资。日本对朝鲜和中国的殖民政策和勒索的巨额战争赔款，也是日本资本原始积累的重要来源之一。

1869年3月，任外国官副知事的大隈重信兼任会计官副知事，政府的财政经济大权开始掌握在大隈等人的手中。大隈重信专攻"兰学"，开始接触西方资产阶级文明。他在佐贺藩创办的"致远馆"，学习西欧先进国家的政治、法律和财政等社会科学。他研究了英国的经济状况及荷兰和美国的宪法，认为英国的富强是由于它善于经商、贸易发达的缘故。因此，大隈把发展贸易看作是使自己国家富强起来的先决条件和首要任务。

1869年5月14日，大隈在外国官内设立了通商司。他将中央和地方的财政、劝业、贸易、土木、交通、通信等行政职能，都集中于自己的控制之下，使大藏、民部两省成为引进西方资本主义的生产技术、推行殖产兴业政策的中心。

大隈亲自创办的通商司，是具体负责推行这一政策的主要执行机构。它主管贸易、金融、海运和商业等方面的事务。下设半官半民性质的汇兑公司和通商公司。汇兑公司是以存款、发行银行券、贷放资金、兑换钱币等为主要业务的金融机构。设于东京、大阪、京都等8个城市。通商公司主要从事贸易，以对外贸易为主。

1870年12月12日，大隈建议设立了工部省，由后藤象二郎和伊藤博文相继任大辅，把上述主管殖产兴业的机构纳入自己的管辖之下。工部省主管的业务是：

（1）设立技术教育机构，培养技术人才；
（2）以适当的奖酬发展工业技术和促进工业生产的繁荣；
（3）监督和管理一切矿山；
（4）建设和保养一切铁路、电报线和灯塔；
（5）建造和修理海军舰艇及商船；
（6）负责制炼和铸造各项企业使用的铜、铁及铅矿，并从事机器制造；
（7）实施陆地及海面的测量等。

这样，工部省便成为全面负责推行殖产兴业政策的中央领导机关。同时，这也表明大隈重信已将殖产兴业的重心由发展内外贸易转移到近代工业的建设方面。这是明治政府的领导人在经济发展战略认识上的一次重大的转变。

在这一思想的指导下，工部省创办的国营企业分为铁路、矿山和工业三大部门。除铁路建设外，工部省还试图建起一个由采矿、冶金、机器制造三个部门构成的现代化工业体系，为日本实现工业革命和资本主义工业化提供物质技术基础。

幕末时期，日本各地虽然已经建立了一些近代企业，如横须贺、横滨制铁所、长崎制铁所、关口大炮制作所、石川岛造船所、佐渡金矿、生野、小坂银矿等，但技术设备和企业管理十分落后、僵化。

1873年以西乡隆盛为首的征韩派退出中央政府后，大久保利通亲自担任内务卿，"成了全国警察和实业界的总头目"，伊藤博文掌管工部省，大隈重信主管大藏省，三驾马车拉动日本经济的车轮向前滚动。大久保提出，殖产兴业的目标，是仿效英国，建设发达的海运和工业。因此，他重视矿山开发和铁路建设，强调煤和铁是制作业的动力。在经费极度匮乏，内乱频仍的情况下，明治政府在10年间投入2.1亿日元的巨额资金，用于有关殖产兴业方面的投资。

兴建了一大批官办的"模范工厂",改造了一批原幕府时期的工厂和矿山,高薪聘请了为数众多的欧美技术人员,引进了一批先进的机器设备。

巨额资金的流入,造就了一大批近代日本的龙头企业。如原幕府所建的模须贺制铁所,经过改建,成为日本军用造船业的中心;佐渡、大葛金矿,院内银矿,阿仁铜矿,釜石铁矿,三池、高岛、幌内煤矿都被改造为国有矿山,并成为民营企业的模范。1872年,内务省土木寮在深川兴建了深川水泥制造厂,成为日本水泥工业的先驱。同年,工部省在东京设立生丝试验所,向全日本推广制丝技术,各地制丝厂纷纷组建,生丝逐渐成为日本出口的大宗产品。

为了提高国民参与殖产兴业的积极性,1877年,日本政府仿效欧美各国的做法,在东京举办了首届国内劝业博览会,目的在于推广各种先进的生产技术和工艺。

发达的铁路交通,是欧美国家迈向现代化的手段之一。佩里叩开日本锁国大门时赠送给幕府的火车模型,引发了日本人的好奇心。日本政府对铁路建设极为热心,不惜举借外债铺设了东京至横滨的铁路。紧接着大津和神户之间、敦贺和大垣之间的铁路也相继由政府修建通车。

至1877年年末,日本国内国营铁路的总长度已达64公里。1881年日本铁路公司设立,随后阪堺、伊部、水户等铁路公司建立,国营、私营并举,铁路长度达2000多英里。

电信同火车一样也是近代文明的产物。日本人在大规模殖产兴业的同时,也没有冷落它。1869年,日本就从英国人手中购买了电报机。第二年,日本国民就开始使用这一先进的通信设施,迅速在全国普及。到1885年,日本全国范围内的电信干线基本形成。

海上运输对于岛国日本而言无疑是件大事。当时日本的海运业和对外贸易基本上被美国"太平洋邮政轮船公司"和英国"半岛与东方航海公司"所垄断。日本"海运之王"三菱财阀创始人岩崎弥太郎,就是在明治政府的扶植下,登上财界大亨宝座的。1870年,工于心计的岩崎弥太郎开创了"九十九商会",以承担土佐藩所有债权、债务为代价,占有该藩应归国有的轮船,专营运输。1874年,日本发动侵略我国台湾的战争时,岩崎弥太郎通过大久保、大隈的关系,独揽全部海运业务,获利甚厚。明治政府还耗资137.68万墨西哥洋元从国外购置 13 艘大轮船，无偿交付给岩崎弥太郎的三菱公司使用，使三菱商会一跃成为日本的海运之王。此后，大久保又通过《第一号命令书》，决定在 14 年内每年补贴给三菱商会 25 万日元资助金和 1 万日元海员训练费。不久，明治政府又出资 81 万洋元，买下行将破产的美国太平洋邮政轮船公司的船只和该公司在横滨、神户、长崎、上海的建筑物和财产等等。在明治政府的大力扶植下，三菱商会羽翼渐丰，逐步垄断了日本海沿岸和对朝鲜、中国的航路，并将触角伸及金融、保险、工矿、建筑、造船、食品等多种行业，成为日本最具实力的财阀控股公司。

应当指出，明治政府在推行殖产兴业国策的过程中，出于富国强兵这一目的和动机，精力和财力更多地倾注到与军事工业相关的领域。明治政府接管政权后，为实现"富国强兵"的目标，全部接管了原幕府经营的工业企业，并逐步加以改造和扩充，初步形成了日本现代化的军事工业生产体系。

东京炮兵工厂。1868 年 4 月，原幕府所有的"关口制作所"被新政权接管，并集中各藩生产武器的机器，加之从英、法等国引进的技术和设备，专门生产步枪武器。日本陆军所用的规定样式步枪——村田步枪就是该兵工厂的产品。

大阪炮兵工厂。1870 年 2 月，新政府接管幕府长崎制铁所，将部分机器设备和工人迁至大阪，创建大阪制造所，后改称大阪炮兵工厂。先后开始生产法国式山炮、野炮、钢铜炮、海岸炮和攻城炮等重型武器。

海军兵工厂。1871 年接收水户藩的"石川岛造船所"，设置兵部省造船局和兵工厂，专事生产和修理海军舰艇和武器。1874 年，又在筑地新设"武器制造所"，将原石川岛造船所的主要机器设备和萨摩藩创办的"鹿儿岛造船所"的机器设备合并过来，加以扩充建成海军兵工厂，主要负责修造海军的兵器。

横须贺海军工厂。1868 年新政府接管了幕府的"横须贺制铁所"。在此基础上成立了横须贺海军工厂。该厂拥有 116 台蒸汽机，动力达 180 马力。熔矿炉及其他铸炼用炉 50 个，有制钢、炼铁、铸造、制造锅炉等车间，是当时最大的规模。造舰技术从 1878 年由法国式向英国式过渡。1883 年为制造铁舰和铁甲舰而开始雇用英籍人员。该厂主要负责制造海军舰艇，先后建成炮艇"清辉"号、"天城"号和日本人自己设计完成的"盘城"号。

在很短的时间内，日本就建成了两大陆军兵工厂（东京炮兵工厂、大阪炮兵工厂）和两大海军兵工厂（筑地海军兵工厂、横须贺海军工厂），分别隶属陆军省和海军省。它们是近代日本军事工业的骨干企业，对于日本军队的现代化、充实和加强日本的国防、遏止西方列强的入侵，发挥了极为重要的作用。

明治政府的主要领导人通过实践以及不断地向西方学习，制定了一套完整的"殖产兴业"的政策，明确提出了依靠国家的力量发展日本近代工业、以实现资本主义工业化的指导方针。日本政府把推行殖产兴业政策作为自己的中心任务，并且为此投入了大量的人力和财力，这从内务、大藏、工部三省三位一体领导体制的人员配备和财政支出可以明显地看出来。在这种三位一体的领导体制下，大藏省主要负责殖产兴业资金的筹措和调配，工部省继续主管铁路、矿山和机械制造工业，内务省经营劝农、畜牧和农产加工。

在劝农方面，创办了内藤新宿试验场、三田育种场和驹场农学校，研究西方的农业方法；在畜牧业方面，创办了驹场种畜场和下总牧羊场；在农产加工业方面，创办了千住呢绒厂、关口呢绒厂、新町纺纱所（绢丝）和爱知纺纱所等现代化工厂。内务省兴办这些事业，首先是为了"振兴出口，防遏进口"，以扭转日本被迫开国后在对外贸易方面年年入超的不利局面，并为引进西方的先进生产技术和设备积累外汇；其次也是为了"厚殖民产、振兴民业"，即通过国家投资，引进西方的先进技术和设备，建立所谓"模范工厂"以发挥示范作用，推动私人资本主义的发展。

明治政府为推行殖产兴业政策，投入了大量的国家资金，平均约占其正常财政支出的 1/5，而在 1883 年则高达 1/4 强，比重之大由此可见。这笔庞大的财政支出，大体可分为三类：行政费用、国营事业费用和扶植私人资本的费用。

除了前面所讲的资本原始积累以外，明治政府为了更多地筹集"殖产兴业"所需的大量资金，还采取大量发行纸币、提高税率和增收新税的方法，大规模地掠夺国民。明治初年，日本政府曾两次在国外发行公债。一次是 1870 年为修建横滨至东京的铁路在伦敦发行 100 万英镑英市公债；另一次是 1873 年为给献出俸禄的武士产业资金，在伦敦发行总额为 240 万英镑的公债。

明治初年虽急需大量的资本，但却很少借外债，同时也限制外国资本家投资日本工矿企业，担心会重蹈土耳其和埃及的覆辙，招致外来的干涉而沦为西方的半殖民地。1879年之后，日本逐渐富强起来，这时才开始较多地借用外债。

在殖产兴业的第一个阶段（1868—1880年），明治政府主要是接管和改造幕藩经营的工矿企业，其中与军事工业有关的企业占极大的比重。明治政府在陆续接管了这些幕藩经营的工业企业之后，不断加以改造和扩充，初步形成了现代化的军事工业生产体系。这些军事工业始终控制在政府的手中，其中大部分属于陆军省和海军省。

工部省接管了大部分从前属于各省的国营工矿企业，并创办了一些新企业。制定《矿山须知书》，明确一切矿藏的所有权和开采权都是政府专有，又制定了《日本矿井法》，强调矿山由国家垄断的目的是保证军事工业的原料。同时，从西方国家购置近代的矿山机械，聘请大批工程技术人员，进行技术改造。

上述这一切，为日本实现产业革命和资本主义工业化提供了物质和技术基础。

1880年11月，以处理国营企业条例的颁布为标志，明治政府的殖产兴业政策开始进入以大力扶植和保护私人资本主义发展为主的新阶段。

从当时国家财政经济情况来看，政府财政收入很紧张，于是决定把经营上连年出现亏损的国营企业出售给民间。从国营企业的经营情况来看，除军事工业外，明治政府创办各种企业的目的之一，是为了"示以实利、以诱民众"。当这些工矿企业在引进先进的生产技术和设备以及培养技术工人方面完成了历史使命后，政府便把这些国营企业售给民间商社。

从发展私人资本经营的条件来看，这些年里，由民间经营的近代工业也有了初步的发展，开始出现了少数拥有一定资金、特别是拥有经营和管理近代企业经验的新型资本家。如川崎正藏、西村胜三和古河市兵卫等。在这种形势下，向近代工矿企业投资已具有很大的吸引力，这就为商业资本和金融资本向工业资本转化创造了十分有利的条件。

从当时日本的政治形势来看，一般资产阶级反对政府以国营为主的经营方针，要求"自由经营"的呼声很高。民权运动家田口卯吉指出："若不遏止政府的干涉，便很难兴起民间事业。"1881年自由党成立大会上又公开提出了争取"营业自由"的口号。一般资产阶级的这种呼声，对明治政府殖产兴业政策的转变也起了重要的推动作用。

1884年7月，政府决定出售国营矿山，规定所有的国营企业均按极低的价格和无息长期分期支付的办法出售。

明治政府处理国营企业时，主要是出售给同其关系密切并因而拥有特权的大资本家以及少数经营近代工业的新型资本家。如三井、三菱、古河市兵卫、浅野总一郎、久原庄三郎、川崎正藏和西村胜三等。这就使原来主要是从事商业和金融活动的大资本家，变成巨大的工矿企业主，从而奠定了他们后来发展成为财阀的基础。

政府在出售这些企业时，索取的价格极为低廉。这不仅表现在对这些企业的财产估价远低于政府的投资，而且表现在有些企业的出售价格又远低于它的财产估价，实际上等于无偿转让。政府按极低的价格和分期付款的办法出售国营企业，使大资本家在几乎无须支付现款的情况下就成了它的所有者，然后再用经营这些企业所获得的利润来分期偿付给政府。而创办这些企业的资金都是政府通过地税掠夺等手段从农民身上榨取来的。

1875—1885年，政府又以"公司补助金"的名义给予大资本家以总额达147.1万多日元的补助金。其中受益最大的是三菱公司、东京汇兑公司和日本铁道公司。三菱公司是日本政府一手扶植起来的一家大航运公司。政府对三菱的保护和补助，使该公司成为能够与外国汽船公司对抗的近代汽船公司。

1877年起，政府又从"准备金"中提取一部分资金，在所谓"贷给银行公司国民"的名目下，贷款给银行、公司和个人，以达到"繁殖物产，防遏进口"的目的。得到贷款的银行有三井银行、横滨正金银行、东洋银行。得到贷款的公司是三菱公司以及全国各府县经营生丝和茶的"直接出口会社"。得到贷款的个人主要是政府的高级官员（如岩仓具视、由利公正等）和"政商"（如涩泽荣一、五代友厚），共29人。政府还在"劝业资本金""劝业委托金"等名目下，给予士族大批贷款，鼓励他们从事开垦、养蚕、栽桑、制丝、纺织等生产活动。

在明治政府的大力扶植和保护下，从19世纪80年代中期起，日本出现了早期产业革命的热潮。到1892年，日本的现代化棉纺厂已达到39家，制丝业也完全实现了生产的机械化。

重工业也初步有了一些发展,私营重工业企业主要是石川岛造船所、田中机械工厂、川崎造船所、三菱造船所和釜石制铁所。这些私营企业同军部有密切的联系,并在它的积极扶植下扩大了自己的经营规模。釜石制铁所由于得到军部的支持,到1892年已发展成为拥有5个熔矿炉、雇用1200名工人、年产7000吨生铁的大企业。

在明治政府把矿山出售给民间后,采矿业主要操纵在三井、三菱、古河等大财阀的手中。他们继续引进先进的生产技术,开始采用蒸汽动力的排水设备,在竖井和斜井中使用机器进行搬运以及普遍利用火药进行爆炸,产量显著增长。以煤产量为例,1892年约达300万吨,是1874年的15倍。

在铁路建设方面,明治初年日本政府采取以国营为主的方针。加快建设的速度,不久便准许民间经营,最早成立的私营铁路公司有关西铁路公司、东京铁路公司和日本铁路公司。

海运方面也有很大的发展,使用蒸汽动力的船舶总吨位,1870年只有15498吨,1893年增加到110205吨。三菱公司始终居于统治地位,它与共同运输公司合并成立日本邮船公司,拥有资金1100万日元、轮船58艘、吨位62021吨,是日本最大的航运公司。仅次于它的大阪商船公司,拥有资金120万日元、轮船95艘、吨位13200吨。这两家航运公司不仅在日本的沿海开辟了定期航线,而且开辟了通往朝鲜、中国和海参崴的国外航线。

从整个经济发展情况来看,自1884年年末到1892年,日本股份公司的数量和资金总额,分别由2392家、10095万日元增加到5444家、28933.4万日元。其中工业公司和水陆运输公司的资金增长速度最快,分别由504.8万日元和689.2万日元增加到6901.6万日元和9474.5万日元。拥有10名以上工人的工厂,由1885年的661家增加到1893年的3019家(其中使用蒸汽动力的有675家),工人人数则由9995人增加到381390人。

在生产迅速发展的基础上,日本的对外贸易也有了显著的发展。1884—1892年,出口总值由3387.1万日元增加到9110.3万日元;进口总值由2967.3万日元增加到7132.6万日元。同时,贸易的内容也逐渐发生了变化。

1882—1892年,在进口商品中棉纱的比重逐年减少,而棉花的比重却不断增加，机器设备所占的比重虽无明显变化，但绝对值却增加了很多（98.9万—401.8万日元）。这说明经过早期的产业革命热潮，日本已初步实现了资本主义工业化。当时日本发展速度之快，在世界上是首屈一指的。所以列宁说过："1871年之后，德国实力的加强要比英法快三四倍；日本要比俄国快十来倍。"他认为日本是一个"年轻的进步非常快的新兴资本主义国家"。

明治维新成功之初，政治体制焕然一新，但经济状况依旧。日本仍然是一个落后的农业国。1874年，日本全国户数的78.7%是农户，农业人口占人口总数的绝对多数。而且，来自农业方面的地税也成为国家财政收入的最重要来源。但落后、低效的农业已远远不能满足新形势的需要，要求改变日本农业国的落后面貌、以商立国的呼声愈发强烈。

明治时期思想家神田孝平就指出：若以商立国，其国常富，若以农立国，其国常贫。东方诸国，是以农业立国的，而西方诸国便是以商业立国的。所以东方各国常常贫困，西洋各国常常富足。西洋诸国的地质虽不相同，不过大都是瘠土，特别如像荷兰、英吉利，因为是近寒带的国度，土地的出产是很少的。然而如像现今的强大富盛，便是赖多年间尽力经营贸易的结果。若西洋各国以农业来立国，那么其国早已自行灭亡了。东方诸国因为地质肥沃物产丰富，虽不专赖工商，也不至于自行消灭，可是有如前所述交易之利，是无限度的，农业之利是有限度的。再者有限没有胜过无限的道理，本来土地肥饶的国度，终于受着土地贫碣的国民所侮辱。真是不堪叹息的事啊！不过，若一旦改变旧法，挟着国有的肥土，更加尽力于工商业。那么，不过数年间，便形成强大富有的国家，岂在西洋诸国之下呢！

抱着这样一种要成为英国、荷兰那样富裕之国的愿望，以增加和稳定国家税收为目的，明治政府1873年开始实行地税改革。主要内容包括：废除对耕种农作物的限制，允许农民自由种植。1871年，政府已宣布解除田园里栽种植物的限制令，允许农民自由栽培桑、棉、茶、漆等；废除对土地转让的限制，允许土地的自由买卖和出租，土地变成私有的，成为一种商品；改革地税征收办法，先将土地按等级规定地价，以土地价格作为课税标准，按地价的3%向取得土地所有权的农民征收地税，不会因年景的丰歉而增减；地税由实物改为交纳货币。通过这样的地税改革，不但使日本农民从封建藩主的剥削和束缚中解放出来，而且，货币地租的实施也保证并增加了新政府的财政收入，推动了日本社会商品经济的孕育和发展。此后，新政府每年80%的财政收入来源于地税，殖产兴业的资金来源也进一步扩大了。

传统日本社会中农作物主要是水稻，当然也有大麦、小麦、大豆、蔬菜和茶叶。农民也种植一些其他的农副产品，如养蚕用的桑叶、靛蓝、棉花等。农民仅仅采购少量生活必需品，如食盐、药和金属制品。几乎所有的日常生活用品基本都是自家或本地生产。农业人口被牢牢地束缚在土地上，不能为城市经济发展提供所需的廉价劳动力和资金。拥有大片农田的地主虽拥有权势、资金，也大都充当肥料商人、当铺掌柜、高利贷商人。地税改革后，土地税成为新政府的主要财政来源。日本全国核定后的地价总额是16.4亿日元，明治政府从中所获新地税额为4955万日元。1878年，地税额为3945.1万日元，占当时国家总税额的80%。因此，从这个意义上来讲，地税改革不但使政府的财政收入增加了，农民身上的负担也有所减轻，对日本资本主义农业经济的发展也较为有利。著名启蒙主义思想家福泽谕吉认为：废藩置县以来，农家的贡税大大地减轻，接着迎逢地税改革的宽典，兼之川城宿驿等的课役也被免除，修筑用道路的烦扰也取消，民众安居乐业真可谓是空前的。现今若就贫者之贫和富者之富比较，诚然是贫困的，不过只就一个贫者来论，不得不说生活情况大有改善了。其他姑且不论，仅看改良食物的性质，采用食米的增加，足可证明一斑了。

必须指出的是，地税改革的主要目的，是为使国家增加税收。日本农民通过地税改革负担减轻、地位发生变化、境遇改善等都是事实。但比起广大人多地少的农户，地主阶级是这次地税改革的最大受益者。地税改革，它仍属于资本主义性质的改革运动，寄生地主的利益不但受到保护，而且仍然可以对佃户进行实物剥削。

国家经济的发展、民族工业的振兴，充足的资金是根本的保证。政策和动机虽好，若没有资金的投入，则仍然是纸上谈兵、坐而论道。

明治政府在殖产兴业方面投入了大约2.1亿日元的巨额资金。这笔庞大的款项对于早已入不敷出的新政权来说，无疑是道难以解开的难题。建立完善的财政、金融体系，为经济发展提供"血浆"，是极为重要的任务。资本积累也是国家发展工业化的先决条件。

明治政府的会计事务挂（后改称会计事务判事）由利公正在负责新政权财经期间，以"振兴产业，发展贸易"为目的，主持发行了4800万两的大政官纸币，分别贷给各藩县1233万两，贷给民间656万两。

1869年2月，大隈重信接管财经大权后，在同年10月又发行了750万日元的民部省纸币，后又委托三井组发行680万日元大藏省兑换券，1872年年初再度发行250万日元开拓使兑换券。由于大量滥发纸币，加上纸币印刷粗糙，易于伪造，各藩所发纸币又极不统一，使纸币价格下跌，通货膨胀状况严重，物价狂涨，民众生活水平下降。1872年，政府接受伊藤博文的建议，陆续设立四家国立银行，继续滥发银行券。对此，19世纪80年代初就任大藏卿的理财专家松方正义忧心忡忡地说：当时我国的整个形势极端令人忧虑，政府的财政收入实值几乎半减，民间依靠公债利息、养老金及其他一定收入来维持生活的人都突然陷于经济困难，利息大大上涨，公债价格极度下跌，各种物价大为上涨……商人迷惑于物价变动的剧烈，都热衷于猎取投机的暴利，毫不顾及实业。需要大资本的大工业由于利息太高竟至无人计划创办。

针对这种现象，松方主张采取金融紧缩政策，整理大量不兑换纸币。松方正义在1881年就任大藏卿后，立即着手整理不兑换纸币，推行新财政政策，历史上称其为"松方财政"。松方藏相通过实行紧缩通货；整理纸币、创设国家银行；增加税收；向私人廉价出售国营企业、促进特权政商资本的形成；保护银行、铁路部门的旧藩主阶层向货币资本家转化；振兴出口、防遏进口、保护民间资本等诸项政策，为日本近代资本主义经济的发展、原始资本积累的完成，提供了保障体系。

明治政府尽量避免借用外债，以免外资控制日本。因此，主要是在国外发行公债。1870年为修筑东京至横滨的铁路，在英国伦敦发行100万英镑公债，折合日元488万元，利息超过正常4—5厘的1倍，高达9厘，以海关税和铁路收入作为偿还保证。

1873年，明治政府为给武士阶级发放产业资金，再一次在伦敦发行240万英镑的公债，折合1171.2万日元。利息为7厘，偿还期限为1877年。

明治政府在国内也先后发行了各种名目的公债，以弥补自身资金的不足。如1874年3月发行了"秩禄公债"、1876年8月发行了"金禄公债"，总额近

2亿日元，这两笔公债专门用以赎买封建大名和武士阶级的特权。

1878年，政府发行1250万日元的"创业公债"，所得资金主要拨给工部、内务两省和开拓使以及各府县，主要充作劝业资金。工部省用此项资金进行铁路建设和矿山开发；内务省则用这笔资金修建港口和公路以及从国外引进棉纺机。1883年，政府又发行了总额为2000万日元的铁路公债用于修筑中山道铁路之用。

明治政府在资金极端缺乏的情况下，通过在国内外发行公债，"给货币赋予生殖能力"，筹集到一定数量的资金用于殖产兴业，对于日本建立近代资本主义工业体系是有益的。在筹集殖产兴业资金、减轻政府财政负担方面，改革武士阶级俸禄的家禄奉还制也是重要的举措之一。

引进技术人才等方面，明治政府也有一些举措。日本的文化体系本来就是一个较为开放的体系，对外来的文化的吸收有利。当明治政府将富国强兵、殖产兴业、文明开化等确定为基本国策后，模仿和学习西方便成了整个民族的头等重任。大规模的学习、引进可以分成两类，即智力（人才）引进和技术、设备的引进。

所谓智力引进，就是将西方国家的专家作为培养日本现代化的"保姆"加以雇用。日本政论家德富苏峰曾不无夸张地说："使现在的日本开动起来的是2000名外国人。"明治政府为了尽快步上富国强兵之路，在雇用外国专家方面不遗余力。在政府聘请的外籍专家和技术人员中，直接涉及殖产兴业的人数最多，1872年占70%，1876年为50%左右。为了使这些来自先进国度的专家、技术人员安心在日本工作，明治政府给予他们的待遇极高，其薪俸一般超过本国的高级官员。如当时太政大臣三条实美的月薪仅800日元，而一英籍专家月薪却高达2000日元，为太政大臣月薪的2.5倍。至于外国专家同普通日本公务员的薪水相比，其差距更有天地之别。因此，许多机构或单位的经费中很大一部分是用于支付外籍专家的工薪，如东京帝国大学1877年的经费总额为282035日元，而支付给外籍教师的薪俸是98279日元，占总经费的1/3。明治政府在高薪厚待这些外国专家的同时，也严格管理。一般来说，政府同受雇者要签订合同书，并规定其不许奸淫、打架、留宿外人、经商、走私等。

绝大多数受雇外国专家都能忠于职守，热心工作。得益于这批外籍人员的协助，日本很快步入现代化的轨道。这也是日本在短期内实现富国强兵的原因之一。

引进外国先进的技术工艺在日本殖产兴业过程中作用也不小。明治维新前夕，幕府和各雄藩创办了一些新式工业，但无论从规模还是技术工艺方面都相当落后，尚处于"真正的工场手工业时期"。明治政权接管这些企业后，便大规模移植西方近代产业和经济制度。

东京炮兵工厂曾聘请德、法、比利时三国的专家进行指导，并从西欧各国进口机器设备。大阪炮兵工厂也是在引进外国技术和设备后，制造出法式山炮。矿山业也大量引进外国采矿设备和技术，聘请外国矿业技师指导开采。

日本近代轻纺工业也是在大量引进西方设备和技术的基础上建立发展起来的。如内务省创办的千住呢绒厂、新町纺纱所、富冈制丝所、爱知纺纱所和广岛纺纱所等。由大久保亲自提议建立的千住呢绒厂，其第一任厂长井上省三曾留学德国学习毛纺和染织技术，建厂时又专门从德国进口了毛纺机、毛织机、整纺机等全套毛纺织设备，并聘请了5名德国技师予以指导。

该厂成为日本近代轻纺业的龙头企业。1878年，明治政府从英国纺织业名城曼彻斯特进口全套2000锭纺机设备两套，开办了爱知纺纱所和广岛纺纱所。

1879年，内务省决定动用"创业资金"22万日元，从英国订购了10套2000锭棉纺机器，然后按10年分期摊还的条件，出售给有志于兴办棉纺业的私人资本家。这是日本从西方国家大规模移植近代机器棉纺工业的起点，1880—1885年，日本各地陆续建立起一批拥有2000锭到9000锭的棉纺厂。在移植西方近代产业的同时，欧美国家的资本主义经济制度，如股份有限公司（日本称"株式会社"）、银行制度、近代货币制度、近代公债制度、近代保险事业等也渐次移植到了日本，在日本生根开花，促进了日本的现代化事业。

第五章 财政改革和金融

第一节 财税政策

日本税收制度的确立经历了一个由简单到复杂,由低级到高级的发展过程。以明治维新和第二次世界大战为界,日本税制可划分为古代税制、近代资本主义税制和战后现代税制三个发展阶段。古代税制主要模仿了我国唐朝的"租庸调"制,是以土地、人口等为课税对象,属简单、原始的直接税制。近代税制受大陆法系影响较深,是以烟、酒等间接税为主的间接税制。第二次世界大战后,日本同美国的经济往来频繁,尤其是"肖普建议"后,日本税制更接近美国税制,是以所得税为中心的直接税制。至1987年税制改革,日本政府既采取了减税政策,又增设消费税,提高了间接税的比重,表明日本以所得税为中心的税制正在向非所得税中心化的方向转变。

与其他发达资本主义国家相比,日本租税立法有着鲜明的特点,主要表现在以下几个方面。

1. 因势利导,及时修改。自明治维新以来,日本政府先后进行了11次比较重大的税法修订工作。如1875年,将国税与地方税分开;1887年,引入所得税;1941年,将法人税独立为一个税目;1950年,确立"肖普税制";1987年,设立消费税等。

2. 租税法定主义和公平主义。明治维新前,封建体制下的租税无法律依据,统治者为了自己的需要而随意征敛,国民纳税负担沉重,也谈不上公平税赋。

明治维新后,《日本帝国宪法》虽提出了"无法即无税"的原则,但这一原则受到军国主义的干扰和破坏。日本政府为筹措军费曾大肆增加税种,提高税率。战后,日本经济、政治的民主改革,摧毁了封建主义和军国主义。1947年《日本国宪法》第84条规定,新课租税或变更现行租税,必须有法律或法律规定之条件作为依据。第14条第1款又规定,任何国民在法律上一律平等,其在政治上、经济上或社会上之关系,不得因人种、信仰、性别、社会的身份及门第而有所差别。这两条确定了租税法定主义和公平主义的原则,给国民经济生活和法律生活以法的安定性和可预测性。

3. 由大陆法系转向英美法系,融英美、大陆法系为一体。明治维新时期,日本在西方列强的压力下,实行"泰西主义",仿效法、德两国,制定了刑法、民法、商法、宪法、诉讼法,形成了日本六法。其税制也深受影响,在1887年引入所得税。第二次世界大战后,美军进驻日本,日、美经济往来频繁,英美法系的影响逐渐加强。在1987年税制修正中,既采取了英美降低所得税税赋形式,又引进了西欧各国的增值税(消费税)。形成了以英美法系为主,融大陆法系为一体的特点。

4. 利用租税特别措施引导产业投向。日本政府一方面严格执行宪法确定的租税法定主义原则。另一方面,又根据法律制定了一套灵活的租税特别措施,以引导产业投向,促进产业结构的调整。与其他发达资本主义国家相比,日本租税特别措施更具有经济政策的目的性,范围广、项目多。根据不同时期经济发展需要而实行各种灵活的、程度不同的租税特别措施来促进资本积累和投资,已经成为日本税制的一个显著特点。"与其他国家相比,日本在利用减免税措施鼓励私人投资方面总是遥遥领先的。"

5. 中央集权分税制。以国税为主的中央集权下的地方分税制。战后日本国税收入占税收总额的2/3,地方税占1/3。但在税收支出上却相反,地方占2/3,中央占1/3,国税收入大部分集中在中央手中。因此,从整体上看,日本税制是倾向于集权化形式。这种集权化形式有利于中央以较大的财力加强对经济的宏观管理。如国家对重点工程、项目、文化教育、社会福利等公共事业的投资,对租税特别措施的运用等。但是中央又不便于具体代理地方支付各项财政开支。因此,日本又采取了分税制形式,设立了地方税,允许地方在权限以内开征地方税种、税目、调整税率等。使地方发展有自主权。由于地方税在税收总额中的比重过低，地方财政常常入不敷出。为了弥补地方财政的不足，日本又设立了交付地方税、地方让与税、国库补助金的制度，将国税收入的相当一部分转让给地方。这样，国家既可以掌握大部分财政收入的主动权，又可以通过交付税、让与税和补助金支持地方事业的发展，调整贫富不同地区的财政力量。对于岁入少的地方，多拨税款；岁入多的地方，少拨税款。既控制了地方，又有利于整个国民经济的均衡发展。

另外，日本在强化税收征收管理上也有一套行之有效的做法。税收是国家对国民收入进行再分配的一种手段，也是国家财政收入的主要来源，而汲取财政能力是最主要的国家能力。为保证稳定的财政收入，防止税款流失，日本政府不断改善租税管理体制，强化征管手段。主要表现在以下几个方面。

1. 实行税理士制度，有利于税法的贯彻执行，降低租税成本。日本税理士制度是由明治维新时期的税务代办制度演变而来的。1942年，日本首次在全国范围内颁布了《税务代理士法》，规定了代理士的资格、权利与义务等内容。1951年又修改了该法，将"税务代理士"改为"税理士"，进一步明确了税理士的使命，扩大其业务范围，增加了税理士考试和注册制度，后又经1956年、1961年、1980年的3次修改，形成了现行的税理士制度。税理士是指根据税理士法以公正的态度对待纳税者，负责税务代理、税务文件的撰稿、税务咨询等业务的职业会计。税理士必须是税理士考试的合格者、据特别规定被豁免税理士考试者或具有公认的会计师、律师资格者。具有以上资格者，在日本税理士会联合会的税理士花名册上经过各项登记的人被称为税理士。税理士法上所规定的税理士业务为：税务代理、税务文书的编制、税务咨询、会计业务。税理士的业务在税理士法第2条上规定，可以进行"税务代理"的业务。税务代理是指，以税务署的税法等为基础，从事申报、申请、请求、呈报、报告、申告、不服上诉等。有关税务署的调查、处分，应向税务署提出意见，进行陈述。税理士依此条文，站在税务署和纳税者之间实行税务代理。税务文书的写成，是以税务署的申报书、请求书、不服上诉书及其他有关租税的法令、规定为基础，写成向税务署提交的承包书、报告书、辩护书、申诉书、计算书等文件。这是规定范围内税务文书的写成。税务咨询是指，根据税务代理条例对税务署进行申报等，对税务署所持主张及陈述有关的咨询，接受有关租税的课税标准等计算方面的咨询。

2. 实行申报纳税制度，促进中小企业健全账证制度。战后以来，日本实行申报纳税制度，由纳税人自己计算税款，填写纳税申报表，经税务机关审定后，自行到指定银行或税务机关交纳税款。经税务机关审查批准，凡账证健全，记账正确真实，申报纳税一贯守法的纳税人，使用蓝色纸张的申报表，并给予多种优惠，如将其申报表的计税所得额无条件扣除 10 万日元；在资产评价、损失列支、法人税额扣除等多方面给予优惠；对其申报审查也较简单，给予纳税人充分的信任。反之，使用白色纸张申报纳税的纳税人则不能享受上述优惠待遇，对其申报审查也较严格。必要时，税务机关还要对其经营情况进行调查。这样，可促使经营者，尤其是中小企业健全账证制度，依法自觉纳税。

3. 重视执法，强化税务检查和监察制度。日本税务机关从内部机构设置、人员职责上将税收管理与税款征收分开。大约有 60% 的人员负责申报审查和对纳税人一般逃税案件的调查工作，40% 的人员负责税款征收工作。从 1948 年开始，日本国税部门就建立了旨在强化税务调查的"检查制度"，设立了税务检察官。全国有 11 个国税局，现有检察官 950 人。其任务是查处偷、逃税行为。此外日本还设有税务监察部门和国税不服审判所。税务监察履行对税务官员的举报，监督以税谋私等违纪案件的查处职责。国税不服审判所则负责审理、裁判纳税人与税务部门在征纳问题上发生的既不触犯刑律又不违纪的纠纷案件。

4. 重视税法宣传，提高国民纳税意识。日本政府非常重视税法宣传和税收知识的普及工作，开展了广泛、细致、多种形式的税法宣传活动。如利用广播、电视、报纸等舆论工具进行税法宣传。税务机关将税法基础知识、纳税常识等方面的税收知识印成书籍、杂志、小册子，免费赠送给纳税人。全国各地税务机关均设有接待室，配备一定数量的专职人员接待来访纳税人，并设有电话、电脑答复纳税人的咨询，宣传税法。国家还规定每年 11 月 11—17 日为全国税务宣传周，在全国范围内以国税厅为主，地方税务机关配合，利用宣传画、标语、纳税人座谈会、税务咨询等形式，广泛宣传税法。日本大中小学都开设了税收课程，对学生普及税务教育，并由国税厅、地方税务局、教育委员会及学校校长组成了"税务教育促进协会",负责组织这方面的工作。

明治维新时期,一方面国家处于"百废待兴"时期,急需确立稳定的租税体制;另一方面由于租税是立国的根本和关系到民心向背的极其重大的事情,在迫切的财政危机和农民要求土地革命的巨大压力下,明治政府决心实行税制改革,其主要内容是地税改革。

1870年6月,集议院判官神田孝平即提出《田租改革建议》,主张废除土地买卖的禁令,并建议颁发地券(土地执照),申报买卖地价,按地契价格确定地价,按地价征收货币租税等具体可行的改革方案。1872年5月,神奈川县令陆奥宗光也提出了《田税改革建议》,提议根据土地肥瘠程度和水利条件差别来确定法定地价,然后按法定地价征税,即收益地价方式。神田孝平的地契方式和陆奥宗光的收益地价方式,构建了地税改革的雏形。

1872年年初,大藏省先在东京府内颁发地券,将地税定为地券金额的2%。3月,太政官明令解除土地买卖的禁令,允许一切人自由买卖土地。这是一项具有重大历史意义的变革,以法律形式确定了土地私有权,从而废除了封建藩主土地制。之后,地券发行普及全国。据此还确立了一地一主的原则,采取调整永久佃耕的方针。壬申地券的发行为地税改革做好了前期准备工作。

1872年8月,大藏省租税寮内新建立了地租改正局,陆奥宗光与松方正义分别担任租税头和租税权头职,主持地税改革。1873年4—7月间,大藏省召开全国地方官会议,讨论地税改革。7月28日,政府颁布《地税改革法令》和《地税改革条例》,宣布在全国实施地税改革。

《地税改革法令》是地税改革的纲领,宣布"原有田地贡纳之法悉皆废除""地税可按地价百分之三规定之";"从前由于官厅及郡村所需经费等而课于土地之份额,一律改按地价征课。但其金额不得超过本税金三分之一"。

《地税改革条例》的内容要点是:(1)地税的标准:课税的基准不是石高(即收获量),而是土地的价格(地价);(2)地税的税率:税率与丰收、歉收无关,以地价的3%为定率;(3)地税的形态:不是纳物(纳米),而是纳钱;(4)征税的对象:纳税者不是土地耕作者,而是土地所有者。

地税改革始于1873年年底,至1881年基本完成。通过地税改革,实现了实物地租向货币地租的转变,确立了日本近代土地所有制,保证了国家固定的财政收入。地税改革也给地主加大剥削量和兼并土地提供了有利条件，因而从中受益的不是广大农民，而是新兴寄生地主阶级。农民的租税负担有增无减，终于引发了大规模的减税起义。和歌山茨城、三重、爱知、岐阜等县都有农民起义，政府使用暴力进行镇压，受处罚者逾五万人之多。但政府被迫宣布：土地税标准从地价的3%降为2.5%。在斗争中取得胜利的农民自豪地说："竹枪一挑，挑出个二分五厘。"

封建俸禄制度给新成立的明治政府造成了沉重的财政负担。明治政府通过削减、赎买的方式，分三个步骤逐步废除俸禄制，从而剥夺了武士阶级的经济特权。这一过程总称为"秩禄处分"。

奉还版籍后，明治政府即开始着手改革禄制。规定以藩收入的1/10作为藩主的家禄，使藩政与家政脱离。随后又实行"禄米制"，规定以廪米（库存米）支付俸禄，不再从藩收入中支付，使俸禄脱离领地贡租，改变了封建俸禄的性质。

1872年12月，发布了家禄奉还规则，命令家禄、赏典禄不满百石的人献出俸禄。次年又命令百石以上的人献出俸禄。献出俸禄者，政府发给产业资金，现金、公债各半。其中世袭禄给六年份额，终生禄给四年份额。家禄的兑换公债通称秩禄公债，发放的第三年开始抽签偿还。由于大多数士族的就业状况不佳，"迅速陷入贫困者十之七八"，因而1875年不得不停止奉还。

地租改革后，实物地租改为货币地租。1875年9月明治政府宣布实行"金禄制"，即将禄米改为货币俸禄，按1872—1874年各地市场平均的米价，以现金支付俸禄。这是实施金禄公债证书的前奏。

第二节　金融政策

1876年3月，大隈重信从产业金融利益出发，奏请废除俸禄制，发放金禄公债。大隈的主张虽然遭到同情贫困士族的木户孝允的反对，但全面废除俸禄制度已是势在必行。

同年8月，政府颁布了《金禄公债证书发行条例》，命令所有领取俸禄者一律献出俸禄，然后发给一份金禄公债证书，即强制将货币俸禄的现金支付改为发授公债证书，一次处理完毕。按照上述条例规定：拥有1000日元以上的高额家禄者，发授6—7年禄量的公债证书，利息5分；拥有100日元到1000日元者，发授7—10年禄量的公债证书，利息6分；拥有20日元到100日元者，发授10—13年禄量的公债证书，利息7分，规定都以公债一次支付完毕，今后不再支给。所发的公债，从第6年起，每年以抽签方式偿还，在30年内偿清。

  秩禄处分大大缓和了明治政府的财政危机。但少数华族和上层士族获利颇丰，转化为资本家或新兴地主，但大多数士族阶层却日趋分化没落。殖产兴业是明治政府利用国家权力和资金，带动、发展资本主义的经济改革政策。1868—1885年，明治政府用于殖产兴业的资金，占财政支出的1/5左右。

殖产兴业政策的制定，最早可以追溯至1868年的《五条誓文》。其中的第二条"上下一心，盛行经纶"，即指发展国家财政经济。这是越前藩的藩士由利公正在《五条誓文》的初稿中首先提出的。由利曾在安政年间主持过越前藩的财政改革，他认识到"扩大藩内的物产，是使民富之术，而民富国亦富"。因此把"士民一心，盛行经纶"，即政府在地主、资产阶级的协助下，发展国家财政经济的主张写入了《五条誓文》。由利的主张在当时很快便达成了共识。因为在幕末西南强藩的藩政改革过程中，长州藩就已积极推行自上而下的扶植资本主义发展的政策，萨摩藩也在五代友厚的建议下，认识到实行"富国强兵"和"殖产兴业"政策的重要性。而资金是实施殖产兴业政策的首要问题。明治政府依靠国家政权力量，多方筹集资金。其途径主要有：大量发行纸币；发行公债；征收地税；废除武士俸禄制度；发动对外侵略战争等。以下分八个方面整理明治时期财政改革历程。

  1. 太政官札和首次通胀。明治维新并不是一帆风顺的，而是一开始就伴随着一系列混乱，明治维新以前日本是幕藩体制，幕府作为诸藩的首领，因为地盘最大而最有实力。然而之前的幕藩财政困难已经达到十分严重的地步，首先是自古代产生的四公六民征税制难以维持，由于各藩都在增加军备以应付彼此间的争端，

  每年要花掉50%乃至更高的收入在人手，即武士的俸禄上。大炼钢铁，造炮、造船、造火车等产业投资也花费巨大，导致经费严重不足，因此不停地压榨农民。萨摩藩达到八公二民之多，导致农民大量破产。经过戊辰战争，维新军击败了幕军之后，虽然接收了幕府的地盘，但是幕府并不是一个中国式的

中央政权，幕府只是一个藩国而已，只不过这个藩国实力最强。接管了幕府地盘的明治新政府实际上只能直接控制 1/4 强的土地和税收，而非全日本的土地和税收。为使日本团结成"一个国家"，需要大力推进"富国"事业，这些事业带来了财政上的大量支出，而现实中这些"富国"事业大量赔钱，实际上是"贫国"项目，不能给财政带来收入。此外，由于内战，政府和各地方大名都借了很多钱，整个日本的财政状况极其糟糕。

2. 第一次大隈重信改革。严重的通货膨胀不但没能使政府摆脱财政危机，反而让危机加剧，由于货币系统的混乱，不但百业凋敝，政府本身赤字成山。明治政府不得不转向从直属的 1/4 领地增收地租，加租的结果是农民造反。日本真壁地方的农民因为官府强行推行太政官札而发动暴乱，结果引发附近地区不满民众的连锁暴乱。此暴乱被称为真壁暴动，轰动一时。直接负责的财政大员们遭到了各界的猛烈批判，最后由利公正下台，大隈重信任主计挂。大隈重信接手后决心恢复货币秩序。上台伊始就实行由一系列法律条文组成的日本最早的货币法《新货条例》。根据《新货条例》的精神，大隈重信会同太政官三条实美实行了被称为大隈改革的一系列措施，大隈企图通过这些措施来挽救严重的通货膨胀，稳定经济秩序，消除财政赤字。首先是成立造币局，改进造币技术，以求将伪钞逐出市场。然后发行日元纸钞。明定太政官札和藩札可以以 10 进位制兑换日元，消除货币系统的混乱。接下来是改进纸钞的流通，此时是 1869 年，当时太政官札比价已经到了荒唐的程度，中央地区从能换 150—170 太政官札涨到 185—200 以上，地方上甚至出现干脆拒收太政官札的现象。面对这种现象，大隈重信认为这是由于太政官札面额太大，政府缺乏小额硬币导致的。为了解决该问题，大隈重信采取以下手段：首先是回收太政官札，允许以太政官札兑换金币，限期兑换。未能兑换的以每月五朱（5%）支付利息。接下来发行面额较小的民部省札（2 分、1 分、2 朱、1 朱）来健全纸钞体系，帮助流通。民部省札总共发行 750 万两。而且一种幕府时期流通的被称为二分金的小型金币被允许继续在市场内流通，帮助货币流通的活跃。与此同时，大隈重信综合了东亚经济圈银本位的特点、国际市场银圆大量通行的现状以及政府金币不足的窘况三点，提出日本应建立银本位制度，并着手准备在横滨开港，铸造银币。

3.大隈重信改革的成果和问题。大隈重信的举措开始时很不顺利,首先是造币局发生火灾,印制预备发行的日元的设备被悉数烧毁。发行日元去除伪钞的计划不得不推迟;同时,由于政府尚无足够能力压制各藩,大隈重信的改革遭到了地方的抵制。因此藩札仍然不停地被印发和通行。各种纸币都在政府的控制区通行,百姓叫苦不堪,由于明治政府不尊重民主权力,强令推行,同时也因为人们对金币不予信任,以至于信用扫地。当时各藩不但发藩札,还私铸金币,总数达十二三种之多,成色很差,还有混铜的。政府纸钞信用最终在两年内初步建立起来,大隈重信也因此升官。

大隈重信的改革问题很多。首先是币值倒挂的问题,长期以来,特别是幕末,由于金银比价跟国外脱节。黄金外流现象一直存在。这种现象导致了政府金币不足。面对这种情况,大隈主张实行银本位制。以银为本币,金为辅币,发行法币,即以太政官札和民部省札来主导民间经济活动。结果他的做法遭到民部少辅、长州藩士伊藤博文一派的反对。伊藤博文曾是长州藩兰学馆的佼佼者,一向崇洋,是明治维新时期各种"洋跃进"的主力旗手。出于让日本快速现代化的愿望和贪污的驱使,伊藤博文力主日本建立金本位制,认为金本位制是西方各国,特别是美国的货币制度基础,是文明国家的象征。只有实行金本位制,向美国和西方一样允许纸钞自由兑换本币,日本才能被称为文明国家。但是大隈重信对此不置可否,仍然准备建立银本位制,结果遭到伊藤博文领导的长州派的抵制。大隈重信建立银本位制的计划落空但又不甘心,决定建立"金银复合本位制度"这种不明确的制度,加上本已存在的币值倒挂,黄金不断外流,本币中黄金准备金不足,使得黄金和白银不可能同时成为本币。在维新后实行开港,大量墨西哥银币从国外涌入日本,并变成了主要交换手段。加上大隈重信本人对银本位的重视,这种金银复合本位制度名义上是金本位,实际上是银本位。这就出现了一个问题,由于世界上银矿山的进一步被开发,银价日跌。日本国内金银比价与国际持续脱钩,银本位还是无法解决币值倒挂问题。金币仍然遭到不法兑换,并持续外流。而且政府本身仅控制1/4的土地和税收,而伊藤博文、五代有厚等人大搞洋跃进,花巨款引进西方机器,还高薪聘请技工,搞了不少贫国项目,使得政府财政入不敷出。

由于货币的混乱,伪钞的泛滥,黄金外流,贫国项目的资金缺口,虽然纸钞信用初步建立，但对明治政府的财政危机并没有太大的缓解作用。财政困难仍然严重威胁到新政府的稳定。经济秩序混乱，社会动荡不安，民众生活贫困，以至于出现大量面黄肌瘦、营养不良的"欠食儿童"。第一次大隈改革并没有取得预想的实效。

4. 井上改革。大隈重信之后由伊藤博文的手下，长州藩士井上睿接替，当时财政状况虽然因为纸币推行而有所好转，但是问题依旧存在。洋跃进产生的贫国项目还在给财政制造赤字。例如1870年建的铁制高鹿桥，花费了大阪府的税金17549两，而第二年架设的是此铁桥长度3倍的木制天满桥，才花费了4934两。前者因为采用的是先进铁结构，是后者1/3的长度却花费了3倍半的税金。还有就是根据"富国强兵，殖产兴业"政策建设起来的52家国营模范工厂，其中较著名的有富冈制丝厂、新町纺织所、千住制绒所、大阪炮兵工厂等。这些国营工厂并不是为了营利目的而建设的，而是作为展示品，向其他同行业企业展示，借此推广技术。以富冈制丝厂为例，由于当时欧洲蚕病流行，丝织业大受打击，因此日本丝织业备受重视，被认为是关键创汇产业。但是由于当时日本丝织品良莠不齐，国际市场口碑很差，而且产量很低，为了建立近代丝织工业，树立日本丝织品的名声，由民部省牵头并主办了富冈制丝厂，引入法国机械，聘请洋人教习，尝试改善丝织品的混乱情况。还组织了全国纺织业的各家公司来参观实习，进行技术传播、推广和统一。

本来不是为了营利目的而成立官办工厂，为了能展示全套技术，把工厂的规模铺得很大，导致工厂自成立以来账目都是赤字。更有甚者，基于把大阪变成现代化都市的愿望（大阪当时是对外开放港口，被认为是日本的脸面），1872年在大阪街道上设置了1475座玻璃灯台，实施亮化工程。而当时没有电力，只能靠油灯，这些灯设置和维护的费用又非常高。以高鹿桥，富冈丝厂和路灯为代表，出于富国强兵的目的而成立的一系列国营事业，事实上都成了造成大量赤字的贫国项目，这些赤字都得由政府财政买单。财政面临的另一个挑战是伪钞泛滥成灾。由于太政官札等纸钞技术不复杂，仿造非常容易，结果伪钞横行全国，造成很大混乱，政府收税时收到许多伪钞。与此同时政府能控制的地盘只有1/4，这本身决定了政府收入很少，财政必然紧张。藩札的通行也成为严重问题。政府收税时拒收藩札，只收政府纸币和金银币，结果民间怨言四起，地方藩国也十分不满。另一个财政问题是大隈重信没有有效阻止金币的流出。而由于国际上银矿山的不断开采和新矿山的发现，银价下跌，银本位制难以支撑，兑换黄金和相关的投机倒把活动仍然猖獗。发行的太政官札和民部省札这些不兑换纸币本身也在支持通货膨胀。

井上从大隈重信手中接过来的是一个局势稍好的烂摊子。面对种种问题，井上决心改革。首先是重设造币寮，从我国香港购买印钞机器，印制发行面额比较全的明治通宝，也就是最早的日元。包括从 100 元到 10 钱等 9 种面额，继续完善《新货条例》。规定用明治通宝兑换太政官札、民部省札和藩札，这些回收的纸币一律烧掉。但是太政官札仍然没被明令废除，这种法币仍然被明治政府奉为解决财政困难的法宝而得以发行。

第二是改革行政体制。宣布"废藩置县"，原来日本是藩府县三重体制，而新政府现在彻底把藩废除，一律改为府县。这样明治政府就在名义上统一了全国，拥有了在全国收税的能力。原有的藩札被明令废除和禁止，市场上的藩札兑换为明治通宝。

第三是地租改革，作为政府的主要收入来源，地租对于明治政府来说是至关重要的。由于《安政条约》的存在，日本无法收关税，因此地租就成了财政的主要来源。但是原来收取地租延续幕府时期的贡租体制，即收米为租，出售后在市场上换取钱作为收入。收米为租有以下不足，第一是因为多年不曾检地，实际产量和收租量误差很大，瞒产现象很多。政府统计大约有 3200 万石，实际上达到 4960 万石。第二是因为市场波动很大，价格时常动荡，导致政府收入也时常动荡。第三是由于收取贡米时需要大量人手甄别米的好坏，并完成收受和入库等一系列措施，这些事反而需要政府投入大量人力物力来应付。因此井上等人决定改收货币地租，农民一律卖米后缴纳货币地租，米地租被废除。地方上的收获量成为征税标准，土地的拥有者为纳税人，税率定为 3%。

井上的改革一开始取得了很好的效果。明治政府的财政状况得到一定缓解。但是因此引发的后遗症也不少。虽然造币寮的明治通宝遏制住了伪钞的泛滥。但是造币寮也同样印发太政官札，通货膨胀逐渐严重。市场上的多种纸钞仍然给货币体系造成了混乱。

废藩置县的改革表面上看起来新政府的财源扩大了，实际上虽然政治上带来了统一，社会上带来了四民平等、人格一致，但是在财政上却带来一个个包袱。废藩置县带来了以下问题：首先原来各藩由于戊辰战争和维持长期军备已经是债台高筑，现在因为政府承诺接手各藩债务，并将藩主列为华族，所以各藩对这项改革没做什么抵抗。于是在裁撤各藩的时候各藩的债务被政府接收，这给政府财政增加了很大的负担。其次是各藩的武士安置问题。各藩的财政开支最多的就是各藩武士的俸禄，政府也把这些接收了进来，给财政又背了一个包袱。原本武士的俸禄每年占据财政支出的30%，接收后一度占据了政府支出的70%。

地租改革带来的后果是农民的破产，由于农民被迫独自面对市场风险，而税负又加重，相当于收获的34%，导致破产不断。而破产后的农民土地被没收，这使得农民极度不安。因此，日本出现了一系列动乱，比如较著名的伊势农民暴动。出于反抗没收土地政策的愿望，日本伊势地区农民自发行动起来四处抢劫稻米，烧毁钞票，导致全国骚动，以至政府不得不出动军队镇压。这类暴动直至1880年仍然有。土地产量重新计算的工作由于测量手段不准确而进展甚微。地税的增加仍然比较有限，瞒产现象仅得到部分纠正。

井上改革的成效是不可否认的。明治政府的财政在他手中终于恢复了秩序。井上也因此升为大藏大辅。大权在握、雄心勃勃的井上决心通过改革彻底解决明治政府的财政问题，他实施了以下措施：

（1）废除藩债。各藩的债务被政府继承后，给政府造成严重的财政问题。井上认为藩债是财政的大包袱，决心首先解决。当时各藩债务众多，仅政府承认的就有7813万日元之多。面对偿还藩债的问题，井上宣布3927万日元的藩债政府不予偿还，而剩下的3886万债务则仅立即偿还400万元，分期带息偿还1282万，50年无息偿还1122万。

（2）俸禄处分。对于武士俸禄造成的政府负担，井上制定了一个秩禄公债计划，根据原来各藩武士俸禄高低而发行面额不同，政府支付固定利息的债券来代替原有的俸禄。井上认为靠这笔利息，就可以维持武士的生计，而武士也可转为食利阶级。这套办法在后来得到大藏卿大久保利通的赞同和强力推行。

（3）颁布国立银行条例，建立银行。井上睿任内完善了《新币条例》，宣布将采用1美元纯金含量23.15克拉作为1日元金币的本位货币制。出于打击投机倒把和伪钞、建立金本位制的需要，井上睿于 1872 年颁布《国立银行条例》，成立国家银行。规定不可兑换的纸钞逐渐改为可兑换的银行券（明治通宝），不可兑换的纸钞改为由国立银行全权兑换。1873 年涉泽荣一成立日本近代第一家国立银行——第一劝业银行（原名帝国银行，现瑞穗银行前身）。通过设立银行而实行金本位制，以此遏制金币的外流。随着国立银行条例的推出，日本很快出现了 153 家银行，帝国银行作为总行开始回笼纸币。

（4）建立准备金制度。井上规定明治通宝须有一定比例的准备金才予发行。井上的这些措施取得了很好的成效，在他的领导下通货膨胀得以遏制，伪钞现象减少，流通领域的混乱得以消除，经济秩序得以恢复。井上改革缓解了政府的财政危机，使得明治政府建立起了在经济和财政上的权威。

井上改革未能解决以下问题，并产生了某些新问题。首先是金本位问题，作为长州派的井上力图建立明治通宝的信用，将原来的不可兑换纸币变成可兑换的银行券。这不但使他跟肥前派的大隈重信产生了矛盾，而且也不符合当时日本的国情。当时东亚经济圈仍然是银本币经济圈。金本位给外贸带来了一些问题，而且作为金本币的准备金，由于幕府时代到大隈时代金的持续流出，使得准备金不足以支持金本位。井上没有解决最根本的国内金银比价与国外脱钩的问题，而井上的后台伊藤博文则出于现实考虑主张通过金为国币（国内用金），银为外币（外贸用银）来建立金本位。金银复合本币体制并未改变。黄金的外流虽然得以遏制，但是并未完全堵住。投机现象仍然盛行，而民间的商业却因为井上的货币回笼政策和不计代价的金本位而受到了打击，置产兴业一时陷入低潮。

与此同时，伊藤博文、大久保利通还有五代有厚等人的贫国项目和"洋跃进"得以大力推进。尽管通过废藩置县，没收了各藩的土地，财政还是入不敷出。井上打算废除太政官札的努力也在大隈重信的抵制下夭折。政府不但没有废除太政官札等不兑换纸钞，而且还时有发行。这使得通货膨胀速度虽减缓但是仍然持续上升。

5. 第二次大隈重信改革。1873 年，井上睿被江藤新平追究贪污罪行而辞职。肥前派的大隈重信重新上台任大藏大辅。大隈重信上台之后否定了井上的做法。首先，大隈认为黄金本币外流造成准备金不足是因为银行发行可兑换银行券，导致民间不停兑换政府的金币。这种财政政策会造成资金短缺，不利于当前的工商业发展，因此他上台后立即修订《新货条例》和《国立银行条例》。将明治通宝由可兑换银行券改为不可兑换纸币。各银行停止用明治通宝兑换金银正币。为解决商业发展所需的资金问题，大隈大发纸币。上任伊始他就宣布增加20%的明治通宝发行量，原有的太政官札等仅可兑换明治通宝而不能兑换金银币。为了保证工商业的发展，由大隈牵头成立名为特殊银行的专门国家银行，喊出了殖产兴业的口号，由这些专门的国家银行向专门行业提供专门贷款。大隈希望通过这些办法来鼓励民间资本办厂并为官办工厂弥补财政缺口。

大隈重信吸收了井上睿的俸禄处分的办法并付诸实践。1876年颁布《金禄公债证书发行条例》，条例规定：拥有1000日元以上的高额家禄一次发授6—7年禄量的公债证书，利息5分；拥有100—1000日元者，发授7—10年禄量的公债证书，利息6分；拥有20—100日元者，发授10—13年禄量的公债证书，利息7分。以上公债证书的零头都以10分利支付现金，条例规定都以公债一次性支付完毕，今后不再支给。公债的本金自发授后第6年开始抽签偿还，30年内偿清。公债的发行总额达17400万日元（包括73.4万元现金），一次性把所有武士的原来的米俸禄都变成货币公债。大隈公开说：经反复熟议，痛感当务之急在废除华、士族之家禄、赏典禄。今幸已废除禄米之称而改授金禄，且又对赏典禄得税，故当此之良机应断行废禄之策。即将华、士族平民之全部家禄、赏典禄皆视作政府之债务，以30年偿清，为此，应再发授金禄公债证书……至1877年年初，俸禄处分已经基本完成。政府不再负担武士的俸禄。甩掉了一个财政包袱。

1875年，大隈制定了"贸易银"法，规定外贸用的银币的含银量标准。即制定标准银币。大隈希望通过制定"贸易银"来收拢全国的银货，并将其专门用于支付外贸往来，以此来促进外贸，增加政府的收入。

大隈重信的再改革可以说既是对井上改革的颠覆，也是对井上改革的延续。大隈对井上建立中央银行及分行的办法非常赞赏，并在任内大力推行，153家银行因而犹如雨后春笋一般出现了。此外，大隈将井上的俸禄处分措施具体实施，改善了政府的财政困境。通过制定"贸易银"政策，外贸上的混乱得以纠正。大隈任内实行通胀政策，奖励实业，为各项实业提供丰厚贷款，极大地促进了殖产兴业的实施。这些改革都取得了巨大成果,在大隈任内建立起了一大批近代工业企业,为日本打下了坚实的工业基础,经济秩序得到恢复,外贸转为出超,而且外贸额增加,大隈重信颇得天皇信任,升任大藏卿。

但是,大隈的二次改革仍然未能解决以下问题。币值倒挂的问题没有解决,金币继续流出,金银复合本位(实为银本位)的问题也暴露出来,1873—1875年银价连年下跌,造成严重的金币储备流失。虽然为了应付该局面,大隈重信决定国内经济使用法币(明治通宝、太政官札、民部省札),外贸使用金银币,意图堵塞缺口,但是金本币流失仍然持续着。

第二个未解决的是贫国项目问题。由于殖产兴业,进口大量昂贵的洋式机器,还有高薪聘请外国技工和讲师,再加上大操大办搞政绩和贪污,明治政府建设的一系列新项目仍然扮演着制造赤字的角色。这些洋跃进搞出来的新项目由于两个突出的问题而不断制造赤字,一是洋机器不适应东方的资源,二是规模太大,过于铺张。国营釜石制铁所建立后,因为东方铁矿石杂质较多,需要多次提纯,所以原有西方机器难以冶炼。同时因为规模太大,与之配套的传统烧炭业生产能力跟不上,而且由于炭质量差导致燃烧不充分而不能维持足够的炉温。以至于釜石制铁所的产品遭到市场抵制,一期投资123万余元,结果亏损27万元之多。第二个例子是国营内藤新宿试验场和三田农业试验所(包括农具制造所,育种场和牧羊场等),开办10年左右,亏损88万元。原因是鼠疫流行,而且开办的地方光照不足,气候较冷,导致育种失败。第三个例子是五代有厚的鹿儿岛纺织,引进英国织机和蒸汽机,第一年亏损近14万元,之后也长期亏损。原因是东方的棉花是短绒的,西方是长绒的,机器无法纺织,以致报废。

这一系列的贫国项目给财政造成严重亏空。为摆脱财政赤字,政府大发金禄公债,希望能以此弥补亏空。同时因为大隈的"积极财政",滥发纸钞,导致严重通货膨胀,秩禄公债变成废纸一张。上级武士,即华族,因为拥有雄厚资产,早早地收购了实业而大发利市,然而下级武士生活困难,极度不满。他们先后发动佐贺之乱、神风连之乱、秋月之乱、萩之乱等一系列动乱,要"天诛"政府大臣,导致整个社会动荡不安。

6. 西南战争与大隈财政的破产。由于贫国项目和通货膨胀,武士们生活困窘，加上新陆军成立、四民平等、废刀令的颁布，原本拥有的一系列特权被取消，武士们极为不满。最终导致 1877 年西南战争的爆发。武士们的首领西乡隆盛为了筹集军费，大发"西乡札"。西乡札是布制、有效期三年的不可兑换钞票。武士们征集粮草和武器时全用西乡札支付，为祸甚烈，受害最深的宫崎县在战后一蹶不振。

大隈重信在面对西南战争造成的财政问题时，想到的跟西乡居然是同一个方法。整个西南战争给财政制造了一个 4200 万元的财政缺口，大隈的解决办法是发纸钞和借债（发行 2700 万元纸钞，向国立第十五银行借债 1500 万元），导致更严重的通货膨胀。由于长期以来政府都在发行不可兑换的法币，到 1877 年，包括市面上流通的明治通宝，太政官札和民部省札等不可兑换纸钞总数达到 15936.7 万元，而准备金仅有 716.7 万元，准备金率只有可怜的 4.5%，而且法币不能兑换金银币，造成了超通货膨胀。财政收入大量减少，加上贫国项目的拖累，民众生活极其困苦。地方上爆发暴乱，商人怨声载道。而当时风起云涌的自由民权运动则推波助澜，大肆攻击政府，明治政府再次陷入严重的财政和统治危机。

面对财政危机，大隈重信的肥前派和伊藤博文的长州派矛盾激化，伊藤博文指责大隈的政策是目前财政危机的主要原因，同为长州派的内务卿松方正义发表《财政管窥概略》，指责大隈重信的通胀政策和不兑换纸币造成了目前的糟糕局面。大隈重信的肥前派则称原来井上睿（长州派）的政策妨害了工商业的发展，并提出发布 5000 万元外债的计划，称此举可解决财政问题。

大隈希望通过借外债来度过财政危机的难关。但是这个计划深深刺痛了所有的维新志士，他们发动维新的目的就是要日本摆脱外债的束缚，乃至摆脱外国的侵略。几乎所有访问过欧美的维新志士在经过殖民地的时候都看到了外债给被殖民国家带来的巨大伤害，因此对向外国借债极其反对。大隈一派内部也对大隈的计划不满。而且大隈同情乃至支持当时的自由民权运动，这让认为自由民权运动是"暴动庶民""反政府运动"而准备动手镇压的长州派怒不可遏。而开拓使事件使得岩仓具视和黑田清隆领导的保守派极度痛恨自由民权运动，转而支持长州派。1881 年美国格兰特将军访问日本，在会见天皇时直言外债的危险。同年，松方正义借此机会发表《财政略》指出"故今日之急务乃订货币运用之机轴，积蓄正币以充实纸币偿还之元资，方可实现物产隆盛、进口定制之目的"。松方的言论导致长州派和肥前派矛盾激化。1881年，长州派在得到天皇的指令后发动明治14年政变，松方正义接任大藏大臣，大隈重信被撤职，长州派接管了政府的财政。

7. 松方正义"超通货紧缩"及其结果。长州派在赢得胜利后，由原来的内务卿松方正义主管政府财政。松方对大隈的赤字财政和法币深恶痛绝，认为只有有充足准备金支撑的钞票才是经济良性运转的前提。他在《商况年报》中指出，"投机呈极不正常的状况，给商业带来极不正常的影响"。在分析了财政赤字的原因之后，松方决心实行超通货紧缩的策略，不计代价地增加政府收入来应对财政危机。他提出《运用准备金增值正币之建议》，指出"正货增殖之方略，施于内地大不可也，宜专施之于海外。……直输押汇一事，向予保护，以将海外正货吸收于我国"。于1880年强化了原来由大隈成立供外贸用的横滨正金银行，在银行内实行外贸押汇制度，通过回笼出口商的资金来积累外汇和金银本币。同时松方意识到了金币外流是因为国内币值与国际脱钩。为了对付币值倒挂问题，他特地在巴黎，伦敦等主要商品出口地设立了领事馆来监管外汇运作。并通过领事馆—大藏省—横滨正金银行联手反馈国际市场金银价。为了消息能便捷传达，还特批了一笔钱购买电报机。通过这项措施，松方成功地控制住了长期以来金本币的外流，增加的外汇储备达4226万日元，并将其成功转入准备金。从而使准备金率从4.5%上升到37%。在松方的指挥下明治政府成功解决了货币问题。

接着，松方将自大隈第一次改革以来发行的各种货币都回笼，规定只有明治通宝这种可兑换银行券的货币是唯一的法定货币，太政官札，民部省札等全部回收冲销和烧毁。在冲销方式上，松方将这些纸钞分为三类，第一类是为了对付西南战争和其他开销滥发的纸钞。为了对冲这些亏空，也为了消灭自由民权运动，松方不顾民生，实施增税，通过《太政官公告48号》向地方转移债务，企图用这些办法重整财政。新设苛捐杂税名目繁多，如药印花税、米商会所股份交易所经济人税、酱油税、糕点税等，还修改酿酒税则、烟草税则等来敛财。通过债务下放和苛捐杂税，松方增收达41010万日元，成功冲销了第一类货币，并将剩余转入准备金。而充足的准备金又帮助冲销了第二类货币，即那些因财政不足而发行的预备货币。第三类货币即明治通宝（日元）则作为国家法定货币而保留下来。松方的办法让明治政府成功度过了财政危机。

松方的纸币整顿政策取得了很大成效，根据统计显示，至1885年年末，第一种政府纸币的流通量为8834.5万日元，第二种政府纸币到1883年已全部注销，新发银行券仅3011.5万日元，各种纸币总计12215.4万日元，比1880年减少了2721.3万日元，国家正币准备金则增加到原来的6倍多。同年6月，松方宣布自1886年1月1日起可将现流通的旧纸币有步骤地到日本银行兑换为银币，此时纸币与银币已实现了等值，纸币的信用也随之恢复，由日本银行发行的新纸币"日本银行券"（又称大黑一圆）成为全国流通的可兑换货币。

然后松方开始着手整顿银行体系，松方认为帝国银行以及其他跟风建立的银行信誉、经营能力差，而且在大隈时期均被授予了发行纸币的特权，造成了通货膨胀，于是1882年成立了日本银行，把原来涉泽荣一的帝国银行（第一劝业银行），以及其他银行兼领的部分中央银行职能统统由日本银行接任，帝国银行变成了各个特殊银行的指导机关，日本银行的职能被明确规定为管理全国的金融业务、对外进行汇兑交易、金银出口以及统一发行可兑换纸币。1883年，松方修改了《国立银行条例》，以法律文书的形式确定了以上内容，随着货币发行权的统一以及《国立银行条例》的颁布，日本终于在1885年成功地建立了近代金融和货币流通体制。

松方的第四步是整顿贫国项目。对于这些贫国项目，松方虽有好感，但是财政的现实迫使他必须甩掉这些包袱，于是他在上任之后不久就宣布政府不再负担大部分国营企业。凡是不属于关键企业的实业一律民营化，给政府减负。1881年松方刚上任就着手制定了《国营事业拍卖处理略则》。为了赶快将这些国营工厂处理，松方故意低估这些国有资产，大肆甩卖给华族。一时之间日本崛起了多个财阀。这种行为当时遭到民间舆论的痛批，但是松方我行我素，坚决推行。松方同时引领了商权运动，为日本外贸环境的改善作出了贡献。

财政状况转好后，松方开始着力建设金本位制度，整顿货币秩序。1884年颁布了《可兑换银行券条例》，规定所有的不可兑换纸钞（太政官札、民部省札）一律废除。拥有者限期兑换为明治通宝，逾期一律作废。明治通宝正式成为唯一的流通货币，而日本银行成为唯一拥有货币印发权的机构，政府印发货币被禁止。之后在松方的主导下，日本颁布了《货币法》，日本的近代货币制度得以确立。通过向朝鲜回购黄金和甲午战争的赔款这两项收入，金本位制终于在日本得到了确立。

松方整顿财政和实行超通货紧缩政策，使明治政府成功地摆脱了财政危机。让日本财政制度和货币制度走上了正轨，还创立了近代日本的财阀制度。可以说松方财政是一次成功的财政改革，改革的所有目标均已达到。松方正义因此受到褒奖，封公爵，备受天皇的赏识。

松方财政的另一面，是紧缩政策给民间带来的深重灾难和社会动荡。由于紧缩财政，同时又加大税收，小商业者、小豪商、富农和自耕农大量破产，沦为雇佣工人。农业与商业遭到松方财政的极大摧残，以至于松方执政期间农村人口没有增加，失业率高升。同时因为国际市场上需求的变动，农民和小商人纷纷破产，因此民间出现大量暴乱。1881年秋田农民暴乱、1882年福岛暴乱、1883年高田暴乱以及最大规模的1884年秩父—加波山暴动。这些由自由民权运动者主导，结合了农民的暴动给社会带来巨大动荡。明治政府为了转移矛盾，开始策划对外侵略战争。

8.日本财政改革的意义。从由利公正开始到松方正义为止的这场日本财政和货币的改革，不但为日本建立了近代财政制度，还成功地为日本的产业建设打下了坚实的基础，有效地稳定了经济秩序和货币秩序。这场长达20余年的大改革促进了日本的腾飞，使日本完成了工业化进程，迈入发达国家行列。

第六章　明治维新与近代国家

第一节　近代国家的诞生

　　1868 年的维新给德川幕府带来了末日，代之而起的是天皇名义下的新的权威中心。日本告别了镰仓幕府时代以来的双轨制政府，并建立起新的统一国家，天皇又回到了权力的中心。然而，名义上统治的天皇和实际掌权的权威却是分别存在的。在面对外侮的危急时刻，天皇是新的凝聚点。日本对来自西方冲击的应对，需要"复古"的名义，而"维新"也同时出现。新政府恢复了直接依赖天皇权威的"王政"，而实际上天皇仍然处于国家机器和权力斗争之外。

　　维新运动不仅仅是一场政治权力的再分配，新政府明显是保守的联合体，由王子、朝廷贵族、大名及其代理人组成。政治变化的势头和社会及经济改革的推进，远远超过了单纯的幕府的崩溃，对策划维新运动的人说来，最重要的是强化国家、抵御外侮，为了实现这一目标，他们提出了"富国强兵"的口号。到了 1871 年，在这个口号下大名被夺权、武士阶级被取消、宣布了社会平等和个人运动的自由，按照西方路线全力重建日本的运动开始了。这次维新标志着日本开始向近代过渡，因此它也是日本历史上的关键性事件之一。

　　历史学家长久地、热烈地争辩这场维新的意义。在和欧洲历史比较时，一般都要问它能否称作"革命"。19 世纪 60 年代和 70 年代，日本在政治上和文化上进行了最有戏剧性的改革，而其改革模式在许多基本方面与欧洲近代革命有所不同。日本没有什么社会对抗，也没有点燃法国或者俄国革命的那些政治思想；街上没有暴民，也没有人头落地。不可否认，经济及社会因素与维新时代许多事件有关。当时也有农民暴动，虽然人数和暴乱程度都逐步增加，但始终是地区性的、非政治性的，没有引发社会或政治抗议的普遍性口号。商人对所受限制虽有不满，但大体上在经济方面还有足够的用武之地。虽然在反对幕府的领导者中有农民和商人，但明治维新既非资产阶级革命，也不是农民革命，这次变革的主要领导力量来自武士阶级内部。我们可以把反对德川幕府的运动和俄国早期的革命运动进行有限的比较，但把明治维新和晚期的俄国革命或法国大革命之间进行比较就很困难。整个维新时期有两个突出特点：一是全国上下都有一种压倒一切的外国危机感，二是武士阶级成了新的领导力量。

时势造英雄，日本历史上从来没有哪一个时代像19世纪50—80年代那样产生过如此众多、又如此能干的领袖。正是这批人推动了维新运动和后来的改革。他们的动力是什么？为什么会在这个时期出现？可能这是有关明治维新的最基本问题。如果说他们出于对天皇的忠心，或者说主要是想赶超西方，那未免太简单了。E.H.诺曼有一种理论风行一时，他说这些领袖来自对政府心怀不满的低层武士阶级，他们的活动很少有阶级意识，但间接代表了资产阶级革命的原动力。维新运动的领导者来自武士阶级的许多阶层，他们的行动没有什么阶级意识或集体的原动力，他们本身也不认为要利用自己的阶级达到革命的目的。在战后日本的学者中，最普遍的说法是维新运动代表武士阶级重新巩固的运动，要在农民暴乱和商人资本扩张面前保持对国家的统治，也就是说这是一场走向政治绝对主义的反革命运动。

明治维新背后的动力：这场运动的领袖有100多人，他们大多数来自日本西部的外样藩，有反对德川家的传统；他们是特别年轻的一群社会精英，1868年时多数才30出头；大多是在武士阶级的下层成长起来的，只有个别的像木户属于较高的阶层；作为青年，他们精力充沛、雄心勃勃，大多数是在藩里，特别是通过军事服役而晋身的；由于不是占有土地的贵族，他们成功的野心只能通过政府服务来满足；幕藩制度的分散性使他们有许多政治舞台来表现自己；日本的创业者学会了在领导国家之前，先领导好自己的地区。

明治维新领袖的特点是一律受过高水平教育和特殊训练，大多在自己的藩内以军事技能或学问而得到认可，他们在青年时代就有活跃的业绩，例如做大名的顾问、外交代理人或是新军队的组织者。他们在军事方面的业绩是最普遍的。西乡、大村、江藤、广泽、板垣等都是一流的大名军队的军事领袖，伊藤被任用为翻译，木户是大名的顾问。这些人所受教育很值得注意，他们从小就按武士要求接受严格的军事训练，目的是培养实干能力和尚武精神，其中有许多人后来成为出色的剑客；在智力方面，他们所受教育首先是儒家的，侧重忠诚和对社会的奉献，因此，他们的个人抱负虽然强烈，但对国家问题也十分关心，效忠上级权威的思想也被反复教导。他们是志士，大多数都有挽救国家、效忠自己大名的愿望，但是几乎没有顽固不化或政治上的盲目。到1868年，一些人曾经出过国（五代、伊藤、井上去过英国，胜海舟曾经乘船横渡太平洋），还有的人在日本国内就和西方人有过联系（大久保、西乡及大隈曾和英国翻译萨托长谈多次）。

表6-1　　　　　　　　　　　明治维新时期的主要领袖人物

来自朝廷	三条实美	（1837—1891）
	岩仓具视	（1825—1883）
来自萨摩	大久保利通	（1830—1878）
	寺岛种臣	（1833—1893）
	五代友厚	（1835—1885）
	西乡隆盛	（1827—1877）
	黑田青隆	（1840—1900）
	松方正义	（1835—1924）
来自长州	高山晋作	（1839—1867）
	木户孝允	（1833—1877）
	大村益次郎	（1824—1869）
	伊藤博文	（1841—1909）
	井上馨	（1835—1915）
	山县有朋	（1838—1922）
	广泽真臣	（1833—1871）
来自土佐	板垣退助	（1837—1919）
	后藤象二郎	（1837—1897）
	福冈孝弟	（1835—1919）
	坂本龙马	（1835—1867）

续表

来自肥前	江藤新平 大隈重信 副岛种臣 大木乔任	（1834—1874） （1838—1922） （1828—1905） （1832—1899）
来自其他地区	横井小楠 胜海舟 由利公正 井上毅	（1809—1869）熊本 （1823—1899）幕府 （1829—1909）福井 （1844—1895）熊本

虽然大多数志士在1853年时是激进的排外者，例如伊藤曾参加1863年对英国领事馆的袭击，部分狂热分子死后，活下来的人至1868年都接受了西方文化的优越性。几乎所有明治领导者都有这种心理变化，他们由复古者变成了维新者。

1867年时还很难概括出这些维新领袖的全部目的，事实上这些人仍然是具有不同性质的团体中的个人，有的在为自己的藩工作，有的在单打独斗，他们中有许多在击剑学校时相识，有的在代表各自的藩进行谈判时相识，他们并没有采取一致行动的计划。作为个人，他们还不够强大，只有调动藩的力量、利用上级的威望，才能产生影响。他们中许多人仍然是藩指派的部队的司令官或者是大名的政治代理人，所以他们的首要目标就是先消灭幕府并代表他们的大名控制天皇，完成这一步之后的两个目标是掌握国家的权利并强化它来抵御西方。在达成这两个目标的过程中，个人的野心和政治家的才干，把活跃的代理人推上了领导地位，在这个地位上，他们才能领导国家进行根本性的变革。

在1868年最初的几个月里，明治新政府不过是一个被萨摩藩和长州藩的强大力量和朝廷的声望联系在一起的联合体。为了稳定，土佐藩和肥前藩也加入了这个联合体，"萨、长、土、肥"这个说法意即在此。客观地说，当时的权利均衡是不稳定的，在由大名和高级朝臣组成的新联合体背后，被委以执行政府实际事务的武士活跃分子逐渐结合到一起，形成了寡头政治，一个超越表面形式的政府，在诸藩之上产生了。

1868年，德川家族的土地被没收，来自西部藩的年轻领袖被任命为地方长官，同时，中央政府派代理人到273个藩去，以谋求行政的统一，并和中央

第六章　明治维新与近代国家

指示保持一致。1868 年通过了一系列对中央政府的改组计划，挂名的朝臣和大名从有威信的位置上降下来，活跃的领袖取代了他们。这些新领袖中，萨摩的大久保开始成为领导力量。1869 年 3 月，大久保感到了进一步加强中央集权的必要，在由萨摩和长州抽来的军队组成的皇家军队足够强大之后，大久保和木户就说服萨摩、长州、土佐和肥前联盟四个主要的藩，请他们把领地和封号还给天皇，其他藩遂也仿照遵行，废藩的第一步就完成了。虽然藩在名义上还存在，但却是被作为统一国家的一部分对待的，大名改为知藩事，理论上是由中央政府任命的。

为了进一步加强中央集权，1871 年春，在木户、井上、山县、大久保、西乡、大山、山条和岩仓参加的秘密会议上，终于做出了取消藩的决定。在取得前任大名的默许，又靠主要联合体中诸藩的部队加强中央军事力量后，这一行动的准备就算完成了。1871 年 8 月，天皇把前任大名们召到面前，发布了取消藩的命令，原先的藩均改为县，由新任命的长官领导；原来的大名都领养老金退休，取消藩的军队和警卫；从前大名的城堡司令部也被中央政府没收，共出现了 305 个新的地方行政单位，年末又合并为 75 个，都由中央任命的知事管理。当时即便有人反对这一行动，也没有表达机会，大名们只能驯服地退休，在新京城度过徒有虚名的依靠养老金的生活，日本变成了一个完全意义上的中央集权制国家。从此，新的领导人以掌握全权的姿态出现，寡头政治得以进一步推进改革，没有遇到任何反抗。

日本进行了一次政治结构的改革和权力再分配，没有进行革命。为什么大名们尤其是四个最强大的大名竟如此乐意通力合作去取消自己的地位呢？他们并非没有反抗的能力，也并非愚蠢到不知道会发生什么，一般的日本人自己的解释都是出于对天皇的忠诚，但如果我们相信这个答案正确而且完美、圆满，那就过于天真了。废藩的步骤是缓慢的，开始时也不明确，每个步骤都是先从中央政府拥有足够强大的军事力量开始的，之后的每个步骤也越来越难以抗拒。原因在于，给大名们的交换条件也并非难于接受，没有断头台，还能享受优厚的财政安排，这些被废的大名，在豁免公务负担的同时，连藩的旧债和纸币都由新政府承担了。政治上的变动不太剧烈，再加上西方列强的存在所产生的国家危机感，给那些有志于重建日本的人提供了条件，连德川庆喜也接受了舒适的安排，1903年成了公爵。

随着改革而来的相对稳健的政治变化，意味着创造一个新的政府机构不需要政治机器的全盘重建。幕府和藩均已取消，而利用旧的权力渠道和现存的行政机器，仍是可能的，可以通过渐进的变革去满足向近代社会过渡的需要。1868年的明治维新领袖们在推进国家现代化进程时，意识到了两大先决条件：第一个是现实的条件，要保证权力并得到全国的拥护；第二个是长远的条件，政府要有稳定且高效的体制。领袖之间也有不一致的意见，去过外国的鼓吹以代议制为原则的新型政府；对国内事务抓紧不放的，则倾向于传统的独裁主义。新领导们务实地处理了这些问题，在传统和革新之间、中央集权和不同利益的代表之间，采用了一条颇为巧妙的路线。面对一个控制尚不牢固的国家，同时对德川家族的军事行动结果如何也尚不能确定，新政府于1868年初期就在全国内宣布了两个行动，以争取更广泛的拥护：3月，召集所有藩的代表开协商会议；4月，发出所谓"五条誓文"，这是以天皇的名义发布的五项条款，阐明政府将要采取的新方针。这个文件很笼统，有的地方措辞模棱两可，文件是由利和福冈起草的，这两个人都深受西方政治思想影响，后来又经过了木户的修改，强调了四个要点：政府政策要以广泛的协商为基础（当指各藩利益集团之间），个人有追求各自愿望的自由，国家利益超越所有其他利益之上，"过去的低级的风俗习惯"必须代之以西方的近代做法。

两个月后，明治政府起草了国家宪法和行政法规，福冈和副岛准备的政体书是一个传统官僚形式和西方代议制与分权制的怪诞混合物。政体书规定，成立一个新的中央政府机关太政官（奈良的旧制复苏），有权执行所有行政权力；政府的活动分为七个部门，这些部门中立法部门又分为上下两部：政府官员的委员会和各藩代表会议所；其余部门有行政、神祇、大藏、兵部、外务和名部等省，此外还设立了司法部门以实现三权分立。

新政府夺取江户后，把德川的"天领"变成了自己行政的主要根据地。因为江户是真正的政治中心，1868年下半年新政府把政府机关都迁到了江户，并改名为东京。1868年年初，天皇被安置在了幕府的城堡中去享受奢华的生活。1868年8月修改政府结构，进一步沿着更传统的路线，加紧了对中央机关的控制。领导者们抛弃了权力分割的思想，采用了一套更近于奈良旧制的做法,神祇官和大政官并列,各藩代表会议仍然保留(在解散之前仅举行过一次)。政府的主要运转集中在参议和六个省,后来改为民部、大藏、兵部、外务、皇家、司法、公共事业和教育八个省。此时,大多数挂名的政府官员已取消,真正的幕后新领袖们作为参议或各省的正副长官公开出现于国民面前,寡头政治开始形成,这个团体不到20人,几乎是平均地从朝廷和四大主要藩抽出来的。而在中央政府的下层中,来自萨摩和长州的人占有优势,日本人因此称之为"藩阀"政府。太政官制度一直延续到1885年采用内阁制为止。此外也进行过小的变革,例如在1871年取消藩之后,1873年民部改为内务省,大久保是当时政府中最强有力的,他离开大藏省去主持内务省,内务省的重要性由此可见。内务省有权统辖县知事和国家警察,成了维持国内安定和推行某些最有争论改革事项的主要机关。

然而,明治领导者如果不能把他们的控制系统延伸到地方上去,这些政府中央机关的变化,对社会是不会产生重大影响的。1868年,新政府要把分散的大名领地、德川辖地和许多朝廷及寺庙土地统一起来,这从表面上看是难题,而实际上行政工作已经足够统一,所以进行起来其实相当容易。前面讲过藩改县的过程,1868年中央政府首先渗透到藩中,为他们接受中央领导做准备;1869年大名把他们的领地还给皇家,但继续在位,称知藩事;1871年藩改为县,几个月之后,这些县归并为72县和3个府(1888年这些县又进一步并为43个县)。到1873年,随着内务省的建立,大多数的县知事都从东京派出,许多是萨摩或长州人,地方行政就这样完全被置于中央的控制之下。

在各县之内的城市和乡村的较低层次里,也进行了类似的审慎的合作。随着藩的取消,1871年全国分成许多同样大小的方块,成为区,目的在于把地方行政改得更为合理。这些区原本是为人口和地籍情况的普查准备的新的单位。中央政府曾有过以这种人为的新单位为基础搞一套地方行政制度的计划,但是这个设想失败了。1877年之后,政府又回到更为熟悉而和谐的安排上去,按照奈良时代的郡把县分成中等大小的单位,其下又分为熟悉的单位町和村,新的乡村比德川的社区大,是几个原有的单位合并而成的。在这种新制度下,德川的乡村一般都保持原来的名字,叫作"字"。

人们也许奇怪,为何对县政府和地方政府的逐步加紧控制没有遇到从前藩和乡村领袖的反抗？一个可能的原因是，1868年之后旧的藩和乡村的制度遭到破坏的同时，也为许多有志的武士和乡村的官吏提供了各式各样的新机会。东京对能干的藩官吏有很大的吸引力，而县政府也为从前的藩武士和有能力的乡村领袖提供了就业机会。此外，新领导们巧妙地安排了一些新的地方会议（多半没有实权），作为安全阀门。这种会议分散了许多有政治野心的个人的精力，而又不会危及中央的权力。在政体书下产生的藩会议，甚至给小藩一种参与了新政府的错觉。1871年，政府鼓励在新县的下层设立会议（即协商会议），在全国范围内，这种会议很快地在村、町和县出现，乡村会议成了地方上有影响的人物（一般是原来的村长）的活动舞台，否则他们会没有任何身份。町会议的成员是由乡村会议抽上来的，而县会议又是由町代表组成的。这些团体既有责任发表政治意见，也是政府的代表人，政府要通过他们在许多有争议的改革（如土地所有权和税收）上取得支持，然而这些会议的权利只是辩论，对东京政府做出决策不构成任何障碍。

新政府能对农村维持有力而持续的控制，最重要的原因之一是在较短时间内解决了最困难的经济问题。事实上，明治政府的经济措施虽然不如政治方面明显，却同样有助于新政权的稳定。1868年年初，中央政府没有独立的财源，在年初的几个月里，它不得不依靠某些藩的支持，并向大名的财务代理人强迫贷款。1869年，新政府已经从过去德川的土地上获得收入，但只够全部支出的一半，发行纸币的办法补足了临时急需。废除藩后，形势稍有好转，但政府又承担了从前藩的债务（约7813万日元），并要付给大名和武士养老金（1.9亿日元债券和2亿日元现金）。1871年和1872年，伊藤和大久保实行财政改革，以十进制改革币制，用元作硬币单位，采用了美国中央储备计划的银行制度，使政府机构能吸收债券以为发行新货币的基础。另外日本也借了少量外债，其中向英国借了240万英镑，这对稳定局势也起了作用，1873年，通过地税改革政府终于走上了财政长期稳定的道路。

有人把1873年日本土地问题的解决等同于俄国解放农奴的措施，但没有一件事比日本历史上这第一次近代土地改革更能说明19世纪中叶的日本和封建欧洲情况的不同了。在日本，土地改革的动机主要是经济的，而不是社会的，农业税制度的集中化和合理化是主要原因，为达此目的，采取了三个新步骤，彻底修改了德川的办法：农业税由个人缴纳，而不是由村缴纳；纳税多少根据土地价值而定，不是看收成；农业税交给中央政府，而不是交给大名。为了实施这次改革，必须明确土地所有权，于是新的地契发给了在德川制度下负责纳税的人。由于武士阶级早已没有土地所有权，新的解决办法没有任何遗留的封建集团需要应对。只有一些山林土地还在大名家族、宗教团体和少数高层武士手中，原先的"公有土地"都被政府没收了。

这项以经济为出发点的新制度把德川时代晚期佃农制的某些因素带进了明治时代，它没有引起圈地运动，也没有大资本经营的大农场，精耕细作伴随着高度佃农制，一直延续到近代。随着土地转让限制的取消和新税法的建立，耕地流入富裕地主手中的现象实际上增加了。据统计，到1873年，1/4以上的土地是佃农耕种的，19世纪90年代，这一比例上升到百分之四十。

明治新政府掌握武装的能力使其有力量采取改革措施，并代表国家、保卫国家。维新领袖大多曾是武士、武官或者是受过相当军事训练的人，他们驾驭军队的技巧，对军事作用的理解均非常人可比。在很大程度上，幕府的覆灭源于国内掌握最新西方战争理论和战术的人对它的打击，1866年长州挫败幕府，部分是志愿军骑兵队的功劳，这个队里既有平民，也有武士；1868年德川军队在鸟羽伏见溃败，反德川的势力也是以精良的装备和现代化的训练手段取胜的。着手改革之后，明治领导者依然重视武装力量的作用，完成对德川的征服后，需要考虑的就是在仍然存在着藩兵的国家如何行使统治权力了。

从1868—1869年年底，绝大部分为明治皇家政府进行的战斗，都是由藩军在中央指挥下进行的。1869年作战部设立，由长州的军事天才大村益次郎领导。大村建立了军事学校和兵工厂，为现代化的国家军队打下了基础。他主张国家军队实行征兵制，但未得到采纳。1869年，大村益次郎遇刺身亡，由山县有朋继任，他也来自长州。山县从欧洲考查归来之后，就推行法国模式的军事制度，1871年夏取消了藩的制度，原有藩的卫队都编归中央领导，所有武器及军事设施都国有化，与地方无关的国家军事力量得以建成。1871年年初成立了约有万人的御亲兵，这些兵都来自萨摩、长州和土佐，并由西乡隆盛统一领导。1872年年末，实行征兵制的计划完成，1873年春公布了征兵制。

这项法令废除了武士阶级和平民的区别，具有划时代的意义。兵役法规定所有21岁的男子都在登记册上，有义务服三年现役和六年预备役，家长、嗣子、官员和某些职业不在此列，他们缴纳270元可以免去服役；全国分成六个军事区，和平时期有部队46000人；短短几年里，日本就建立起了一支按照欧洲征兵和组织制度编成的军队。

征兵法的社会影响不亚于任何明治早期的维新措施，因为它消灭了武士阶级的最终特权。维新以来，明治政府的多项政策都引发了社会革命，也许它们并不是有长远计划的政策，但维新领袖们是否考虑到明确的社会影响却很难说，但当时的社会对维新初期没有体现平等原则的强烈反感，则是肯定的。年轻的武士一定因对他们自由活动的限制而沮丧，因为他们曾在誓文中写下了自由职业的要求。和这些抽象原则相比显然更重要的还有国家的概念，"富国强兵"的思想只是偶然地和社会政策结合在了一起。实现社会平等的措施，往往是实施其他措施过程中的副产物：取消阶级的樊篱是希望能够自由录用的结果；取消德川幕府对农民的限制是伴随着新税制而来的；取消武士阶级也是建立征兵制军队的副产物，与此同时，给原来的武士和大名提供特殊待遇，还延续了一段时间，甚至产生了新型的贵族。现代化的日本在某些情况下，还继续存在着社会的等级观念。

当然，近代日本也有意识地推进了一些革命性的社会变革，废除了原有的等级制度，在自由经济的社会里，财富、教育或政治地位成了威望的新尺度，接下来的变化就是人的能量释放。取消阶级限制的措施首先是1869年的简化阶级成分，朝臣和大名被指定为华族，武士被指定为士族或卒族，其他包括秽多和非人的各阶级都归并到一起，称为平民，不久后大多数士兵也被归入平民身份。1870年允许平民有姓，并自由选择职业和住所，过去的武士也可以和贵族通婚。到1871年，是否佩带腰刀也可以随便。藩被取消后，过去的武士虽然失去职业，但作为一个阶级，他们仍然保留着一笔承袭下来的收入，这笔收入是政府发放的养老金，它相当于原来收入的1/10到一半。

安顿武士给政府带来的负担是巨大的，士族和华族大约有200万人（456000户），他们的养老金要用掉政府每年支出的1/3，因此政府就把他们的养老金改为一次性以债券方式付清。1876年，政府强制地把养老金改为4—

第六章 明治维新与近代国家

14年内一次付清的有息债券，每户平均550日元，总数1.7亿日元，这点债券的利息根本无法养活大多数家庭，大量的武士不知所措，只好在新的世界里谋生路。事实上，1873年的征兵法令已经降低了他们作为军官阶级的世袭身份，1876年禁止他们佩刀，他们的特殊服装和发型也不再时髦。维新后的一段时间内，有人进入了新的中央政府和地方政府，另有一些人在新的军队或警察中当了官，有的人找到职业或者从事工商业，但大多数原来的武士经济地位和社会地位下降，沦为普通工人甚至乞丐。当然，新政府也并非完全甩手不管，他们通过中央政府和各县机构，努力以慷慨的条件帮助过去的武士进入工商业界、开垦土地，或由政府开发新工业安置落魄的武士。北海道的开发有一部分原因就是为了帮助武士。

消灭武士阶级和许多其他改革中的根本性政策，不可能在政府中得到所有领袖的一致支持。政府目标是建立起强大的国家，在这一点上是一致的，但如何进行，就存在不同意见。此外，在全国范围内，也有许多不满的人聚在一起，用他们所能采取的唯一手段，暗杀和暴动来表示不满。兵役法和改税法令在许多农民中引起了对政府的盲目反对，以往免除兵役的阶级，最怕征兵制，将其称之为"血税"，1869—1874年，农村的暴动平均每年有30余起。

对于政府来说，原有武士阶级的反对是最令人头疼的，特别是1871年之后，由于藩被取消，萨摩和长州对中央政府和各部垄断的怨恨越来越深，要求政府更有代表性、政策更公开、保存藩制和武士身份的呼声越来越高。在政府内部，这些问题随着朝鲜问题而出现危机，一些政府领袖对朝鲜作战颇感兴趣，特别是西乡和板垣。1873年，岩仓、大久保和其他重要官员到西方去考察，留守国内的其余领袖做出了和朝鲜交战的决定。大久保从国外归来，更加深信日本需要国内改革和发展经济，他设法推翻了有关朝鲜的决定，结果西乡、板垣、江藤、后藤和副岛愤然离开政府。不久之后，江藤率领大约2500名从前肥前的武士进攻政府，虽然他的部队被轻易地镇压，但熊本、荻和别的地方爆发了骚乱。西乡早已回到萨摩，并在家乡兴办了一系列的私立军事学校，很快他就发现自己被推上了反政府的中心地位，他部下约有3万之众，由原先的武士组成。1877年，西乡领导了一场大规模的叛乱，东京政府用4万兵力和六个月时间才平息了萨摩的叛乱（日本称西南战争）。叛乱失败后，西乡自杀，大多数追随者被杀。政府新组建的军队尽管没有作战经验，但在对付最后的武士反抗上却卓有成效。

到了1877年，新的明治国家已经经受住了国内动乱的考验。它已经认可了许多社会和经济机构的重大变化，并且在西方的影响下采取了强有力的现代化政策，即将在西方化的进程上阔步前进。但是，日本传统和西方影响的相互作用，永远不完全是单方面的，从一开始，西方的冲击和日本的反应之间就存在着辩证的关系，而这种关系将延续到此后的年代。仅就政策方面而言，国内许多人对1853年之后的涉外问题，持有极为矛盾的态度，有人主张暂时结束闭关自守以打下现代化国家的国力基础；有人则公开要求驱逐外国人；到1868年，萨摩和长州人都深信向西方学习的必要性（至少在军事方面），并认为如果日本想要避免和中国一样的命运，主动与西方和平交往将比被迫向西方提出的条件屈服可取。此后日本的领导人经常让步，或是权宜之计，或是无力抵抗，因此允许基督教恢复传教活动，以避免外国人的干涉。他们采用了许多西方的法律制度和法庭制度，以使西方强国放弃他们的治外法权。

但是，惧怕或自知软弱并非日本很快接受西方做法的唯一原因，在所有亚洲人里，日本人对西方文化和产品表现出最坦率、最强烈的喜好。他们还有极大的向西方学习知识的倾向性。誓文中公开提出西方化，将西方化和建立强盛国家作为新政权的两大目标，事实上两者在起草人的心目中，必然是相连的。

西方化进程开始得很早，日本一敞开大门，就毫不迟疑地走向国外。1860年幕府派遣了一个由80个武士官员组成的代表团去美国签署商务条约，乘坐由荷兰制造，由日本船长和水手驾驶的"咸临丸"号到达旧金山，后来成为日本最主要的西方化鼓吹者之一的福泽谕吉也曾乘此船赴美；第二个幕府使团在1862年和1863年访问了英国、荷兰和法国；1863年，长州秘密派了五个年轻武士到英国，其中包括伊藤博文和井上馨；1865年萨摩派遣了19人出国，其中包括寺岛宗泽和五代友厚；在这些幕府和藩的尝试之后，开办西方式兵工厂、造船厂和军事学校及外语学校的热潮接踵而至。维新之后，交流的节奏加快，最引人注目的是1872—1873年的岩仓使节团，团中除岩仓、大久保、木户、伊藤外，还有40多名新政府其他领导去了美国和欧洲，表面上是为了修改1858年的"不平等条约"，但代表团的长篇报告则强调了日本的落后和向西方学习的必要性，同时也指出，日本具备优势（例如没有宗教偏见），西方国家强大起来也不过是最近50—100年内的事。由此可见，日本当时对现代化是充满了信心并具有明确的目的性。

岩仓使团之后，政府开始有系统地雇用外国顾问，希望他们参与必要的改革。幕府和有些藩早已开始了这种做法，到1875年大约有五六百名政府雇用的专家。至1890年止，有约3000名外国顾问、专家来到日本。他们请德国专家建立新的大学和医学院；请赫尔曼勒斯勒和阿尔贝特莫斯（1846—1925）等人帮助起草宪法；德国学者路德维希里斯（1861—1928）在东京大学设立了一个史学研究机构；美国顾问帮助建立起农业站和全国的邮政；在北海道开发中，霍勒斯凯普伦是高级顾问；拉特格斯大学的默里也于1873年被邀请到日本，帮助建立小学制度；作为外交部顾问，史密斯教给日本人一套外交技巧；英国的顾问则活跃在铁路发展、电报和公用事业方面；海军几乎完全是以英国制为基础，陆军则依靠法国的教官；法国的法官居斯塔夫布瓦索纳德在为日本采用法国的法典方面充当顾问；日本甚至还请来意大利的画家和雕塑家介绍西方艺术。所有顾问都被安排在日本政府机关中，置于日本人的监督之下，这是典型的日本人的嫉妒和骄傲。他们一旦觉得自己可以应付，就立刻结束这些顾问的任期。

日本人认识西方还通过官方顾问以外的途径。按条约开放的口岸，特别是横滨和神户，成了传播西方影响的桥头堡，这里出现了外国人的社会，带来了各种外国的文化。除了一排排的商行、货栈之外，西方社会还建造了住宅、教堂、学校和医院。这些港口社区成了中心，教育家和传教士从这里走向日本内地的城镇。西方文化对日本社会的渗透是迅速而广泛的，同时有数以百计的日本人自费到国外去参观、留学。

从某种意义上说，和20世纪相比，当时的西方对日本并不友好。西方没给日本提供援助，因为那是帝国主义之间互相竞争、扩张的时代，但是，一旦日本人表现出对西方列强的崇拜，就出现了另一种情况，西方以自己的宗教和进步为骄傲，意识到自己的文化责任和使命，就会热情地提供建议和帮助。在当时，国际事务处于放任主义时期，世界对好问的日本人是开放的。西方很骄傲能把自己的秘密和人分享。

第二节　明治维新的性质

在封建社会向近代社会过渡的各个阶段中，"现代化"的基础是资本主义的生产方式。在封建社会时期诞生的资本主义生产方式，随着它的成长壮大，最终使封建社会和封建国家向适应其发展的近代社会和近代国家过渡。从历史的角度看，在其过渡过程中要经历几个阶段。却不可能从任何一个封建社会和封建国家的状态，直接过渡到近代社会和近代国家。以世界上最早出现近代社会和近代国家的欧洲为例就可以看出，不可能从处于分散、割据阶段的封建国家直接向近代国家过渡。这些国家当中，有几个国家在封建社会的某个阶段国王的权力很强大，遏制了诸侯的势力，剥夺了他们割据的特权，使其宫廷贵族化，建立了以国王为中心的具有统一的行政、统一的军队的封建国家，在世界史上，这种国家形态被称为绝对王制或绝对主义王权。伊丽莎白一世（英）、路易十四世（法）、腓特烈·威廉二世（普）、彼得一世（俄）等被称为"大王""大帝"的君主，都是绝对主义王权体制的创建者。也就是说，所谓"绝对主义王权"，并不是指普通的专制主义，而是在历史上的特定阶段，具体就是封建制度末期出现的一种体制。马克思和列宁在论述从封建制度向近代社会过渡的许多论文中，都非常重视这个概念，做过许多说明。同时，对于非马克思主义者的历史学家来说，这也是一个非常重要的概念。

日本著名历史学家依田憙家认为，绝对主义王权的自身本质仍然是封建性的，但对于近代国家的出现是一个非常重要的前提。近代国家的框架就是在绝对主义王权之下产生的，以建立近代社会为目的的革命思想和近代思想，也是在绝对主义王权之下产生和发展起来的。法国近代国家是依靠资产阶级革命，推翻法国绝对主义王权后建立起来的，但它又是继承了在法国绝对主义王权之下产生的许多前提之后才建立起来的，英国也是如此。没能形成绝对主义王权的国家是很难向近代国家过渡的，欧洲也是如此。在中国，清朝的统治体制表面上采取了集权制的形式，实际上却是如康有为指出的"十八省实为十八国"

的状态，而没像欧洲的绝对主义王权那样形成了强有力的集权体制。因此，康有为虽然认为，"由政制之理言，君主开明专制最恶，民权公议最善"，但作为当前的目标，首先要以清朝皇帝为中心，达到十八省非十八国的状态，然后再考虑向近代国家的理想迈进。不管他的主观意志如何，其目标是要实现清朝的绝对主义王权。但由于戊戌政变，中国最终没有形成绝对主义王权，向现代化的过渡缺少了一个重要的前提，尽管清朝政府被辛亥革命推翻，但即出现了军阀混战，同样给后来的中国现代化带来了许多困难。日本也无法从三百诸侯分立的状态直接向近代国家过渡，首先必须通过实现国家统一来创造过渡的前提。因此，明治维新的意义并不在于产生了近代国家，而在于以近代国家为目标的运动进入了第二阶段，在于创造出实现向近代国家过渡的重要前提。同时必须严格区分前提与本身。在明治维新过程中，就以建立近代国家为目标的运动而言，民众要求参与政治的思想以及民众要求掌握权力的思想尚未出现；有关欧美各国国家制度的知识也是在建立统一国家的范围内加以理解，受到影响的。明治维新政府的改革、废藩置县、地税改革、撤销等级制等，也是在这个范围内进行的。承认封建土地所有权的例子也很多，比如在清朝已经没有像日本的士农工商那样的严格的等级制。同时在明治维新过程中，尽管废弃了士农工商的等级制，但却重新设置了华族这一特权等级。另外，明治政府初期的殖产兴业政策，也是以官营企业、半官半民企业为中心的，使资本的自由流通受到妨碍。资产阶级民主主义思想的影响、宪法的颁布、国会的设立、资本自由流通的要求等，在下一个阶段的自由民权运动中才开始出现。

  日本的现代化过程可划分为性质不同的两个阶段。第一阶段是从佩里来日到废藩置县的明治维新阶段，在这一时期提出，而在此后不久进行的地税改革也属于明治维新的范畴，第二阶段是从1875年《设立民选议院建议书》的提出开始，到1890年宪法的颁布为止的自由民权运动。自由民权运动并不是明治维新的简单延续，而是与明治维新性质不同的阶段，有以下几个理由：（1）明治维新的主要政治方向是建立统一国家，其主要思想体系是"尊王论"，关于欧美国家的认识也只表现在主张通过任命建立藩代表会议，在明治维新过程中并没有提出民众参与政治的权利主张，通过明治维新成立的初期政权也没有采取这一方针。（2）进行废藩置县的同时，卢梭、孟德斯鸠、米勒等的思想被人们接受，出现了国民应有参与政治的权利、为实现这一权利限制君主政治权力的宪法和国家政治应该在由国民选出的代表构成的议会中讨论的思想，并且迅速扩大。（3）明治维新阶段，虽说以广泛的民众土地革命的要求为基础展开的斗争动摇了幕府体制，但运动的主要领导人是下级武士阶层，说明这是一次以藩为单位的运动。在自由民权运动中，起初的"士族民权"运动不久就变成了"豪农民权"和"农民民权"运动，成为以民众自己的政党和政治社团为中心而开展的运动。（4）明治初期的殖产政策是以官营企业和半官半民企业为中心的，不久就成了民间企业发展的障碍，因而受到自由民权运动的猛烈攻击。

"资产阶级革命"这一课题，不是因明治维新而出现的，而是在自由民权运动中才开始提出来的，其矛头指向经过明治维新而建立的政府。在欧洲，资产阶级民主主义运动和革命运动，是在绝对主义王权形成大约一百年后才出现的，而在日本，具有资产阶级民主主义性质的自由民权运动，在经过明治维新产生的绝对主义王权政权建立仅几年后就出现了。明治十三年（1880）前后，自由民权运动的高涨让当时政府中的高级官吏"感到是传说的法国革命的前夜"，非常害怕。日本绝对主义王权的形成和资产阶级民主主义运动，时间上隔得很近。因为日本是在西欧各国之后进入现代化轨道的，所以不论在生产手段还是思想上，都能从西欧各国吸取先进经验，同时由于这两次运动在时间上很近，所以容易混同，也容易让人认为后一次运动是前一次运动的简单延续，但是，在对历史现象进行科学分析时，就应该区别出二者是属于不同范畴的。

19世纪末到20世纪初，日本存在着一方面迅速发展，另一方面旧因素继续残留的现实，也正因为如此，围绕明治维新后日本社会的性质，出现了许多不同的主张。明治时代中期（20世纪初），日本把西洋史确立为学术上的一个领域，最初出现的主张是把明治维新比作法国革命，认为是日本的资产阶级革命。这一主张的产生，是由于把明治维新简单地理解为近代国家的出发点即资产阶级革命，其后，随着对法国革命以及其他西欧史研究的深入，明确了从封建社会到近代社会并不是简单的过渡，在封建社会末期和近代社会初期是有几个阶段的。并且人们已经意识到，在从封建社会向近代社会过渡的时期，作为过渡期的绝对主义王权具有重要的意义，同时也明确了不能简单地认为用武力消灭旧政权就是革命。

以第一次世界大战为界，由于资本主义的飞速发展，日本社会发生了重大变化，学术上也取得了很大进步，对民主主义的了解进一步加深，更加明确了近代国家到底是什么，明确了绝对主义王权是分析从封建社会向近代社会过渡时期的重要概念，许多日本的社会科学研究者，不管其立场如何，都认为明治维新政府的本质应该是绝对主义王权。

20世纪30年代，围绕日本社会的性质曾出现了"关于资本主义的论战"。第二次世界大战前的日本，尽管已经拥有垄断资本主义阶段的发达工业，但在政治形态、农地关系、家族制度等方面仍残存着许多与欧美各国不同的"前近代"成分。明治宪法一直存续到第二次世界大战日本战败前，根据这部宪法，议会的权限极其弱小，同时当时日本60%的田地归地主和佃农制控制，在地主和佃农制的支配下，收获物的50%—60%多半被以实物佃租的形式所剥削，同时，资本主义农业制度不承认租地人的特有权利。在这次论战中，参加"日本资本主义发展史讲座"的人（讲座派）认为，明治维新的本质不是资产阶级革命，而是绝对主义王权国家的建立，地主、佃农制的本质基本上具有封建性质，与此相反，参加《劳农》杂志的人（劳农派）认为，明治维新的本质基本上是资产阶级革命，地主、佃农制的本质也是"变相的资本主义"。

由于历史的局限性，第二次世界大战日本战败前关于明治维新性质的争论在当时的研究条件下是很难得出结论的。"讲座派"主张不能从表面现象研究历史，而要从更深层次去挖掘，把握其本质。当时持马克思主义观点的李凡夫曾发表了多篇研究日本的著作，在1937年的《日本的过去现在将来》中他写道："总之，'明治维新'不能说是资产阶级革命，日本的资产阶级革命可以说到现在还是没有完成的，但是，不可否认的是，1868年倒幕后成立的绝对王政（相对过去封建地方分权的联邦王政而言）是新兴资本主义的堡垒，同时也是吸引一切封建要素的中心点，它为日本资本主义的发展开辟了一条新的道路，同时它却不排除封建残余势力的存在，这种不彻底的不伦不类的改革，已经预先决定了日本资本主义之后畸形的发展，决定了日本帝国主义的特殊性。"

"关于资本主义的论战"虽然受到后来出现的法西斯主义的镇压，但在第二次世界大战后，在继承先行研究成果的同时，又以新的研究为基础重新活跃起来。第二次世界大战后，日本许多学者并不认为明治维新是资产阶级革命。因为第二次世界大战后的许多研究成果明确了几个问题：（1）在明治维新过程中，没有出现英国革命和法国革命等资产阶级革命中提出的给予广大民众参加政治权利的运动，它是在第二阶段的自由民权运动中才出现的；（2）后来的研究表明，明治维新时期日本的资产阶级萌芽没有达到直接向资本主义社会过渡的程度；（3）在当时的民众斗争中，虽然出现了要求自由商品生产和商品流通，否定封建领主和地主的土地所有权，彻底改变封建农村统治机构等资产阶级变革的萌芽，但以下级武士阶层的势力扩张为基础进行的藩政改革，抑制了这些资产阶级发展的要求，希望重建封建统治体制，在封建统治体制下谋求生产力的发展；（4）通过明治维新成立的政权具有"雄藩联合"的本质，在它成立之时，虽然利用了当时激烈的民众斗争使旧体制发生动摇的形势，但它并不代表民众的势力，而是严厉镇压民众的势力。根据以上理由，第二次世界大战后以井上清、远山茂树为首的许多日本近代史研究者认为，明治维新的本质并不是资产阶级革命。日本现在的许多近代史研究者，基于以上这些立场，认为1875年提出《设立民选议院建议书》的自由民权运动才具有资产阶级革命的性质。

综上所述，明治维新不是资产阶级革命，而是绝对主义王权的形成，自由民权运动才具有资产阶级革命的性质。同时，既然自由民权运动没有取得胜利，自由民权运动解体后出现的明治宪法体制就是绝对主义王权的确立。接下来的问题是，日本的绝对主义王权持续到何时？日本的资产阶级国家又是何时产生的？有人认为，既然明治宪法存续到第二次世界大战日本战败，那么日本的绝对主义王权就持续到日本战败；也有人认为，绝对主义王权在一定时期发生了变化（一般认为在第一次世界大战前后）。依田憙家先生认为，前一种说法把日本近代社会看成是没有变化的、僵硬的，不能解释其后日本资本主义飞速发展的事实；后一种说法对日本社会发生变化的时期、过程没有清楚的交代，认为日本的绝对主义王权国家是在不知不觉中向资本主义国家过渡的。总之，在迄今为止所进行的研究中，关于明治维新的性质解释得很清楚，但关于明治宪法体制和其后的问题却不甚明确。

按照依田先生的观点,"明治十四年政变"是日本历史上的重要事件,许多重要的变化都集中在这一事件前后。所谓"明治十四年政变",是指围绕当时自由民权运动日益激化的矛盾,在政府内部也出现了像大隈重信那样的高级官吏,他们主张立即颁布以议会中多数党组成政府为原则的宪法。政府陷入了严重的危机,为摆脱这种危机,政府驱逐了大隈重信,同时以诏书的形式宣布了旨在十年后颁布宪法和设立国会的公约,而关于将来发布的宪法内容尚不明确。这一事件发生后,自由民权运动内部分裂成上层和下层两部分,上层认为"已经达到目的",希望接近政权,下层却主张进行彻底的资产阶级民主主义革命,运动本身出现了衰退。

之所以关注"明治十四年政变"有以下理由。(1)1875年开始的自由民权运动,在理论上和组织上都已相当成熟,当时的形势让政府高官都深感"能使人想起法国资产阶级革命的前夜"。(2)在当时的自由民权运动的压力下,政府不得不发布公约,宣布十年后颁布宪法和设立国会。(3)此前政府的殖产兴业政策是以官营企业和半官半民企业为中心的,由于受到自由民权运动的"这样就妨碍了民间企业的振兴"的攻击,政府开始把半官半民企业卖给民间,施行以民间企业为中心的政策。

恩格斯在《论住宅问题》以及《德国农民战争》一书序言等论文中指出,尽管作为资产阶级革命的德国三月革命失败了,但在这种压力下,普鲁士"专制君主国在急剧地过渡到波拿巴主义君主国","它(普鲁士绝对君主制)仍然是一个半封建的国家,但是不管怎么说,波拿巴主义是以消除封建制为前提的近代国家形态"。也就是说,尽管资产阶级革命本身失败了,并残留着君主专制的形式,但却使封建国家向资产阶级国家的转化得以进行。当时德国的例子也适用于日本,在"明治十四年政变"前后,明治政府已经感觉到发展资本主义是不可避免的,但如果承认资本主义发展的道路,就必须完全向自由民权运动投降,这对于明治政府来说是不可能的,留给明治政府的选择就是通过把官营企业和半官半民企业低价卖给民间,同时在权力上"自上而下"地靠近大资产阶级,使之与地主一起成为支撑自身权力的基础,然后颁布宪法,设立国会,过渡到新的统治体制。与民权派要求"立即"颁布宪法和设立国会相反,明治政府把它放在十年后，其理由也在于此。因此，在革命形势高涨、政治上改革、经济上变革这三个重大事实并存的"明治十四年政变"和明治二十二年（1889）宪法颁布期间，日本经历了向普鲁士型波拿巴主义国家的转变，尽管仍残留有君主专制和许多封建遗留制度，但基本上变成了资产阶级国家。这从以下两点也可以得到明证：第一，明治宪法以及后来的日本法律、军队制度、警察制度、官僚制度等，都是仿效德国的；第二，日本经济的迅速发展始于明治宪法体制形成之后。

第七章　明治维新之启示

第一节　中日维新的比较

明治维新无疑是日本近代经济腾飞的起点，以明治维新为契机，日本走上了资本主义或者说帝国主义现代化的道路，其原因固然很多，但前提条件却不外乎以下几个方面。

1. 人文因素。日本常常以吸收外国文化来提高自己国家的文化，这一历史很长。世界上的现代化有一个发展过程，是从西欧开始，然后波及全世界。因此，在现代化过程中吸收西欧的科学、技术、文化、制度就显得极为重要。对于具有吸收外国文化之悠久传统与经验的日本来说，这是发展现代化极为有利的方面；同时，日本文化的基本形式与日本人的意识结构又很适合吸收外国文化；在江户时代，平民中形成了自发性的热衷于教育的风气并且一直延续了下来；在明治维新前，农村的中农阶层已具备了日常生活所必需的识字、计算能力。特别是在人与人之间的关系上，中国的封建社会是以家族间互助往来为主，而日本江户时代的封建社会已经具有了重视家族以外社会关系的构造。中国的统治者开放了人才的选拔、使用渠道，通过科举制度为统治阶级选拔人才，使国民对统治阶级的现行体制非常信赖和迷恋。与此相反，以世袭制为基础的江户时代封建社会，即使在统治阶级的武士阶层内部，也存在下级武士对上级武士及现行制度的反叛，整个社会对现行制度的不满都非常强烈。

2. 经济因素。19世纪中期，日本资本主义萌芽的发展并不比中国快，然而日本在17世纪末期即以江户和大阪两大经济中心为核心，形成了全国统一的国内市场，以此为基础，要求实现国家统一的运动以"尊王论"的形式开展起来。统一的国内市场在从封建社会向近现代社会转变之际，是作为其前提的统一国家和民族形成的重要因素。由于日本国土比较狭小，而且周围被大海所包围，人们利用陆路和海路（帆船）使统一的国内市场得以形成，为后来的明治维新、自由民权运动创造了极为有利的条件；同时为在开放港口后与世界市场接轨创造了有利条件。而中国拥有广袤的国土，有着"巨大的地方市场"，分裂倾向长期存在，成为与世界市场接轨和经济发展的障碍。

3. 意识因素。江户时代，幕府与诸侯统治机构并存。17世纪末随着统一的国内市场的形成，出现了统一的市场与分散的统治机构之间的矛盾，从而产生了要求实现以统一市场为基础的统一国家的意识。这种意识与日本自古存在的本国王朝乃"万世一系"的信仰相结合，与江户时代中期兴起的以研究日本古典为中心的"国学"相结合，就形成了期待以天皇为中心的统一国家出现的"尊王论"。这种意识逐渐增强，直到幕府末期。期待出现以天皇为中心的统一国家的意识中，也含有以"一君万民"制代替依据世袭等级制形成的幕藩体制的因素。另外，江户时代的日本是以儒学代替之前的佛教作为统治地位的意识形态的，到了17世纪末期，包括儒家在内，已经产生了认为儒学的有效范围不是万能的，而是有限的意识，儒学所具有的有效范围也被限定得越来越狭窄。

从18世纪开始，日本兴起了"西洋学""尊王论""国学"等各种具有新内容的学说，这些都是随着儒学有效范围的缩小和被限定而发展起来的，到了19世纪中叶，在日本包括儒家在内，都认为儒学的有效范围几乎只限于日常道德的范围，充分认识到"西洋学"的有效范围。如前所述，工业化是首先在西欧出现而逐渐扩大到世界范围的，因此，吸收西欧的科学、技术、文化就具有非常重要的意义。19世纪中叶的日本为了吸收西欧的文化，已经形成了意识上的坚实基础，尽管其内容实际上只限于技术方面，但"西洋学"作为一门学问已被认可，并已达到相当的水平和普及程度。特别是到了19世纪中叶，在日本已经确立了日本是世界一员的思想。而在中国，正如梁启超指出的，由于长期处于册封体制之内，认为自己的国家就是"天下"，没能确立"国家"，即世界一员这一立场，导致被强制打开国门后无法应对国内外的新环境、新形势。与此相反，日本不处于册封体制的中心，同时自18世纪以来西洋学已相当发达，所以日本很早就确立了把自己国家作为亚洲和世界一员的意识。

4.国际环境。19世纪之后，自欧美各国兴起的世界殖民地化发展很快。当时，欧美势力在亚洲的主要对象首先是印度，其次是越南和中国，日本承受的压力相对较弱，有对保持独立和实现现代化较有利的国际环境，同时日本的"西洋学"已经得到了一定的发展，强大的国内统一市场已经形成，这些都为处理国际问题创造了有利条件。接下来，我们从三个方面对中日维新进行一下比较。

一、鸦片战争和《海国图志》[①] 对日本明治维新的影响。

在日本，首先被鸦片战争震撼的是长崎的町奉行高岛秋帆。高岛家从秋帆父亲开始就以"荻野流"炮术闻名长崎。高岛秋帆不满足于家传的炮术，从天保二年（1831），向荷兰商馆馆长、退役军官德·西列尼学习西洋炮术。学成之后，秋帆在长崎开馆收徒，从日本各地前来投在秋帆门下的弟子有三百余人。秋帆通过各种渠道自筹资金，在出岛的荷兰商人处购买了野炮六门、臼炮四门、榴弹炮三门、盖贝尔步枪三百五十支。他把门下弟子三百余人仿照荷兰陆军编制，编成四小队步兵和一队炮兵，每年春秋两季在长崎田上原各举行一次洋式操练。天保十一年（1840），鉴于清军在鸦片战争中的一败涂地，他痛感西欧各国的威胁和洋枪洋炮的优越，乃上书长崎奉行，建议改进炮术、加强武备。高岛秋帆指出，英国胜利的原因在于先进的炮术，他在给幕府的上书中写道："清国为欧军所破者，古式兵器不能敌新式武器故也，日本苟不改兵器战术，则亦不可全其国防。宜速行军制之大改革。"秋帆认为，与西洋的武备相比，无论是"唐国之炮术"，还是"本邦之秘法"，都无异于"儿戏"。他警告说，日本"诸家之炮术，乃西洋数百年前即已废弃之迟钝之术，或为无稽之华法"，只是"没落武士、流浪人等糊口之资"，强调"防御蛮夷而熟悉其术，

[①]《海国图志》：中国近代著名思想家魏源以林则徐主持编译的《四洲志》为基础，广泛搜集资料，编写成《海国图志》50卷，此后一再增补，10年后，全书达到100卷。这是一部划时代的著作，其"师夷之长技以制夷"命题的提出，打破了传统的夷夏之辨的文化价值观，摒弃了九洲八荒、天圆地方、天朝中心的史地观念，树立了五大洲、四大洋的新的世界史地知识，传播了近代自然科学知识以及多种文化样式、社会制度、风土人情，拓宽了国人的视野，开辟了近代中国向西方学习的时代新风气。

乃至关紧要之事"。高岛秋帆的主张是"天下之火炮一变",建议幕府断然实施西式军事改革。长崎奉行很快就将秋帆的意见书上呈给了幕府。高岛秋帆的意见书在幕府内部引发了一场争论。"蛮社之狱"的始作俑者、保守的幕府目付鸟居耀藏反对秋帆的主张,认为西洋炮术与日本诸流炮术不同,不以命中为主要目的,其主要目的在于使用烈性炸药轰击多数人,"盖以西洋不知礼法",专斗勇力,不同于中国和日本注重以谋略取胜,所以没有采用的必要。在鸟居耀藏看来,清朝的失败在于承平二百余载使武备废弛,而英国却经常进行战争,所以胜败"未必仅由枪炮之利钝所致"。他批评秋帆的意见是"俗人之情,喜好时新乃古今通弊,况兰学者之流好奇之病尤深,其结果,不仅火炮,自行军布阵之法至平日风俗习惯均仿照遵行,为害不浅"。幕府的开明派,伊豆韭山代官江川英龙对鸟居耀藏的说法颇不以为然。他强调说:"中国兵败之情由,窃以为亦由此种空论而招致也",同时充分肯定了高岛秋帆的主张。幕府老中水野忠邦对鸦片战争的情报做过认真的分析,认识到日本在军事、经济和政治方面均处劣势。他认为,鸦片战争"虽为外国事,但足为我国之戒",对此十分留意,因为"唇亡齿寒,我国虽全盛,亦不可晏然自佚"。天保十二年(1841),水野忠邦将高岛秋帆叫到江户,命他在武藏国德丸原(今东京都板桥区德丸町)举行西式步兵、炮兵的实弹射击演习。五月,高岛秋帆率领自己的弟子,在德丸原进行了八个专案的演练,这八个专案是:(1)臼炮试射榴弹三发。(2)臼炮试射燃烧弹三发。(3)榴弹炮试射榴弹二发。(4)榴弹炮试射葡萄弹一发。(5)骑步枪射击示范。(6)试射盖贝尔步枪。(7)野战炮射击示范。(8)西洋阵式演练。骑步枪射击示范是由秋帆和他的儿子浅五郎完成的。在进行第八个演习专案的过程中,高岛秋帆指挥弟子九十九人表演了伫列训练、行进间射击、刺刀冲锋和掩护撤退等科目。德丸原演武后,幕府出资五百二十两,买下了秋帆的四门大炮,他本人也得到了二百枚白银的赏赐,但是幕府内部对这次演习的态度并不一致。奉命监督演练的幕府铁炮方井上左太夫,批评秋帆的演习"做得不好","步伐虽极整齐,却几同于儿戏","乃无益之举"。井上对高岛秋帆的反对固然是抱残守缺的保守思想在作怪,更主要的是,他怕秋帆得到重用后会威胁到自己的地位。不过,水野忠邦非常赏识高岛秋帆的才能,他于九月命秋帆"可于直参中择热心此道者一人传授之",次年(1842)七月又允许向"诸家之热心者"自由传授炮术。重用高岛秋帆和传授西洋炮术，是水野忠邦"天保改革"的重要内容，这表明幕府决心进行军备的西欧化。可惜好景不长，随着老中水野忠邦的失势和倒台，幕府刚刚起步的军事改革戛然而止。反对军事改革的顽固派，这时纷纷造谣中伤高岛秋帆，污蔑他"阴蓄私兵、图谋不轨"。十月二日，高岛秋帆被鸟居耀藏逮捕，弘化三年（1846）七月二十五日，幕府下令将他监禁于武藏国冈部藩（幕府旗本安部家）。幕府军事改革的停滞不前，让实力雄厚的地方强藩抢先走在了前头，其中尤其以佐贺、萨摩等藩为代表的西南雄藩最见成效。日本最先引进西洋军备的藩是佐贺藩，主导此事的是佐贺藩武雄藩主锅岛茂义。锅岛茂义是佐贺藩改革派的代表人物，天保元年（1830），当他得知长崎有荷兰船进港的消息后，立即前往实地考察。通过这次考察，茂义深感进口西洋武器的紧迫性，便于天保二年（1831），从长崎的荷兰人那里秘密购得盖贝尔步枪五百支，又以聘请医生的名义，请荷兰教官来自己的领地传授西方兵法。翌年，锅岛茂义派家臣平山醇左卫门投入高岛秋帆门下学习西洋炮术，两年后，他又亲自前往拜师学艺。在学习炮术的同时，茂义开始了铸炮的尝试。天保五年（1834），平山醇左卫门试铸失败后，锅岛茂义即以重金礼聘高岛秋帆为顾问。一年之后，在秋帆的悉心指导下，茂义等人成功铸造了两门大炮。大炮试铸成功后，信心十足的茂义向藩主锅岛直正献上了荷兰野战炮的模型，建议在佐贺藩进行西洋大炮试射。天保十一年（1840），锅岛茂义的大炮试射取得了圆满成功，锅岛直正当即决心全面引进西方的军事技术。为了提高铸炮的效率，佐贺藩于嘉永三年（1850）设置大炮铸造方，翌年十二月，建成了日本最早的反射炉，从而具备了铸造重炮的能力。据统计，佐贺藩从天保十四年（1843）到庆应三年（1867），铸造各式大炮三百四十六门，在日本名列前茅。萨摩藩军事改革的契机是天保八年（1837）的"莫理逊"号事件。萨摩藩的炮术教师鸟居平七、鸟居平八兄弟虽然指挥弟子竭尽全力瞄准射击，却只有一发炮弹命中目标。经历了此次事件，鸟居兄弟认识到老式炮术的无用，便于次年前往长崎拜高岛秋帆为师，天保十二年（1841），萨摩藩把本藩的炮术统一为高岛流的西洋炮术。嘉永四年（1851），岛津齐彬出任藩主后，大力移植近代工业来支援萨摩藩的军事改革。嘉永五年（1852），齐彬以佐贺藩反射炉为蓝本动工兴建反射炉，于第二年夏天竣工。与此同时，他从长崎购买机器设备,在鹿儿岛开办了制造枪炮和刀剑的藩营工场,这些工场统称"集成馆"。岛津齐彬的军事改革使萨摩藩的军事实力排在了日本的前列。相比佐贺、萨摩两藩,长州藩的军事改革一开始要逊色许多。虽然有过聘请高岛秋帆的高足山本清太郎来传授西方兵法的动议,但未及实施,就因为秋帆被捕而作罢。这令长州藩在引进西方军事技术方面落后于其他先进各藩。此外,财政困难、无力购置洋枪洋炮,也是其军事改革滞后的重要因素。

  在引进西方先进武器的同时,日本人也注意到西方的军事科学和军事理论。西方军事科学和理论著作被大量译成日文,广泛传播到日本各地,例如铃木春山根据荷兰文原著译出的十卷本《三兵活法》,三宅友信翻译自荷文的《泰西兵鉴初编》和大鸟圭介翻译的《泰西兵鉴》和《筑城典型》等著作。也有的研究者认为,大鸟圭介曾经节译过克劳塞维茨的《战争论》(荷兰文版本),是日本翻译《战争论》的第一人。日本人研究西方军事的著作也层出不穷,仅在天保、弘化年间(1830—1847)就有官纂的《火攻精选》、吉雄常三撰的《粉炮考》、大塚同庵撰的《远西炮术略》等专著问世。总而言之,19世纪50年代的日本在物质和思想两个层面上,都为之后更全面、更深入的军事改革奠定了基础。

  鸦片战争后,英国的"坚船利炮"使中国少数先进的爱国知识分子从"天朝大国"的梦幻中惊醒,开始睁眼看世界。林则徐、魏源就是最著名的代表。魏源编成中国第一部世界史地著作《海国图志》。《海国图志》共50卷,介绍各国史、地、政情况,还涉及科学技术、造船、制械及练兵之法。在书中,他提出了"师夷长技以制夷"的观点,本应对中国起到振聋发聩的作用,而实际上并非如此。这本书反倒引起了日本有识之士的关注。为何出现这种"墙内开花墙外香"的情况?这是由于中日两国国情不同。

  其一,在漫长的封建社会,中国曾是世界上人口最多、疆域最广、经济文化最发达的国家,中国的周边国家在不同程度上都受到中国文化的影响,形成"东亚文化圈"。中国的封建君主和封建文人自以为中国是"天朝大国",民族心理中有自傲、自大的消极性。相反,日本是一个小国,加上自然条件相对艰险,经济文化相对落后,素有向外学习的长处和民族忧患意识。

  其二,中国自明中后期以来,长期推行闭关政策,尤其是清初驱逐西方传教士后，朝野对西方文化一无所知。清朝严格的文化禁锢政策和愚民政策使知识分子追求新知识的欲望荡然无存。反之，日本德川幕府虽然实行"锁国政策"，但在长崎留下了窗口，允许荷兰人和中国人来通商。以西方自然科学为主的"兰学"，一直影响着日本的知识分子。日本的知识分子对西方的了解要比中国知识分子深刻。

其三，在清朝封建专制统治下，中国缺少接受西方新思想的主体力量，而日本的经济相对开放，封建社会内部，资本主义经济发展水平高于中国，具有接受新事物的主体力量。所以，一场鸦片战争仍不足以使清朝皇帝及大多数大臣从思维定式中摆脱出来，他们把《南京条约》看成"万年和约"，认为忍受有限的损失，天下就太平了，朝野上下又弥漫着轻歌曼舞的太平盛世气氛。魏源的《海国图志》在国内自然曲高和寡。中国失去了一个了解世界、学习西方的极好机会，这是中国的悲哀。相反，当《海国图志》传入日本时，日本正面临着沦为殖民地和半殖民地的威胁，日本的一些有识之士正在探寻救国方法。因而魏源的"师夷长技以制夷"更易被日本接受，引起巨大反响。

1842—1843年间，魏源受林则徐嘱托编成《海国图志》，对"夷情"做了详细介绍，特别是制造轮船火炮之术、练兵养兵之法，并明确提出要"师夷长技以制夷"。然而，此书在中国很少人能看到，更谈不上影响。中国长期实行愚民统治，认为民不可教，识字的人很少，而认识字的人大多经过封建礼教影响，对这本书更不重视，因此《海国图志》在当时的中国被埋没了。但这本书传到日本后，短短几年就再版二十几次，阅读人数以千百万计。成为日本人求变、求发展的一本教科书和励志书。

当被革职流放的林则徐于1841年6月在镇江的船上将手中的《四洲志》《澳门月报》和《粤东奏稿》等交给魏源，让他编纂《海国图志》，完成未竟之业的时候，两人都不曾料到，直到他们去世，《海国图志》也没有打开中国人的心扉，但却对日本产生了深刻的影响。

以倡导"师夷长技以制夷"为惊世骇俗主张出版的《海国图志》遭到守旧势力一片喊"烧"之声，而仅仅印刷了千册左右。但1851年，日本人抓住了这千分之一的可能性，从停靠在长崎的一艘中国商船中检获该书三部。一时间使日本人产生了如沐春风之感。在偷运此书4年后，日本又直接盗版该书。盗版了15次之多、价格狂升三倍的《海国图志》遂成为日本当时的畅销书。正是日本盗版该书的当年，美国的柏利舰队敲开了日本大门。

现代日本学者井上靖说过："幕府末期日本学者文化人等，……例如，横井小楠的思想起了革命，倾向开国主义，其契机是读了中国的《海国图志》。"（《日本现代史》）日本维新潮流日趋高涨，倒幕府运动一浪高过一浪，终于在1868年促成了著名的明治维新运动，推翻了封建的幕府统治。可见，魏源的《海国图志》在介绍和传播西洋情形与一般近代文化，和影响日本维新运动的发展上确曾起过一定的作用。

《海国图志》在中日两国是完全不同的命运。在它的祖国，此书出版后几乎无人问津。据统计，当时国内有绅士百万余人，有能力读此书的也多达300多万人，然而却很少有人认真地阅读和领会书中的深刻内涵。相反，许多守旧的朝廷官吏的骂声却扑面而来，他们无法接受书中对西方蛮夷的"赞美"之词，更有甚者主张将《海国图志》付之一炬。在腐败守旧的清政府眼中，《海国图志》无疑成了一本大逆不道的书籍。

《海国图志》的出现，为日本维新变革人士擦亮了眼睛。当时著名的维新思想家佐久间象山在读到《海国图志》"以夷制夷"的主张后，不禁拍案感慨："呜呼！我和魏源真可谓海外同志矣！"在魏源思想的引导下，佐久间象山在思想上实现了从排斥西方人到发展与西方的关系的重大变化，他主张从全球的形势出发思考日本的方略。另一位维新志士横井小楠，也是在读了《海国图志》后得到了启发，与佐久间象山共同提出了日本"开国论"的思想。他们在吸收归纳《海国图志》的精髓后指出，日本发展之路必是"东洋道德与西洋技术的结合"。

日本的维新派人士认为，《海国图志》的核心内容是"制夷"，"制夷"的核心思想是"调夷之仇国以攻夷，师夷之长技以制夷"。唯有"师夷之长技"才能抵制其殖民扩张。要做到"师夷之长技以制夷"，不仅要发展本国的工业，开展对等的对外贸易，更重要的是推行民主制度，推翻德川幕府的封建统治。1868年1月，日本的维新派势力在"王政复古"口号下，发动了对德川幕府的战争，由于装备了大量西洋新式武器，维新军队虽然人数远远少于幕府军队，但依靠武器优势连战连捷，最终包围了德川幕府的老巢江户。1858年4月，德川幕府的最后一任将军德川庆喜见大势已去，被迫向兵临城下的维新派军队投降，德川幕府对日本长达200多年的统治画上了句号。

1868年7月，日本新政府宣布将江户改称东京，并定为日本首都。此后，以天皇睦仁为首，由改革派武士掌握的明治政府，开始着手实行维新，推进变革，日本逐渐摆脱了西方列强的肆意欺辱，并一跃成为东亚第一强国。半个世纪后，梁启超先生在回顾这段明治维新的历史时，曾这样评价说，日本维新派前辈"皆为此书（《海国图志》）所刺激"，最终完成了改革图新大业。

人类学家弗朗兹·博厄斯说过："人类的历史证明，一个社会集团，其文化的进步往往取决于它是否有机会吸取邻近社会集团的经验。一个社会集团所获得的种种发现可以传给其他社会集团。彼此之间的交流愈多样化，相互学习的机会也就多。大体上，文化最原始的部落也就是那些长期与世隔绝的部落，因为它们不能从邻近部落所取得的文化成就中获得好处。"

150年前的中国与日本，是亚洲地区的两个相互平等、彼此民族命运相似的国家。换句话说，当时的日本并不是中国清朝帝国的附属国，当时的中国也不是日本国的宗主国。中国与日本，都是封建皇帝个人专制统治下的中央政府，都推行强硬的与世隔绝的闭关自守政策。日本大批的基督教皈依者在17世纪中已经被无情地消灭干净；同样，中国清朝政府官员也悄悄地支持义和团民众以血肉为主要武器英勇地进攻西方列强的侵略军。

在侵略扩张成性的西方列强面前，首先是中国，然后是日本，都被迫敞开国门，都被迫签订了许多不平等条约，接受西方的商人、传教士、领事和炮舰。以一百五十年前美国与日本签订的两个条约为例。美国人要求日本开放港口、给美国最惠国待遇、美国人享有民事治外法权和刑事治外法权、外国人宗教信仰自由等类似美国与中国清朝政府所签订条约中的条款。日本与荷兰、俄国、英国和法国也缔结了类似的条约。

耐人寻味的是，同样处于民族屈辱的日本民族，在不到50年的时间内，恢复了民族活力。首先，西方列强先后放弃了对日本的特权；其次，日本本身成了不是西方列强中的列强。1895年日本人在历史上首次战胜了中华大清帝国；1905年日本在中国的领土上打败了西方列强之一的俄国，改写了远东历史及世界历史，创造了历史上划时代的转折点。一个非西方国家在被西方列强强行打开国门后奋发图强首次战胜了西方列强国家。其后日本又在历时四十年的侵略扩张中先后占领了大半个中国，在太平洋、在东南亚与西方列强中的英国、法国、荷兰和美国同时进行争夺殖民地的战争。

同期的五十年间，清王朝在遭遇西方列强的侵略之后为何不但停滞不前而且全面溃败于当年与自己同时受到西方列强进攻的日本？在此笔者无暇探讨道德伦理方面的问题，而是分析研究彼时中国清朝与日本的两种完全不同的思维方式与应对手法，对于一个民族的生存与发展，一个社会集团的生存与发展，所具有历史参考价值。

当时的中国清朝和日本对外部世界都毫无兴趣，对于当时西方国家数百年来发生的变化及西欧各国的人和事一无所知。大清朝廷认为，中国根本不需要西方国家的任何商品。称所有的外国人均为"长鼻子的蛮夷"；日本德川幕府也认为西方的宗教和贸易是一股威胁他们的权力、令人不安的力量。乾隆在答复1793年英国国王乔治三世要求建立外交和贸易关系的回信中说："我在统治这个广阔的世界时，我只考虑一个目标，即维持一个完善的统治，履行国家的职责。奇特、昂贵的东西不会引起我的兴趣。——正如你的大使能亲眼看到的那样，我们拥有一切东西。我根本不看重奇特或精巧的物品，因而不需要贵国的产品。"中日两国不约而同地采取了闭关自守的国策。都要使自己的国家与世隔绝，一成不变，以便使自己的统治世世代代永远存续下去。

西方列强以充满活力的经济实力和当时世界最高水平的军事力量，迫使中国和日本先后敞开了国门。鸦片战争的过程众所周知，1858—1865年，日本军人也曾经以大刀长矛为武器，以"尊王攘夷"的口号向西方列强侵略者发动了反进攻。西方列强军舰不可阻挡的炮火轰炸了日本的港口与江岸防御工事，给了日本氏族首领们深刻的印象。日本青年武士们认识到必须尽快得到西方列强所拥有的武器装备。在思想意识上抛弃了排外主义观念的就是接替日本德川幕府政权的日本青年武士集团。他们狂热地鼓励日本手工艺人仿造西方武器，他们要用世界上最先进的武器武装自己。日本青年武士集团正是在军事上挫败后及时接受教训，转而吸取西方列强国家的经验，从西方列强"文化成就中获得好处"。

然而，当时的中国，社会权力全部集中在正走向衰落的满清皇族手中。中国职业军人没有社会影响力。中英战争中取得局部胜利的林则徐被解职发配新疆，理由之一是他将西方"蛮夷"从南海"祸引"去了北方。之后唯一一个曾经掌握了当时清王朝最强大的、具备现代化军事战斗力军队的军人袁世凯，谋求的却不是中国社会整体的改革发展，而只是自己做皇帝的梦想。

西方列强与日本签订不平等条约两年后的 1868 年，日本天皇去世，德川幕府倒台，日本青年武士们以明治天皇的名义控制了日本全国，为明治维新扫清了道路。换句话说，日本青年军人集团无条件地支持他们的皇帝对日本社会进行全面改革。明治天皇颁布誓文，其中特别强调两点："广兴会议，万机决于公论"，"破除旧习，求知识于世界"。然而在中国，直到被日本打败后的 1898 年，才由光绪皇帝颁布了仅仅施行不到三个月的一系列改革法令，即所谓的"百日维新"，最终还被以慈禧太后为首的保守派所扼杀。

明治政府有选择地狂热地吸收着西方文明。他们把神道教列为国教，认为天皇是太阳女神的后裔，推崇武士道精神，维持着日本民族精神上的统一。全面实施义务初等教育，"国家需要有文化的公民"，接纳大批外国教育家来到日本创办学校和大学；成千上万的日本青年出国学习，回国后在新学校任教。直至今日，日本人虽然并不追求人人会说英语，但却用日语几乎翻译了世界各国的所有科学技术文献资料，甚至包括《共产党宣言》。在军事方面，日本取消了旧时的封建征兵制，创建了以西方国家模式为基础的现代化军队。其中，由德国人协助成立了日本陆军，由英国人协助成立了日本海军。最关键的是，日本新领导人意识到了现代化军队需要现代化经济为它们提供军需品。

明治政府通过发放津贴、购买原料、成立政府公司来确保军需产业的建立。其中包括采矿业、钢铁工业和造船业等重工业。这些企业建成后，政府通常以极低的价格将它们出售给各种享有特权的私人企业。换句话说，当时的明治政府根本不担心所谓的"国家资产流失"，它只负责开办实现日本经济现代化所必须开办的企业，却不想以天皇或政府的名义去经营它。动用国家资源创办企业，支持私人购买并拥有这些企业，让他们专心致志地经营它，为国家战略服务。

反观大清帝国，基本上不接受任何外国文化，同时也不允许皇帝之外的任何人拥有这个国家的一草一木。天下之大，皆是皇土。天下的一切，都是皇帝一人的，或者说，以所谓的皇帝的名义，以所谓的国家的名义所占有，决不能容忍其他任何人染指。中国皇帝信奉的只有儒家学说，强调的是伦理道德，对民众所灌输的是君臣父子夫妇上下等级尊严，要求民众的是服从、服从再服从。封建教育的经典教材是以伦理道德为主要内容的四书五经，没有现代意义上的小学教育，现代意义上的中学大学更是一片空白。1872年，中国皇帝曾派出由120名身穿长袍的少年到康涅狄格州哈特福德市的学校学习。为了让中国这些未来的现代化人物准备传统的经典著作的考试——这仍是中国读书人踏上仕途的先决条件——这些学生由旧式的中国老师陪伴着。这些中国老师采取的每一项措施都是为了确保同西方的这一前所未有的接触过程中这些青年学生的儒家道德不会被玷污。尽管如此周密防范，国内的王公大臣们仍不能放心，终于在不到9年的时间内，将整个留学生团全部召回国内。

清廷曾启动过"洋务运动"：1872年，成立了轮船招商局；1878年，天津开平矿务局开局；1881年，中国第一条铁路开通。但其指导思想是坚持"中国应获得西方在武器和机械方面的优势，但仍保持着中国的儒学至尊地位"。花费大量白银从西方列强手中购置了当时最强大的军舰与火炮，却不进行提高和维持战力的后续投入。北洋舰队的全军覆灭，只不过是一个缩影。

在早期现代化的进程中，中国和日本虽然在很多方面都有相似性，但是结果却相差很大。现代化的发展受到社会自身因素的极大影响和制约。作为后发现代化国家，所面对的压力和挑战巨大，需要强有力的政治共同体来引导、推动社会变革，而这一点正是中国早期现代化所缺乏的。几千年的宗法制度在中国社会的变革中，变成了极大的阻力。

二、近代中国与日本的社会结构

19世纪西方势力出现在东亚地平线上的时候，整个东亚被卷入进现代化的游戏。作为中国人，对于被称为"近代史"的这段历史,总是痛心疾首。但是，在近代史，甚至现代史中，对中国伤害最大的，却是同样作为东亚国家，一衣带水的日本。同样曾闭关锁国,也在大致相同的时间站到了现代化的起跑线上。为什么日本能成功转型，发展成后起型现代化国家，而中国却要跌跌撞撞上百年才能勉强扭转过来。这个问题可以说是比较文明论中的一个经典问题。

虽然在信息化高度发达的今天，各种传媒上也充斥着各种以小见大的对比类文章。然而对于这个问题进行稍微深入一点的研究，就足以令人发现，问题的真正答案，存在于我们意想不到的地方。

（1）人口。对从事中日社会对比研究的人来说，也许第一个骇人的发现就是两国的人口增长上的差异。中国古代史中的人口增长曲线是完全符合马尔萨斯模型的。新的王朝建立在战乱后地广人稀的国土上，伴随着人口的逐渐恢复，王朝达到高峰。然后随着人口超过土地负荷能力，王朝崩溃，战乱使得人口十不余一，于是又一个新的循环开始。而清代人口增长的特点是，随着外国新作物的引进、摊丁入亩、永不加赋政策的实行以及对于土地的进一步开发，似乎连马尔萨斯的幽灵也无法阻止人口的爆炸了。清代的人口总数不仅大大超出了前朝，而且在太平天国起义之后总人口也没有减少。

同一时期的日本，虽然在德川初期人口也有相应增加，但是从 18 世纪初开始，一百多年的时间，日本的人口几乎完全没有变化。另外，从秀吉检地一直到明治初期的几百年里，据估计日本的耕地面积从 150 万町步上升到 300 余万町步；随着农业技术的进步，单位面积的产量也大大增加了。一方面是总产值大大增加，另一方面是人口保持恒定，这样一来，扣除保持人口基数的最低限量的食品，社会财富实际上是大大增加了。

表 7-1　　　　　　　　　　18、19 世纪中日两国的人口数

公历	满清纪年	推测中国人口	公历	日本纪年	推测日本人口
1741	乾隆六年	2 亿	1744	延享元年	2615 万
1790	乾隆五十五年	2.8 亿	1792	宽政四年	2489 万
1820	嘉庆二十五年	3.5 亿	1822	文政五年	2660 万
1850	道光三十年	4.27 亿	1846	弘化三年	2690 万

（2）土地政策。德川幕府时期的人口问题成因，一定程度上是由日本残酷的土地政策和封建社会的长子继承制造成的。要对中国的土地政策做出评价，关系到自井田制度以来两千多年对土地兼并的各种政策的讨论，非笔者所能妄论，这里只谈日本的情况。德川幕府为了维持其封建制的基础，规定农民的私田一律禁止买卖，而一町步（约一公顷）或产值在 10 石以下的田地也一律不得再分拆。这一政策一方面防止了土地兼并而保证了财富集中在武士阶层手中，另一方面也造成了多生子女就无法保证其保有最基本生产资料的局面。再加上

下面要谈到的封建社会的高税率，普通家庭根本难以养活较多的孩子。在庆安二年（1649）刊发的《御振书》里，幕府公然鼓吹如果贫苦农民家孩子过多，为了减少吃饭的人口就应该将孩子寄给公家或者送给别人。连上层政府都能如此赤裸裸地鼓吹，那么民间异常普遍的溺婴行为也不足为奇了。实际上，近年来的研究甚至显示：在经济宽裕的家庭里，溺婴行为更为流行。

正是因为如此严酷的政策，才造就了日本未被人口压力压倒的社会基础。相对而言，清朝末期不但未能控制人口，而且生产资料和生产力的发展速度也被人口增长超过，从土客之争到太平天国战争，背后都可以看到人口压力的影子。

（3）基层管理和税收。对农村的控制不仅仅取决于政策的设定，更取决于底层的贯彻力。在这方面，即使是中国历史上最专制的满清，其对底层的严酷控制能力也远不能与日本比。清代的税收政策以疏松而出名，虽然北方的蛮族在入侵的时候也曾在北京周边圈地。但总体来说，清朝还是遵循了传统的无为而治的方针。对中央负责的官员，最底层起码也是县令的位置，而下面的管理与维持，依赖的是地方上的役吏与大户。而作为前现代社会，中国的农业税向来就相对而言非常低，清朝的劳役则更是按照摊丁入亩的原则折算，征收数目并不大（据估计，在清末全部赋税负担只相当于国民生产总值的 2.4%）。为了了解基层并扩大税源而检地的企图虽然也有过，但实际上无论儒家的政治模式还是实际的基层官僚都无法完成这一任务，最后全部不了了之。据估计清末有近 1/3 的土地实际上是官方记录上没有的不用纳税的新田。到了 19 世纪，清政府终于察觉了财政上的无力，却对此无能为力，海关税和盐税反而逐渐成了重要收入。这一传统一直持续到了 20 世纪 30 年代，由于依然无力改革农村政治结构，在所谓的"黄金十年"中，国民政府 70% 的收入，竟然还是来自盐税和海关税。

另一方面，在以封建制为特征的日本，据说德川家康有过如此的名言："不要使农民好过，但也不要叫他死掉，在这种程度上来征收。"秀吉制定的对农民征收年贡的一般原则是"二公一民"，也就是说收成的 2/3 归公；而实际征收也鲜有少于 60% 的。因为整个日本的封建社会政治结构并不是如同中国一样的中央集权的小政府，而是由无数军阀家族一层层重叠下去的庞大武士阶级，哪怕是农村最基层的地方实际上也依然是处于当地藩主的直接控制之下。即使是农民为了改善生活而新开的田地，一定也会在周期性的检地中被登记并被强制纳税。这样一来，当明治维新开始的时候，接管了旧式基层组织的明治政府，实际上就拥有了对地方资源的完整控制手段以及高额土地税收入。

明治维新开始后，明治年间的农业改革规定，土地的税率相当于其地价的3%，平均折合下来大抵是年产量的1/3。由于日本经济总量相对仍然不高，海关和工业的税收都很少，实际上明治维新时期的启动资金都是通过这样的重地税来征收的。以1875年为例，日本国税收入不到6000万日元，其中土地税就达到了5034万日元。作为对比，光绪十七年（1891），清政府的地丁收入仅仅只有2366万两而已（白银对日元的比例大致可参考甲午赔款，两亿三千万两白银折换为3.6亿日元）。考虑到两国人口和土地面积的悬殊差异，这一数字的对比足以说明两个国家对基础控制和动员能力的差距。如果没有德川时期严厉征收制度的基础，这样的土地税收入是难以想象的。

（4）资源流动与城市文化。德川幕府属于封建制政权，与大一统的中国王朝不同，全国是由大大小小的军阀分别统治的。处于权力中心的德川家，为了能够削弱地方上的强藩，而制定了"参觐交代"制度。根据这一制度，各大名不仅必须让妻儿作为人质生活在江户，连大名本人，也必须间年在领地和江户之间交换住所。来往于领地与江户之间的往返费用和在江户的生活费用，即使对于大名们来说也是极其高昂的。然而，正是因为德川幕府这种人质制度，实质上造成了日本全国交通的发达以及全国经济资源的集中。19世纪初期江户人口已经接近一百万人，而其中为大名和武士服务的商人就多达50余万。而农民的所有收入除了维持生存的最低限度口粮之外，实际上全部被武士阶层拿走了。而不断增长的产出和维持不变的人口基数使得被武士阶层占据的财富越来越多。因为政治上的关系，实际上这部分财富又集中到少数几个重要城市，并逐渐转移到商人手中。而商人无权把财富投资于土地这样的不动产，结果在城市文化圈子里财富的大量集中和大量流动实际上已经在相当程度上推进了日本社会的城市化进程。到了19世纪中期，虽然就大城市的数量而言中国依然在世界上处于领先地位，但是就城市化程度而言，则已经被日本超过。

（5）阶级出身。儒家思想支配下的中国，基本上社会各阶级之间是可以流动的。虽然教育水平实际上受家庭经济情况决定，但是只要在科举考试中表现良好，那么无论出身如何都能进入社会精英阶层。而在封建制的日本，家庭出身却成了决定一个人社会阶层的唯一决定因素。除极少数特例之外，武士阶层的大门总是对平民关闭的。不仅平民无法成为武士，就是武士阶层中，根据出身家庭的不同其等级也完全不同。通往上层的道路一旦被封死，其实际效果是大量人力、物力涌入商业市场。升级无望也使得社会精英可以把学术研究转移到儒学之外的各种其他学科。森严的武士社会内部等级，也使得无法翻身的下层武士最终成了倒幕运动的主力。从社会经济的各个方面来作比较，不难看出日本虽然是东亚国家，其制度实际上更近于西方的封建制度。正如马克思所说："日本有纯粹封建性的土地占有组织和发达的小农经济，和我们大部分充满资产阶级偏见的一切历史著作相比，它为欧洲的中世纪提供一幅更真更实的图画。"

日本残酷的农业政策不仅使得其人口一直未能增加，还长期把民众的生活限制在最低水平上。开垦和技术进步创造出的社会财富通过高税率集中到了武士阶级手中。因为其落后的政治制度而实行的人质制度则使得社会财富更进一步集中于以江户为代表的都市，形成了全国的统一市场，为社会的进化打下了基础。相对而言，在传统儒家治下的中国，因为整个社会制度达到了前现代社会所可能达到的最高点，反而未能发生改变。轻徭役低税收使得中国人口的增加超过了土地产出的增加，完全消耗了资本的增加。放弃了对基层的直接（残酷）控制而仅以小型官僚队伍管理国家的朝廷，在危机到来时缺乏动员与控制能力。少量的官僚人数以及相对富裕的乡村，使得社会财富均匀地分布而没有出现现代的城市文化。开明的社会阶层流动与合理的科举制度，缓解了社会精英对制度的不满，同时也使得大量社会财富回到对土地的再次投资中。以前现代社会的政治、经济标准来看，日本在各个方面都比中国更野蛮、落后。然而，正是日本野蛮、落后的社会制度，最终造就了日本现代化的基础。对此，只能用一句话来形容：人类历史的发展，从来都不是在温情脉脉的田园牧歌中行进的。

三、戊戌变法和明治维新

从 1840 年中国开始遭受外来势力侵略，中国的有识之士就不断寻求强国的道路。甲午战争的失败，引起国内一片恐慌，中国面临着被帝国主义瓜分的严重危机，以康有为、梁启超为代表的资产阶级维新派力图挽救民族危亡，发起了维新变法运动。以 1895 年"公车上书"为发端，到 1898 年 6 月 11 日光绪帝颁布"明定国是"诏书，形成百日维新高潮。其主要内容有：经济上鼓励发明创造，保护和奖励工商业，发展铁路和采矿业，举办邮政，保护地方商务；政治上给予民众一定言论、出版、结社自由，改革律例，取消重叠的行政机构；军事上裁撤绿营，编练海陆军，改习洋操，改用洋枪；文教上废八股，改试策论，提倡西学，选派学生出国留学。尽管这次维新运动开展得轰轰烈烈，但是，戊戌变法并没有给中国带来希望，它在封建顽固势力的镇压下，最终失败。在戊戌变法前几十年，以天皇为首的日本明治政府，为巩固地主资产阶级的统治，发展资本主义而进行的一次资产阶级改革运动，便是明治维新。其主要内容是政治上废藩置县，消除封建割据，加强中央集权；经济上实行土地改革和地税改革，实行保护扶植资本主义工商业的一系列政策。如将企业交给私人经营，向资本家发放无息贷款，统一货币，禁止各地设立关卡，取消商人专利的同业公会等；军事上颁布义务兵役制，建立近代常备军，按照西法练兵，对官兵进行武士道精神教育。明治维新促进了生产力的发展，使日本免于沦为西方资本主义的殖民地，成功地走上了发展资本主义的道路，迅速崛起为东方资本主义强国。

同样是除旧布新的改革，一个使日本摆脱了殖民化运动的枷锁，走向了资本主义而成为近代列强之一，另一个却未能阻止中国进一步陷入半殖民地的深渊，成为帝国主义列强瓜分蚕食的对象，通过对比，我们不难看出导致这一成一败的原因。

戊戌变法和明治维新在很多方面是具有共性的，这主要表现在以下几个方面。

第一，从背景上看，两次改革都是在本国受到西方列强侵略，民族危机严重，社会面临严峻的殖民化形势下进行的。中国自 1840 年以来不断受到西方列强的欺压，在与列强的一次次交战中节节失利，不断地签订丧权辱国的条约，不断割地赔款，使昔日的"天朝上国"颜面尽失。对此，国内的有识之士纷纷提出向西方学习的口号，先是技术层面，进而是思想层面，最后，他们提出了只有维新变法才是挽救国家和民族危亡的良药。同样，日本在1853年美国军舰闯入浦贺港之后，也开始了被列强欺侮的历史。面对列强的挑战，日本的爱国志士也对改革呼声一片，希望以此来改变国家受辱，民族受欺的局面。

第二，从性质上看，两者都具有资产阶级维新的性质。在戊戌变法当中，提到了许多有利于资本主义发展的内容，如经济上的保护工商业、设立商会，政治上给予民众一些民主权力，文教上提倡西学等，这些都无疑在为资本主义的发展扫清道路。在明治维新中，"废藩置县""殖产兴业""文明开化"这三大政策正是从政治、经济、文化思想的角度推进资本主义的发展。

第三，从目的上看，戊戌变法和明治维新都是为了救亡图存，富国强民。从背景分析中我们可以看到，在变法维新之前，中国和日本都在遭受外来势力的践踏，国内都有改变当时状况的强烈呼声。在中国，从洋务运动开始就提出向西方学习，提出了"自强""求富"的口号，以期振兴中华。戊戌变法更是从制度层面上提出变革要求。同样，在日本，明治维新以"尊王攘夷"为精神，天皇成了民族团结、抵御外来入侵的精神中心，于是天皇颁布了一系列政策，以求促进日本各个方面的进步。

第四，从作用上看，戊戌变法和明治维新都是顺应历史发展潮流的，两者在各自国家的历史发展过程中都起到了积极的作用。戊戌变法虽然失败了，但它在鼓励工商业发展等一系列经济政策方面推动了经济的增长，对政治方面的改革使民众获得一定权力，并使民主观念深入人心，对军事的改革提高了军队战斗力，对文教方面的改革培养了大批具有先进思想和技艺的人才，促进了教育的现代化。明治维新开始了日本由封建社会向近代社会的转型，并使日本逐渐摆脱了民族危机，在促进经济发展、政治民主、军事现代化、教育现代化方面起了极其重要的作用，可以说有了明治维新，才有了现在的日本。

然而，上述这些相同点并没有使两者"同归"，出现差异的根本原因在于以下几方面。

从变革的经济条件上看，日本是优于中国的。变革之前，虽然两国封建社会内部都已孕育出资本主义的萌芽，但中国的自然经济占有绝对的优势，力量十分强大，资本主义萌芽只是一个生长在封建经济夹缝之中的弱苗，中国根本不具备进行资产阶级革命的充分的社会经济前提。日本经济发展的普遍水平略高于中国，在幕府统治后期，为了增加财政收入，一些大名与各藩的大商人相勾结，发展藩营手工业，在一定程度上保护和鼓励了工商业，因此，日本的资本主义经济发展水平是优于中国的。

从变革所受到的阻力上看，两者的情况也有所不同。中国戊戌维新时所面临的反对力量是异常强大的。封建势力已在中国存在了两千多年，要想一下子将其推翻，其难度是可想而知的，人们早已习惯于受封建势力的统治，产生了惰性，安于现状。所以维新派不仅要同强大的封建统治阶级做斗争，更要激发民众的反抗热情，力量并不强大的资产阶级维新者们很显然扛不起这一沉重的担子。而明治维新前，日本幕府统治已成为众矢之的。其危机主要体现在：一是日本存在着猛烈而持续的农民起义和市民暴动，它有力地冲击着幕府的统治和腐朽的封建制度。二是统治阶级内部的斗争和分化也日益激烈。旧的统治阶级——武士阶层不仅在其上层存在着尖锐复杂的矛盾，一部分武士甚至向资产阶级转化，这就使幕府陷入极端孤立的境地。此外，强藩的离心倾向也越来越强。1864年、1865年幕府两次发兵征讨长州藩，标志着幕府与强藩的矛盾也已公开化。而日本封建制度因其僵化的土地所有制和封闭式的社会结构，不但无法调节这些矛盾，本身也陷于瓦解。

从政策措施的实施上看，两者依靠的力量和实施方式是不同的。戊戌变法依靠的是一个并无实权的傀儡皇帝，而当时的权力主要集中在以慈禧太后为首的保守派手中，保守派害怕维新派势力发展强大，当然对维新运动持反对态度，这给变法政策的实施造成很大阻力。光绪帝颁布了一系列涉及政治、经济、军事、文化等方面的变法诏书，资产阶级维新势力却并未掌握政权，加之守旧势力强大，根本不可能实施。而在明治维新过程中，"尊王攘夷"使天皇成了全国上下团结的中心，对于政府发布的命令，如奉还版籍（1869）、废藩置县（1871）、改革封建身份（1869—1873）、废除封建俸禄（1876）、地税改革（1873）、教育改革、殖产兴业、修改不平等条约，最后制定宪法（1889）、召开国会（1890），都得到了民众的响应与支持，使日本迅速成为君主立宪制的资本主义国家。

从国际环境上看，中国在进行维新时受到是外部阻力大于日本。中国戊戌维新发生在19世纪90年代末，世界资本主义已经向帝国主义阶段过渡，列强通过争夺殖民地的高潮已经基本上把世界瓜分完毕。中国成了列强在东方争夺的"唯一富源"，出现了瓜分中国的狂潮。这时帝国主义列强绝不愿意中国成为一个独立强大的资本主义国家，国际环境对中国维新运动很不利。而日本明治维新发生在19世纪60年代末，当时世界还处于自由竞争资本主义时期，夺取殖民地的高潮也尚未开始。而西方列强在东亚侵略的主要目标是地大物博的中国，加上亚洲民族解放运动特别是中国太平天国运动对西方列强力量的牵制，都为日本明治维新提供了一个较为有利的国际环境。日本维新派本身也比较注意外交斗争策略，尽量利用英法、英俄之间的矛盾，使日本维新变法的阻力大大减弱。

历史总是在看似偶然中隐藏着必然，戊戌变法时的中国和明治维新时的日本表面上有着许多相似之处，但在实质上两者却有着巨大的差异，才有了"同途殊归"的结果。

第二节　明治维新引发的思考

对日本的研究，中国学术界一向以历史、文化、政治以及现代日本经济为中心，对近代日本经济的研究相对较少，现有研究人员中，出身于各个专业的人都有，具有双重背景的研究人员不多，导致对整体把握的不足。另外，由于历史的原因，偏重这一时期日本经济发展中的对外扩张性、对外侵略性的研究较多，对其历史的必然性、日本民族当时的生存危机感、具体的战略、所采取的政策等方面的研究较少。

1868年明治维新以来的日本近代经济发展史，对于正处于和平崛起时期的中华民族来说，或许更具现实意义和借鉴作用。真正奠定日本经济基础，尤其是工业基础，并迎来日本列岛有史以来第一次强盛的，正是这一时期。

自明治维新起，日本仅用了短短的二十年，即在1894年的中日甲午战争中让李鸿章苦心经营的北洋水师全军覆灭。并一举控制了朝鲜，吞并了我国台湾以及澎湖列岛。进而在1905年结束的日俄战争中打败了传统工业强国——

沙俄帝国。通过《马关条约》从清朝政府勒索了多达二亿两的白银。并将之专项用于发展日本的造船、机械、石化、军工、纺织等重点产业。奠定了日本近代工业的基础。

对于贯穿日本近代经济发展过程中的对外扩张性和侵略性，我们持坚决的批判态度，而对当时日本所采取方针战略、政策措施，本着实事求是的态度，我们认为应该从近代日本经济发展史中吸取我们作为中国人应该反思的教训，从国家发展战略的角度去积极借鉴其成功的经验，为我所用。

在我国整体实力不足的情况下，以务实的科学发展观去认识、理解自身以及周边国家和地区的经济发展状况，避免他人的教训，借鉴别人的经验，制定切实可行并且实用的经济政策，保证其不折不扣的实施，能使本国、本地区的经济得到较大、较好的发展。日本近代经济发展过程对我国现在正在进行的经济建设，是有很重要的借鉴价值的。主要有以下三个方面：（1）通过对当时日本所处的国际环境、日本国内当时的社会矛盾、日本当政者的思维过程、所制定的战略及政策的分析，可以找出日本完成从封闭的封建社会转型成为现代工业化社会的积极因素。（2）以当时的史料为依据，抛开一切感情因素进行探讨，就会发现作为国家的日本民族在国家战略制定上的思路走向以及形成过程。（3）在前两点的基础上，能够找到在中华民族伟大复兴过程中值得我们借鉴的经验、应该吸取的教训，明确应该扬弃的负面思维、消极政策。

明治维新以前的日本，对外面临西方列强要求开放的压力，国内又处于以小农经济为主体，毫无工业基础的落后状况。日本政府首先通过派遣使节团等各种方式，详细考察了西方列国经济发展状况及政策，认识并承认了本国与列强之间巨大的差距，进而采纳了大量引进西方列强技术、人才的积极发展政策。在国内，通过政策手段巧取豪夺农民的财富，使之集中于一小部分新兴的大地主，大资本家之手，帮助其完成资本的原始积累，并从税收政策等方面扶持这些新兴财团发展工业。教育方面，在全国大力兴办西学，更重要的是，在各类学校中设立工科，专门教授西方工业技术并确定以应用型技术为主，跳过需要花费大量时间和资金的基础研究，培养速成实用型的工业技术人才。

日本的经济成就一直以来都备受推崇，但在探究其原因的时候，人们常常提到的是日本民族的勤劳、认真，国际政治的风云变幻带给日本的机会（美国的全球战略、朝鲜战争、越南战争），等等。但这些都只不过是表层现象，不是根本性的深层次的原因。具备相同特征而经济却一直处于落后状态的国家可以举出很多。而以下三点才是根本性原因。

1. 日本地处自然环境恶劣的岛屿，有着根深蒂固的大陆情结，渴望向大陆发展。日本的军事扩张、经济扩张都与此有关。明治维新后的大陆政策就是最好的例证。明治维新后，"不甘处岛国之境"的日本用战争手段侵略和吞并中国、朝鲜等周边大陆国家的对外扩张政策，是日本近代军国主义的主要特征和表现。大陆政策的思想奠基人、日本改革派政治家吉田松阴早在1855年就认为：日本暂时不能与英法德俄等西方列强抗衡，而应该把朝鲜和中国作为征服对象。"一旦军舰大炮稍微充实，便可开拓虾夷，晓喻琉球，使之会同朝觐；责难朝鲜，使之纳币进贡；割南满之地，收中国台湾、吕宋之岛，占领整个中国，君临印度。"1887年，日本参谋本部继《与清国斗争方案》后，再度制定了《清国征讨方略》，提出"乘彼尚幼稚"，以武力分割中国，"断其四肢，伤其身体，使之不能活动"。方案要求在1892年前完成对华作战准备，进攻方向是朝鲜、我国的辽东半岛、澎湖列岛和台湾。7年后，日本正是按照这个时间表和路线图发动了甲午战争，并几乎达到全部预期目的。《与清国斗争方案》和《清国征讨方略》都是日本最高层次的官方文件，其内容和观点具有权威性和纲领性，体现了日本的国家意志，显示大陆政策在这个时期已经完全成熟。奉行大陆政策有其必然性和深刻的社会根源。甲午战争前，日本政治家发表过许多论述，可以看出其中的奥妙。时任日本外务大臣的柳原前光在《朝鲜论稿》中写道："皇国乃沧海之一大孤岛，此后纵令拥有相应之兵备，而保周围环海之地于万世始终，与各国并立，皇张国威，乃最大难事。"而曾任外务卿的副岛种臣在《大陆经略论》中说得更为直白："日本四面环海，若以海军进攻，则易攻难守……永远难免国防之危机，故在大陆获得领土实属必要……不能不首先染指中国与朝鲜。"山县有朋则将大陆称为日本的"利益线"，提出维护利益线乃维持国家独立自卫的必要之策。按照他的理论，只要日本认为哪里与其利益有关，就可以出兵到哪里进行"保卫"。

柳原前光、副岛种臣、山县有朋等人都是日本近代的重要政治家，他们的主张代表了当时日本统治集团的主流意识。字里行间，可以深切感受到日本对位居岛国的严重不安和对伸张国势的强烈愿望。在日本政治家看来，富国强兵与位居岛国的矛盾，不仅表现在拓展疆土的需求上，也同样表现在经济发展方面。19 世纪 70 年代之后，日本工业化迅速发展，而贫乏的资源和狭小的国内市场既不能保证足够的原料供应，也无法容纳急剧增长的生产能力，因而中国的潜力日益受到重视。但日本作为后起的资本主义工业国，在正常贸易中无法与西方列强竞争，如果不通过军事占领形成排他性的经济掠夺，就不可能获得可靠的原料供应和商品输出。在这种情况下，大陆政策应运而生并引导日本走上了对外侵略扩张的道路。

2. 日本人基本上是一个无固定宗教的民族。崇尚实用主义、拿来主义。只要是对我有用的就是可取的，为此可以放弃原则，忘却仇恨。日本只有 1.2 亿人口，却有 2.13 亿各种宗教的教徒。1.07 亿信奉神道教，9400 万信仰佛教，220 万信奉基督教。因为大清帝国鸦片战争被英国打败，日本可以马上"脱亚入欧"，而美国扔了原子弹，占领了日本，直到 1972 年才把冲绳归还给日本，在日本人心目中的地位却是最高的。日本不少人结婚时先在神社举行神前式，接着在教堂由牧师主持基督教婚礼，最后在婚宴上吃中国美食，这在绝大部分外国人眼里都是无法理解的。

3. 日本人的团结精神或者说盲从精神的罕见，源于这种精神巨大的凝聚力。在明治维新时代，《教育敕语》中说："朕惟我皇祖皇宗肇国宏远，树德深厚，我臣民克忠克孝亿兆一心，世济其美，此我国体之精华，而教育之渊源亦实存乎此。尔臣民孝于父母、友于兄弟、夫妇相和、朋友相信、恭俭持己、博爱及众、修学习业以启发智能、成就德器。"

说日本人盲从，是因为日本民族轻信，极易被煽动。笔者在日期间曾经调查过"七七事变"前后日本主流媒体的原始报道资料，以反战著称的《每日新闻》、《朝日新闻》等日本主流媒体在当时都进行了煽动、支持战争的报道。第二次世界大战时期，说当时日本几乎所有的男女老少都是军国主义分子是一点都不为过的。在日本长期生活你会发现：报纸、电台、电视台对各种话题、各类事件等的报道口径基本一致，列岛的男人们谈论的主要话题都是巨人队的输赢、喝酒和马票，女人们的主要话题还是巨人队的输赢，只不过喝酒和马票变成了购物和美食。

综上所述，以鸦片战争为契机，日本认识到了大清帝国的软弱、落后以及以英美为首的西方列强的强大、先进。发展和生存的需要加上根深蒂固的扩张野心，日本人以其特有的拿来主义、实用主义精神奋起直追，在极短的时间内实现了向工业化的转型。日本的工业化进程是以对外扩张为目的的，这直接反映在了其重点发展造船业、军火工业等产业的经济政策上。这样的思路虽然并不可取，但在国家整体实力不足的情况下，以务实的科学发展观去认识、理解自身以及周边国家和地区的经济发展状况，吸取他国的教训，借鉴别人的经验，制定现实可行并且实用的经济政策，保证其不折不扣的实施，是能使本国、本地区的经济得到较大、较好的发展的。

下面来谈一谈日本民族的"拿来主义"和"实用主义"。世界上很少有人会否定日本人的成就，大多数人还会把日本的成功归因于日本民族的勤奋、认真。一直以来，谈到日本人的时候，中国人总是把勤奋、认真作为日本人的最大优点加以赞扬。旅居日本十几年，我也一度对此观点非常认同，离开日本后，也许是身在山外的缘故，对日本却有了一些新的认识。说到勤奋、认真，同处亚洲的中国、朝鲜半岛、印度支那半岛诸国以及其他很多国家的人民，也都毫不逊色，但这些国家却没能享受到日本那样长期的繁荣与发达（第二次世界大战后期及战后恢复的短暂时期除外）。究其原因，历史上也好，现在也罢，在勤奋、认真的基础上，日本每一个时期的成功，都得益于日本传统文化中的"拿来主义"和"实用主义"。以下通过几个例子来分析日本民族这方面的特点，探讨与日本民族的相处之道。

古代，日本从中国、朝鲜等国"拿来"了包括文字在内的文化、宗教、礼制等，而且日本人还根据自身的实际需要、消化能力做了大胆的改革，没有一味照搬。比如说，用汉字创造了平假名、片假名，并用片假名记录主要来自印欧语系的外来语。

近代，1868年的明治维新，是日本走上工业化道路，富国强兵的关键改革。促成日本明治维新的重要原因之一，是中英之间的鸦片战争和魏源编写的《海国图志》。

林则徐是近代中国"开眼看世界"的第一人，而魏源则是鸦片战争以后明确提出"向西方学习"的第一人，他在《海国图志》中阐述了"师夷长技以制夷"的思想，主张利用外国先进科学技术武装自己，以抵御外国的侵略，使国家走上富强的道路。

然而，相当长的一段时期，《海国图志》在大清朝没有引起朝野人士的重视，更谈不上在实践中"师夷长技以制夷"了。鸦片战争过去二十年之后，源于"师夷长技以制夷"的"师夷长技以自强"的洋务运动才开始在中国出现，而且洋务派的势力也不在中央，而在地方。最终，由李鸿章等洋务派官僚兴起的洋务运动欲自强而不强，终以中日甲午战争的失败而宣告破产。值得我们深思的是，"墙内开花墙外香"。《海国图志》及其思想在日本的境遇，正与中国相反，在日本全国上下产生了极大的反响。该书于19世纪40年代末50年代初传入日本以后，立刻得到了日本一些有识之士的重视，对其书中阐述的"师夷长技以制夷"的观点，产生了强烈的共鸣，称誉《海国图志》为"海防宝鉴""天下武夫必读之书"。其对日本后来的明治维新、学习西方等国策的制定均产生了积极的影响。

鸦片战争结束后，清政府依然故步自封，既无向西方学习的动机与要求，更无励精图治的精神，也难以与"师夷长技以制夷"的思想产生共鸣。比如道光皇帝虽然称赞大臣送来的西方火器很好，却不同意大臣仿制西方火器的建议，从而堵塞了当时中国"师夷长技"的道路。同时，中国士大夫受传统观念的严重束缚。封建顽固派自不必说，他们不但妄自尊大，还有盲目排外心理，把外国先进科学技术一概视为"奇技淫巧"而深恶痛绝，加以排斥。要让顽固派接受"师夷长技以制夷"的思想，向西方学习，简直是"天方夜谭"，不可思议。事实上，士大夫阶层中反对向西方学习的人确实为数不少，即使是开明的士大夫，也未必都赞成学习西方。有的士大夫虽然主张抵御侵略，但对"师夷制夷"却持否定态度。比如广东士人梁廷丹就是如此。战时作为林则徐鸦片战争初期的幕僚，为抗英斗争出谋划策，战后对林则徐等人坚持抵抗和三元里抗英也予以高度评价，然而他却公开反对"师夷长技以制夷"的主张。这说明即使是爱国志士，如果不摆脱"天朝上国""夷夏之辨"等陈旧观念，其思想也是无法与时代潮流接轨的。当然，《海国图志》当时印数有限，尤其是未及时得到军政重臣和社会名流的赏识推荐，也是它在国内影响受限的原因之一。

反观日本，朝野上下对自己心目中的"天朝上国"竟然被几艘英国炮船打得俯首帖耳深感震惊之余，开始反思本民族的生存策略，《海国图志》正好提供了这方面的事实依据，指导思想。一时间，福泽谕吉等倡导的"脱亚入欧"成了国是，日本开始走上了近代资本主义发展的道路，这是日本民族"实用主义"（坚船利炮），"拿来主义"（《海国图志》）的最好实例。

日本人自古以来，就只注意与自己有关的事物，不关心与自己无关的东西，因此日本人在本质上属于典型的实用主义性格。从经济学的角度来说，日本属于新兴、后发资本主义国家，明治维新前在各个方面都大大落后于老牌的欧美资本主义各国。尽量减少耗资、耗时的基础研究投入，学习、吸收、消化别国先进的研究成果为我所用，是经济学上典型的后发利益理论的应用，这绝不是投机取巧，所以无可厚非。

经济上，日本人将"拿来主义"和"实用主义"发挥得更是淋漓尽致。既无资源又无市场的日本何以能成为继美国之后的世界经济强国？个中奥妙值得我们好好思考。

明治维新前的日本，从经济实力上讲，还处于一穷二白的状态。然而仅仅过了短短的20年，日本就在1894年的中日甲午战争中让李鸿章苦心经营的北洋水师全军覆灭，并一举控制朝鲜，吞并了我国台湾以及澎湖列岛，进而在日俄战争中打败了传统工业强国——沙俄帝国。通过一系列不平等条约从清朝政府勒索了多达两亿多两的白银。并将之专项用于发展日本的纺织、造船、石油化工、军工等重点产业，奠定了日本近代工业的基础。

明治维新之后发展和生存的需要加上根深蒂固的扩张野心，日本人以其特有的"拿来主义""实用主义"精神奋起直追，在极短的时间内实现了向工业化国家的转型。

日本民族的"拿来主义""实用主义"特性，源于自然条件恶劣的岛国环境，岛国民族对大陆的向往是根深蒂固的，且很容易演变为崇拜和不自信。由于这种深融于血的思想意识，总体上日本民族不习惯自己思考，更谈不上去创造发明。很多人被充斥全球的日制工业品所迷惑，会产生日本创造了很多东西的错觉，日本人甚至会以中松博士[①]为例来证明本民族的创造性。事实上，从意识形态到日常生活的各个方面，日本民族都难以抹去"拿来主义"和"实用

---

① 中松義郎，东京大学毕业，著名的发明家，据说是世界上向IBM公司提供了16项专利的唯一的个人。

主义"的痕迹。这并不是善恶的问题，认识一个民族的特性，对于这个民族本身、对于其周边的民族来说，都是好事。

日本民族的"拿来主义""实用主义"特性，从好的方面说，是谦虚、务实、好学。这一点加上其善良、勤劳、认真、忍耐，构成了大和民族特质的优秀部分，成就了日本的辉煌。从坏的方面说，是小家子气、无原则、势利、投机取巧。这一点加上岛国民族对大陆根深蒂固的向往所引发的扩张、侵略本性以及野蛮，构成了大和民族特质的粗劣部分。

翻开中日关系史，除个人之间基于人性的诚朴交流外，从国家、民族角度来看，从古代、近代到今天，从阿倍仲麻吕、东条英机、田中角荣到小泉纯一郎、安倍晋三、麻生太郎，日方一直遵循以上所述特性行事，而泱泱大国的中华民族，却由于各种各样的原因，一直没有确立长远、稳定的对日政策。从一直以来高高在上的宗主国，到沦落为被侵略国，再到经济上的被援助国，时至今日成为各方面的竞争对手，有一点是贯穿始终的——被动应付，一直是中华民族对日政策的特点。

当今的中日关系摩擦不断，但总体来说是稳定的。在我国的汶川大地震、日本"3·11"大地震后两国的互相帮助，又拉近了中日两国人民之间的距离。在可预见的未来一段时间内，中日关系不太可能出现急剧的变化。日本部分政治势力的表演既无信念也没原则，不过是想利用中国的反应达到其主要面向国内选举的政治目的，很多时候大可不必高规格应对。对那些无聊政客的一言一行逐一回应，很可能正好中其下怀。

现在这一代日本政治家基本上属于战后成长起来的新生代，受欧美文化的影响很深，不像老一辈日本政治家那样骨子里有着对中华文明的崇拜。新一代政治家的主要特点就是非常善于利用各种资源为自己造势，宣传自己，以期提高其在选民中的知名度。他们当中很多人精通英语，能用英语进行演讲，我曾经在不同的派对上听过两名年轻政治家的英文演讲。相反，熟悉中国的政治家却寥寥无几，曾经在日本政界号称中国通，精通中文的前自民党干事长加藤纮一，曾在电视上展示过其中文功力，但却实在不敢恭维；前任首相菅直人，曾经是当年中国政府邀请来华进行友好交流的 3000 名日本青年之一，每年春节都和中国留学生一起包饺子，按理说应该是了解中国的，但其上任后的所作所为，却让人大跌眼镜；前原诚司，据说一直致力于对中国的研究，却又师从敌视中国的右翼学者；凡此种种，对我国都是不利的，而我们对日本年轻一代的政治家、将来有可能成为政治家的日本年轻人，我们又了解多少？我们必须清醒地认识到日本在很多方面都不是小国，而且和中国一衣带水，对中国来说，绝对是重要国家。重视日本，从各方面关注日本社会的思想、意识走向，制定相应的应对策略，应是我国对日关系的基本思路。

第八章 出口热和大萧条

第一节 第一次世界大战和泡沫经济

第一次世界大战之前，日本经济得到了长足的进展，但是比起欧美国家还是微不足道的，可是大战给日本带来了机会。1914年7月，第一次世界大战爆发。当时，谁都无法预知这场战争会对日本经济造成什么影响。欧洲列强之间都已经互相开战，他们的贸易因此而中断。这也就意味着欧洲无法再继续向世界供应纺织品、机械、化工等工业产品，日本也开始担心其投资会受到影响。而实际上在日本国内，对高品质的机械设备和中间加工器材的需要不断扩大，供应却严重不足。

但是，机遇很快出现了。第一次世界大战至少可以在短期内给日本经济带来巨大的利益，因为全世界的需求突然都开始转向日本。对欧需求转为对日需求，再加上美国的经济景气，日本出现了前所未有的出口大热潮。尽管日本产品的质量依然较差，但还是可以作为已经无法买到的欧洲产品的代用品。

在大战即将开始时日本经济还处于贸易赤字和黄金储备日益减少的困境中，大战爆发后意外地受到海外市场激增的巨大刺激。经过第一次世界大战，日本的国内物价水平增长了两倍以上，实际增长率也提高了（据估计增长率为10%左右）。从GDP的支出构成来看，出口额剧增，而进口额却减少了。设备投资因机械设备的进货困难而略有增加，但是民间消费却大幅度地减少了。这个时期的特征是，虽然产量快速提高，但是资本却没有怎么增值。从表面上看，机器设备的运转率和生产效率都非常高，另外，民间消费则由于通货膨胀导致的"强制储蓄"而被海外需求排挤出局。其结果当然是企业的利益得到了改善，日本银行黄金储备也逐渐增多。这样，日本经济就从大战前的国际收支危机中摆脱出来。其原因并不是紧缩财政支出，而是倚仗外国的战争以及战争所带来的出口繁荣。

依靠出口主导发战争财的繁荣遍及整个日本经济，所有的企业都从中受益。其中，海运业和造船业得到了戏剧性的扩张，获得了巨额利润。1913—1919年，制造业的生产增加了1.65倍，其他行业的生产增长情况分别为：机器制造3.1倍、钢铁1.8倍、化工与纺织业均为1.6倍。

然而，这一阵出口热潮只是一时性的，它是在第一次世界大战持续期间，即四年时间内的一个特殊现象。日本的制造业无论从成本还是质量方面来衡量，都不具备足够的国际竞争力，它只是碰巧遇到了欧洲战争这一意料之外的事件，才偶然地获得了国际市场并因此提高了日本产品的价格。从日本国内的角度看，之所以能够很快地完成进口替代，也是因为更优良的竞争产品还没有进入日本市场。事后看来，日本企业在第一次世界大战中所获得的辉煌成就中暗含着并不高效的、过剩的且不可持续发展的因素。

由于过度繁荣，导致了许多并没有什么才干的商人和企业家突然暴富，盲目扩大事业的现象也开始出现。由此而产生的新兴富裕阶层被称为"成金"（在日本的象棋中，变成"金将"即为"成金"）。这些暴发户一般都没有什么教养，品味低下，并且非常喜欢炫耀自己的财富。

日本虽然参加了第一次世界大战，但是对于日本来说，这是一场没有真正打过仗的战争。日本加入协约集团，在战争中扮演了一个并不重要的角色，战后日本以伤亡2000余人、4艘舰艇的代价，得以占领德国在中国和太平洋岛屿的领地；并且利用欧洲列强忙于战争，在中国出现势力真空时，于1915年1月18日，向中国当政的袁世凯北洋政府提出所谓的"二十一条"。条款中不但要求继承德国在山东享有的一切特权，甚至要求中国政府聘用日本人为政治、财政、军事顾问。日本人在中国内地开设医院、寺院、学校时，允许其拥有土地所有权。中日合办军政，中国需向日本购买军械，在中国设立中日合办的军械厂。将武昌及南昌、九江间，南昌与杭州，南昌与潮州间的铁路建造权让与日本。日本在福建有投资铁路、采矿、建港及造船厂的优先权。日本人有在中国的传教权等等。疯狂地攫取中国的行政权力和经济利益,视中国几近殖民地。在中国人民的强烈反对和美国的抨击下,日本的野心才受到遏制。

1916年日本与俄国签订《日俄密约》,策动蒙古独立。1917年,俄国十月革命后,日政府以援助捷克斯洛伐克军团及保护侨民为名,于1918年8月出兵西伯利亚——其野心在于控制西伯利亚,以及满、蒙等整个远东地区。由于巨大的军费支出,以及大量征集军粮,致使米价迅速攀升,终于爆发遍及全国的"米骚动"。在苏联军队的反击下,1922年6月,在一无所获的情况下,日本不得不从西伯利亚撤兵,成为其空前的军事失利。日本帝国主义在西伯利亚的行动,引起了其他国家对日本存有领土野心的警惕。

1919年召开的"巴黎和会"上,日本和美、英、法、意等国列为五强之一,但只扮演一个有限的角色。日本代表西园寺公望拒绝深涉欧亚事务,只是关心亚太地区的利益。在托管胶东半岛问题上,日本受到美国的坚决抵制。最后"巴黎和会"决定由日本继承德国在山东所拥有的权益,中国声明这一决定无效,却在会议上遭到漠视。中国人民为此进行抗议,遂爆发了著名的"五四运动"。

第一次世界大战后,欧洲列强的力量发生了巨大的变化。俄国变为社会主义国家,德国和奥匈帝国明显衰落;英、法、意虽为战胜国,受创也很严重。唯有美国、日本因参战较少,反而取得长足的发展。美、日两国的关系也发生了微妙的变化。

中、俄两国内部的变化,使日本得以在新秩序中充任强大、积极的角色。日本强大的海、陆军,引起西方和中国的焦虑不安。为了限制各国海军军备,在1921—1922年的华盛顿会议签订的《四国公约》(美、英、法、日)中,维持各国在太平洋各岛屿上的势力现状;限制各国战舰的总吨位,限定英、美、日、法、意五国保有主力舰吨位的比例为5∶5∶3∶1.67∶1.67。表面上是为了保证彼此在太平洋地区的权益,维持亚太地区和平,实际上主要是针对日本在亚洲的急遽扩张。会议上并废除了1911年订立的英日同盟。《九国公约》(另有意、荷、葡、比、中)要求保证中国领土完整和政治独立,经济上各国在中国的机会均等。这一条约实质上是要牵制日本对中国的侵略,维护各国在中国的权益。日本军部对此表示强烈反对,对《日英和约》的废止深感痛心。后来日本要求其海军所拥有战舰的总吨位与英美相同，遭拒后，于 1936 年终止执行该条约，致使《九国公约》只维持了十年。

1918 年第一次世界大战结束时，日本经历了轻微的经济衰退。在此后的 1919 年，经济曾一度复苏，但是大崩溃最终还是在 1920 年降临了。战后的经济萧条宣告了巨大的经济泡沫的破灭。许多商品的价格开始暴跌，仅 1920 年的一年时间内，棉纱价格的跌幅为六成，生丝则为七成，股市下跌了 55%。由于这个时期的物价并非难以控制，所以宏观经济的调整主要是通过下调物价来进行的，产值本身并没有什么变动。大战泡沫经济一崩溃，马上就将一直隐藏在不可能持续的狂热中的日本经济的缺点——缺乏竞争力和设备过剩——暴露无遗。

在此后的 20 世纪 20 年代，日本又经历了几次经济萧条和银行业危机（最大的银行业危机是在 1927 年）。虽然经济发展速度与大战时期相比是大幅度地减慢了，但并没有出现持续负增长的记录。内需谈不上很大，但还是有一定的扩大，尽管萧条经常发生，经济还是在短期内打下了基础，并逐渐恢复起来。当时的物价极具弹性，再次出现的贸易逆差也由于将大战时期积攒的黄金储备一点一点地投放而被抹平。也就是说，20 世纪 20 年代的日本经济既不是晴空万里也不是瓢泼大雨，而是乌云密布的阴雨天气。有些沉闷不振的气氛蔓延到了整个经济领域（这种情况可能与 20 世纪 90 年代相似）。

在这里，我们要特别提一下日本政府针对经济萧条时期的到来究竟采取了什么样的措施。是救济那些持有不良债权、面临困境的企业和银行？还是忍一时之痛，下决心让没有效率的企业和银行退出而去掉包袱？必须在这两种政策中做出选择时政府选择了第一条路。特别是日本银行为了缓解倒闭与失业的状况，针对已经虚弱的企业和银行实施了紧急融资政策。这使政府虽然在短期内减轻了痛苦，但却使日本经济长期怀抱着一颗定时炸弹。这颗炸弹终于在若干年后发生了大爆炸。

然而，在 20 世纪 20 年代阴沉沉的经济环境下，新兴产业还是成长了起来，特别是重工业与化工业，在疲软的宏观经济中依然能够强有力地向前挺进。这种发展可以在包括钢铁、化工、电器机械、一般机械，人造丝（尼龙）在内的所有重化工领域看到。这些行业中快速地进行着进口替代，到了 20 世纪 30 年代，日本已经可以制造大部分的机器设备，这与明治时期的状况不相同。重工业和化学工业在第一次世界大战期间能够取得飞跃性发展的原因有以下几点。

第一，如上所述，第一次世界大战的高潮期间，在欧洲产品进口中断这一人为的保护之下，这些产业开始发展起来。

第二，政府提供政策性支持。在政友会内阁的领导下，推行了扩张性行政政策与军备扩张政策。而关税自主权的恢复使扶植重工业和化学工业的关税保护成为可能。此外，政府为了让各产业之间避免过度竞争与设备过剩而奖励卡特尔。

第三，伴随着水力发电的发展，逐步实现了电气化。实际上，在民间投资中占最大份额的就是建立水力发电站（民间投资中另一个重要部分是铁路建设）。由于关西地区出现了电力过剩，所以电力公司采取了差额价格制，对用电需求量大的企业以极低的价格提供电力。一旦水坝、发电厂、输电网全部建成后，其追加成本几近为零，因此，对于电力公司来说，差别价格制在提高设备运转率和增加企业收入方面发挥了重要作用。这也大大刺激了生产硫铵、精铝等大量使用电力的工业的发展。

第四，通过外资企业吸收国外技术。在电气机械、汽车、轮胎等领域，日本电气、芝浦制作所、三菱电机、古河、日产等企业分别与通用电气、西屋、西门子、福特、通用汽车、邓禄普、Goodrich 等欧美跨国公司进行合作，合作模式多种多样，包括设立日本子公司、合营参股、技术合作等。

第五，行业间横向联系开始加强。例如钢铁工业的发展就刺激了造船业及机器制造等使用钢铁的产业。

20 世纪 20—30 年代这一时期重工业与化工业的发展，也造就了一批新型财阀。其中规模最大的是日产、日窒、森，与三井、三菱等旧财阀相比，这些新型财阀有以下几个特点：（1）以重工业和化学工业为中心，而不是以纺织工业或商业为中心；（2）没有将银行作为事业的核心；（3）主要依赖政府援助和政界关系。这些财阀热衷于向朝鲜和当时的满洲投资。

日产是 1928 年时由鲇川义介创立的。其资金从股票市场筹措，业务范围涉及矿山、机械、汽车、化学、水产等领域，还积极参与满洲投资。日立公司与日产汽车都归属于这个集团。

日窒是 1908 年时以野口遵的日本窒素肥料（窒素即氮——译者注）为核心公司而创立的集团公司。其主要生产经营活动以肥料、人造丝、药品、火药、冶金、等耗电型化学工业为主，并重点在朝鲜投资。

森是 20 世纪 20 年代时由森矗昶与铃木三郎助（味之素的创始人）等合作创立的新型财阀，主要从事碘、精铝、电器机械，火药等生产。

第二节　汇率问题和协调外交

自 19 世纪 80 年代开始直到 1914 年止，在第一次世界大战之前的这段时间内，一直是国际金本位制的时代。整个世界都享受着稳定的物价和自由的贸易。日本参加金本位制并固定日元对欧美货币的汇率是在 1897 年。日本的物价也因此向世界水平看齐了。但是，国际金本位制和固定汇率因第一次世界大战的爆发而遭到破坏，日元即于 1917 年开始转为浮动汇率。第一次世界大战之后，各先进国家曾多次试图复活战前的国际金本位制，但每次都以失败告终。英国虽然在 1925 年时恢复了金本位制，但是在 1913 年时又不得不再次放弃。世界没有再回到金本位制的原因是自由贸易呈现出后退的趋势，贸易保护主义的色彩渐强（国际商品市场的分崩离析）。与外向型的黄金可兑换性相比，各国政府此时已将关注的焦点转移到了国内宏观调控的运营上，首当其冲的就是失业问题。其结果是形成了一种几乎不可能进行有意义的国际金融协调的局面。

日本也曾经考虑过以 1 美元等于 2 日元的旧比价恢复金本位制。政府于 1919 年、1923 年和 1927 年数次计划再次启动固定汇率制，但是由于种种原因最终没能实现。在整个这段时期内，"黄金解禁令"（准许黄金自由出口，恢复金本位制）成了日本经济的一个大目标。每当政府对这个意向有所表示时，日元就会因市场的期待而升值（因为旧比价比实际的日元价值高），而一旦得知没有实际的政策启动跟进，马上又会贬值。产业界也指责国内银行和外汇交易商（特别是上海交易市场的有关人员）的投机活动。汇率的不稳定对于已受萧条所困的日本经济来说无异于雪上加霜。

到明治末期，日本的崛起被看作是对欧美和东亚构成的新的威胁。第一次

第八章　出口热和大萧条

世界大战之后，日本试图消除这些国家的忧虑，为重新构筑与欧美，特别是与美国的友好关系而努力。在这个时期曾几次担任民政党政权外交大臣的是币原喜重郎（在任期为1924—1927年以及1929—1931年）。他大力推进了协调外交——币原外交。其结果是，20世纪20年代的日本对外政策与之后的相比，军事侵略的色彩就没有那么浓厚了。1921年，美国为海军裁军一事召开了华盛顿会议，并要求日本也参加会议，这个会议的目的是为几个主要国家的主力军舰保有数量设定一个上限。按总吨数提出的具体比率为：美国和英国为5，日本为3，法国和意大利改为1.67，日本政府代表团十分高兴地签署了这个条约。因为海军虽然要求制造更多的军舰，但是扩军预算对于国家财政来说是个极为沉重的负担。日本的另一个意图就是，想通过接受这个条约来改变欧美对自己的印象。

在华盛顿会议上还有一件事对日本至关重要，即签署中国问题的救国条约。这个条约的内容除了尊重中国的主权，禁止以军事手段夺取其领土之外，还约定各国列强可以本着"门户开放、机会均等"的原则来分享在中国的经济利益。对于日本来说，这无异于默认了自己持有的在满蒙的特殊利益。此外，受到诸多非议的"二十一条"并没有被废除（虽然做了一些修改），而是被认可了，在这一点上可以称之为外交的"成果"。但是，这些都是以日本不得以武力侵略中国，不得抢夺欧美在中国的经济利益为前提的。

币原坚信，对于日本外交来说，与美国建立友好关系起着决定性的作用。币原还认为，赢得了一级强国的地位并成为五大国成员之一的日本不应该只追求本国的利益，还同时肩负着为整个世界的和平与繁荣作出贡献的义务。而在对华政策方面，他的意见是日本应该通过非军事手段（外交谈判）来保护自己在中国的经济利益。他在1925年1月的贵族院会会议上的演说如实地表现了币原外交的理想主义色彩。

"……现在这个世界上的人一般都不赞成偏执狭隘且具有排他性的利己政策，反对滥用兵力，摒弃侵略主义，承认在处理诸多国际问题时应该依靠有关各国的相互理解和帮助的时机即将来临。……我国不应该孤立在远东的一个角落，紧闭门户，将自己局限在孤家寡人、独立生存的狭小范围内。作为联合国的主要成员之一，应该对世界的和平以及人类的幸福担负起重大的责任。因此，只要是与这个大目标有关的问题,即使他与自己国家的利害关系并不大或者并不直接,也应该理所当然地进行讨论。我国肩负着如此重大的责任,现在早已不是讨论这件事是否可行的时候了。这已是不可回避的、时局对日本的要求。我相信,这是推动全世界向前发展的巨大的进步力量使然。"

然而,日美关系围绕着美国的日本移民问题逐渐恶化。日本移民主要集中在加利福尼亚州,俄勒冈州,华盛顿州等西海岸地区。由于他们过于勤奋,且不去尝试融入当地文化,一般的美国人因此开始排斥他们(这点在某种程度上与中国移民情况类似)。日本人的学校被隔离,他们的自由被剥夺,最后甚至连财产也被没收。日本政府向美国政府保证停止办理新的赴美移民手续,但是以此作为交换条件,要求美国平等对待已经前往美国的日本人。这个问题变成遗留在两国关系中的一根棘手的芒刺。

币原外交的对华政策,即不得进行军事介入的方针被军部和右翼势力贴上了"软弱外交"的标签,遭到了猛烈地攻击。在此想指出的一点是,当时的很多媒体都指责币原对中国过于软弱的。至少在涉及币原外交时,不能说军国主义政府对和平言论有所压制,反倒是具有攻击性的"舆论",将正在探索国际协调之路的币原一步步逼入了困境。1927—1929年,政友会的田中义一当政时,没有了币原外相的田中内阁数次向中国派兵(出兵山东)。

1931年,"九一八"事变爆发。关东军(驻扎在中国的日本陆军)开始侵略中国的东北地区。此次军事行动从计划到实施都独立于东京政府,而且事发后日本政府马上试图阻止,但是关东军并没有听从。币原外相要求立刻停战的呼声被当成了耳旁风,币原外交的时代就这样落下了帷幕。

第九章 战争与经济

第一节 从中国东北到太平洋

日本近代史上，1931年是个重要的转折点，因为当年9月日本的军队进犯"满洲"南部，是日本政府在亚洲大陆上直接行动，并最后抛弃了20世纪20年代已经出现的国际关系准则。"九一八"事变的原因，与其说是日本要转向扩张主义，不如说是国内问题深重和国际形势紧张的结果。在世界各国中，也不单是日本采取了侵略扩张政策，至少在表面上，日本和1940年就缔结了军事同盟的德国和意大利是很像的。20世纪30年代，日本进行了剧烈的政治改革，在自己的国民中，煽起了一阵狭隘的民族主义狂热，同时让他们期望通过向外扩张得到富裕、通过建设完全的福利国家得到幸福。

第一次世界大战结束之后，日本也对中国要求"门户开放"，离民主国家更远了。华盛顿会议之后，日本对美国进一步失望，它认为这次会议就是西方强国对日本实行遏制政策的结果。1924年，美国在大萧条之后，宣布排斥日本移民的法令和高关税政策，更使日本和美国的关系紧张，同时，日本在中国的"特殊利益"又受到顽固的英国和复苏了的国民党政府的阻碍；在欧洲，随着法西斯意大利和纳粹德国的兴起，民族社会主义和集团经济组织的概念已被接受。大萧条使民主国家及其经济、政治制度的声望都黯然失色，可以说此刻的世界是由富国统治的，而穷国就没有合理的机会取得安全并实现自己的理想。对许多人来说，日本的命运在亚洲大陆，而不是与西方列强合作。

从国内国外，对"积极的政策"的要求从四面八方传来。对日本来说，萧条是惨痛的经验。许多小企业倒闭和下层农业人口的贫困，产生了巨大的社会问题。政党的领袖，因为贪污腐化和机会主义，毁坏了自己的形象，也失去了人民的信任，但是，对共产主义的恐惧又使许多日本人不敢追随左翼领袖，在日本国内的许多部门，急需的是一个强有力的独裁政府，军事上做好侵略准备和关心下层社会的群众。社会主义和共产主义会以群众的名义把天皇和日本的国体毁掉，而民族社会主义和军国主义却能以臣民的名义把国家神圣化，日本的极端军事武装化，既是决定在东亚进行侵略的结果，也是它日益感到不安全的结果，它觉得自己是处于防卫敌意日甚的西方列强的位置上。

认为1941年的日本已经成为法西斯或集权主义国家，实际上并不恰当。日本在军事动员和狭隘民族主义下重新改组，其社会和政府情况和纳粹德国及法西斯意大利所特有的情况迥然不同。日本所谓的"新体制"，没有只依靠一个希特勒或墨索里尼，也不是一个侵略性政党的强制性产物。1941年的日本，倒更像它自己所谓的"防御国家"，在这个国家里，全国都为集体主义之防卫目的而聚集在一起，在意识形态方面转向它心理安全的传统，并粉碎了所有政治上的不同政见以维护国家的统一。在日本这个防御国家里，按照明治宪法以天皇为中心的政治结构依然完整，以保护政府精英的既得利益，进入政治的新成分，是军国主义和民族社会主义的概念。

20世纪20年代后期的日本，右倾高潮的各种成分都已准备就绪。一个国家赞助的神社，为恢复日本历史特点的半宗教信仰，提供了仪式的基地，许多秘密的爱国组织，为狭隘民族主义和日本主义及新的民族社会主义，提供传播的渠道，不受文官约束的武装部队又是在国内国外最后实现这些观念的有力工具。以上这些情况如果只有一个，都不足以把日本推上它后来选择的路线，但是放在一起，再加上政党政府在国内和国外的失败，就使其具备了走上侵略道路的必要条件。

明治维新期间日本曾有意识地为了国家的目的而利用当时存在的神社。1871年国家拨给神社资助，并把神社分为12级，以伊势神社为首，直到农村神社为最低层。神社得到官方委任，主管神社的机构发展了新型的国家礼仪。日本在初级小学的所谓修身课上，教授神道学、国家起源的神话和皇室的尊严，因此，它并没有立即和流行的民族主义的情绪联系上，而是保持着"天皇崇拜"——也就是对天皇肖像的崇拜，天皇"教育赖语"的宣读仪式通过神社为中心的爱国礼仪来加强社会和国家的团结，神道给日本的爱国主义以一种特殊的神秘感和文化的内向性。

右倾的政党也是在明治维新之后出现的。早期的秘密组织如玄洋社（1881年成立）或黑龙会（1901年成立）都没有以右倾为目的，二者都是精英人士的运动，目的是在海外扩张日本的利益，特别是在朝鲜和满洲。第一次世界大战之后，20世纪20年代的社会紧张日益加剧，这类组织就把他们的重点转到国内问题上，警告大家要反对"危险的思想"和政治上的激进主义。日本国粹会是床次竹二郎（原敬总理的内务相）和一些政友会的领导成员于1919年组成的。他们把官吏和商人集合到一起，他们的政纲要求工人和资方的和谐，要求以天皇为中心的国家统一，并反对激进的政治。据说，它很快就拥有了十万名以上的党员，而赤化防止团是和日本共产党同一年成立的。国本社是男爵平治（当时为司法相，后任总理）在1924年成立的，这个组织的成员主要是文官和武官，它的目标是保持日本国家的特点，并追求"它在亚洲的特殊使命"。

20世纪20年代，这些主要从政府和企业界吸收追随者的组织，首先关心的是保护日本社会不受激进主义影响，并冲淡爱国的狂热。到了20世纪30年代，右倾组织的思想注入了新的成分，随着国内问题的日益严重和日本的国际地位的降低（至少在日本人的心目中认为如此），沿着民族社会主义路线重新改组国家的信念，对许多个人有吸引力，特别是那些在军事机关边沿的人。开始有人议论日本有被颠覆的危险，明治维新的工作仍然有待完成，"昭和新政"北一辉（1885—1937）是公认的、在20世纪30年代中叶把民族社会主义注入右倾运动思想潮流的人物，他是黑龙会成员，鼓吹日本在大陆上的利益。1919年，他写了一本《日本改造方案大纲》，主张通过军事政变达到明治维新的真正目的，声称是天皇身边的不称职者把事情搞糟了。这本书很快就遭到查禁，但在20世纪30年代早期，在军人圈子里秘密地流传着。北一辉的计划是军事领袖接管政府，以使天皇不再受无能的顾问的影响，可以行使自己的合法权利。在暂停宪法并解散内阁之后，天皇和他的武装支持者就可以建立一个新的政府，一个没有派别斗争和贪污腐化的政府，同时，贵族要废除，天皇要放弃财富，大企业要缩小，劳动阶级要得到支持，日本社会将得到和谐。在国外，日本将领导亚洲摆脱西方影响。到20世纪20年代末期，昭和新政的理论基础已准备停当，他鼓吹在天皇制的框架内进行革命，他的思想基本上是反议会的、超国家的、反资本的。

在日本最终传播民族社会主义思想最强大的工具还要数军部。武装部队一直是最强有力的政治利益团体，在20世纪20年代它对政党政府的政策越来越有意见，并和政府的政策疏远。在军部上层，陆海军的高级军官，对文官领导的政府要削减军费，或在安全利益上做出让步感到失望。中下级军官里，有许多来自大萧条中遇到经济困难的家庭，因而对日本农民和工人面临的经济问题和共产主义思想的危险十分关注。军队是处在一个特别能影响国家政策的敏感地位上。在上层，海陆军司令可以直接插手政府政策而不受文官的限制。他们可以在很大范围内发挥影响，例如通过军事训练及在殖民地地区通过征兵制和广泛的预备兵役组织，军队在全国人口中的比例也愈来愈大。军人还利用人民对他们的好感，这种好感来自围绕武士阶级的神秘气氛。军官和"腐败的政客"完全相反，被认为是没有个人动机的、"超政治的"、对国家的福利和安全怀有责任感的群体。在20世纪20年代，军队勉强接受了政府的政党领导，并参与了这个要他们和别的精英集团一起讨论国家大事的制度。渐渐地，他们对政党政治的幻想破灭，年轻军官对文官的领导批评得特别猛烈。这些青年军官不过是军事学院狭隘训练的产品，缺乏政治经验，几乎没有机会到国外旅行。他们甚至于对自己比较谨慎的上级也不耐烦，终于采取了政治上的行动主义和军事反抗主义，作为强迫上级行动的手段。到20世纪20年代晚期，特别是在陆军中出现了明显的"年轻军官的问题"，陆军中的激进派发现了两个主要的行动范围：在"满洲"相当自主的关东军和一些新成立的秘密社团。

20世纪20年代晚期，出现了许多不详的、直接行动的小阴谋集团。他们的名称就表现出他们目标的国家主义性质：神武天、天剑党、血盟团、樱会。最后的这个组织最著名，因为他是第一个将政治诉求诉诸武力的。它的成员包括许多年轻军官，例如桥本欣五郎，后来就参加了"九一八"事变。为武装成员和北一辉的思想搭桥的是一个名叫大川周平的平民，他是拓殖大学的讲师，激烈地鼓吹在国外搞军事扩张，在国内搞武装接管。

理解到底是什么原因使日本侵略中国东北,并为军人占据优势而使国家陷入困境打开方便之门必须结合日本面临的"大陆问题"来看,因为这不是少数狂热分子的工作。在20世纪30年代,相当多的日本人都相信保护日本人在中国的特殊利益十分必要,特别是为了战略的和经济的原因去统治"满洲"。不过蒋介石的南京政府似乎日益强大,沿黑龙江的苏联部队也越来越形成威胁。在日本军人心目中,政府同意伦敦海军条约、削弱自己在太平洋的地位的做法,简直是疯狂、愚蠢。1930年,"必须有所举动"的说法流传日广。关东军在大连的司令部就在讨论日本形势的严重性,并为可能的军事行动做好了准备。

1931年9月18日,关东军在沈阳附近挑衅,并根据事先谋划占领中国东北,发动"九一八"事变的责任是无可置疑的。某些下级军官点燃了导火索(其中有樱会的桥本大佐),但是,现已查明,关东军内的高级军官和东京的陆军省及总参谋部,都参与了这一行动,或事前打好招呼,以便在战事发生时不去干扰。政府内的文职官员,面对既成事实,也无法控制军事行动。

在中国东北的大规模军事行动深刻地影响了日本的国内政治、经济和国际地位。在国内,日本轻易取得军事胜利的喜报,带来了暂时的欢欣鼓舞。民族主义高涨,沙文主义鼓励进一步直接行动。1931年,有两个秘密组织的恐怖计划在行动之前被揭穿,1932年2月民政党竞选的负责人、三井公司董事长被暗杀,这是对党派和财阀进行攻击的象征。同年5月15日,一群年轻陆军和海军军官,第一次试图以恐怖手段实行昭和新政。虽然他们成功地杀死了首相犬养毅,还攻击了东京警察总署、日本国家银行和内大臣牧野的寓所,但他们未能做到预期的戒严和军事接管。

尽管5月15日的政变不成功,但它对日本政治的影响却是持久的。流血停息之后,一向负责选择新首相的老年政治家们,发现各政党已经不能维持国人的信心,他们就在海军上将斋藤之下设立了一个非党派的"国家统一内阁",这样,党派政府的时代实际上结束了。此时荒木将军被任命为陆相,真崎将军被任命为教育总监,倾向新政的人就被放到了高度敏感的地位。

5月15日的政变,对陆军的士气和群众舆论的影响也是巨大的。陆军层表面上不承认那些狂热的反叛者,但在之后的军事法庭审问中,却表现出相当矛盾的态度,反叛者是被当作犯错误的爱国人士来对待的。在审讯中,允许他们为自己辩解、论证昭和新政的目标，以及抨击现存的社会和政府成员。

如果说"九一八"事变在日本产生了新的政治心态，那么获得满洲则对日本在东亚的战略地位和在世界上的经济地位都有较深刻影响。1932年2月，"满洲"组成傀儡的满洲国，整个地区由关东军总司令管辖，他同时又是日本国驻伪满洲国的大使。伪满洲国表面上是个独立的国家,不受日本文官政府的管辖，成了日本陆军计划经济的实验场。1931年之后的几年里，他们用许多办法把满洲发展成一个自给自足、能支持陆军在大陆的工业基地。"满洲"从未给日本本土带来好处，事实上，陆军还榨取了国内财阀亿万日元去开发它，但是，"满洲"国证实了日本人有能力在海外搞大规模的经济开发。几乎一夜之间，小城新京就成了一个有30万居民的首都，他有很大的建筑物、公园和柏油马路，在十年不到的时间里，日本人修筑了2000英里铁路、若干有战略意义的机场、水坝和鸭绿江上的水电站。为了方便与日本工业中心的直接航运，他们甚至在朝鲜的日本海沿岸修建了罗津港。到了太平洋战争时期，"满洲"已经是大路上最工业化、最军事化的地区，它的工业力量仅次于日本，而日本又在国内经济上做出牺牲、再通过朝鲜把它和日本国内连成一个很大的战略联合体。

从长远看，对日本整个经济更重要的不是开发"满洲"，而是在1931年的军事行动使日本政府和企业产生了新的关系，并促进日本摆脱世界性的衰退。1931年之后，危机感弥漫全国，使政府有可能采取措施刺激经济。除"满洲"的军事行动外，日本还采取了一个"贸易攻势"，使1931—1936年的出口翻了一番。在同英国、美国和德国的激烈竞争中，日本是第一个从经济衰退中恢复过来的国家。日本在这次攻势中使用的技巧，在它的竞争者中引起不满。他们认为极低的工资、有问题的营业方法和劣质商品让日本占了便宜，但是，它成功的真正原因则是正统的、依靠正确使用经济学说和全国上下努力的结果。1932年日本取消了金本位，让日元贬值，贬到了在世界市场上日本产品能有竞争力的水平。1931年颁布的重要产业统治法，允许政府"合理改革"产业、归并产业、消除"浪费的"竞争并提高效率，以便与国外竞争。在此过程中，牺牲了许多小规模产业和企业的利益，全国的生活水平也都很低。在经济复苏中，日本的消费者没有得到好处，"满洲"的危机倒是为政府向消费者和工人解释提供了借口。政府发起了一个宣传运动,宣传有危机存在，并要求成立"国内前线"或"工人部队"以配合战场上士兵的行动。它向工人鼓吹苦干、爱国和节衣缩食，为了遥远未来的富裕。

"九一八"事变最关键的结果，也许就体现在日本的国际地位和外交政策上。入侵满洲显然是不符合日本与西方列强的国际协议的。英国和美国尤其被日本的行动搅得不安，虽然他们除了在联合国里指责日本不道德外并未采取报复行为。在提到日本是侵略者时，李顿调查团也含糊其词，但是，联合国的报告反对承认"满洲国"为独立国家，因此，联合国威胁日本将有可能用包含日本在内的条约来约束日本时，只能引起日本的反感。1933年日本退出联合国，次年东京外务省发出所谓的"天羽声明"（被称为"亚洲的门罗主义"），它代替"门户开放"政策，提出要对东亚的和平负完全责任，同时还要在中国和西方列强的关系上，把中国当成自己的保护国。日本已经开始从西方列强的"门户开放"伙伴关系中撤退出来，终于在1940年和德意结盟。

总而言之，"九一八"事变及其后果，给日本国内国外都带来很大变化。在国内，全国上下的情绪立即转变，在满洲的胜利鼓动了极端主义的传播，同时对批评日本行为的国家心怀怨恨。20世纪20年代的特点是鼓吹"国际主义"，这个潮流一下子就转变了，所有被认为是不爱国或对国家利益有损的思想和行动，都遭到了激烈攻击，例如1935年，美浓部教授被迫从贵族院辞职，因为他在早年著作中提出了"天皇机关说"。社会传媒对自由思想者讥讽谩骂，而对武德和民族主义情绪，则大肆吹捧。

在这种舆论大气候下，陆军的极端主义者进行了若干昭和新政的进一步尝试。1934年11月，陆军里发现一个阴谋，牵涉到领导的上层和下层军官。受到牵连的还有军事教育总监真崎将军。陆军内的保守领导看到军纪松弛的严重性，试图彻底整顿，就把以真崎为首的3000多人调动了工作。1955年8月，极端主义的相泽中佐杀死了永田将军，因为永田使真崎离职。后来公审相泽时，更成了一次民族主义情绪的大暴露。相泽自称动机纯正，并带来女学生血书为自己作证。在审判的高潮中，作为缓和首都地区紧张形势的手段，从1905年起一直住在东京附近的陆军第一师，忽然被通知要做好调往满洲的准备。1936年2月26日第一师兵变，将近1400名士兵带着刚发到手的武器，跟着一群极端主义的军官，试图以血战夺取政府，并杀死所有阻碍"昭和新政"、给皇室抹黑的人，以保卫祖国，他们成功地占领了警察总署、陆军省、总参谋部和新的内阁大楼三天，杀死内阁成员若干人，使东京中心陷入恐怖之中。最后，陆军中明智的人，在天皇的支持下，使叛军投降，但这一次的惩罚是迅速而悄悄进行的，共有103个人被判有罪，其中有17人被判死刑。反叛之后，继之以清洗，并在部队内部重整纪律。1936年的二月事件，是最后一次公开用暗杀手段推行昭和新政。

一般都假定第一师的反叛是日本预谋好与中国交战的一连串事件中的一环，后来的研究表明这种假定有问题。也许1937年7月日本的对华战争是在意料之中的，但它不同于"九一八"事变，不是陆军军官事先策划的结果。日本是慌乱中撞入对华战争的，可是战争一旦开始，由于事前双方都有安排，大规模作战就不可避免。日本的文武官员几乎都要为日本的在华利益而奋斗，中国的领袖也决心站起来反对日本对长城以南的进犯。

具有讽刺意味的是，1936年2月至1937年7月间，在日本居然短期地出现了政党活动的复活和政党对陆军干涉政府的批评，经济已从大衰退中恢复过来，消灭了失业。1937年大选中社会大众党极受群众欢迎，在内阁中获得37个席位。政党领袖努力在联合政府中重新发出反陆军的声音，但总的来说，潮流的走向还是文官向军队妥协，并发扬民族主义精神。1936年春，掌权的广田内阁公然采用侵略的外交政策，号召在中国北部建立一个"特别的反共、亲日、亲满洲国的区域"作为日本民族存在的"基本原则"的一部分。日本的领袖开始越来越把国家的军事战略目标和经济、道德的期望混同起来。1937年6月，为了解决政党和陆军之间严重的紧张状态，公爵近卫文磨被任命为总理，日本迎来了一个把使命和命运全放在侵略大陆的领袖。作为一个贵族，而且具有接近皇室的吸引力，他的被任命令人感到日本又回到它"根本的价值"上来了。

到1937年，日本陆军开始把苏联看作东亚的主要威胁，华北的问题也越来越错综复杂。占领"满洲"之后，陆军一直向北京的边缘挺进，利用"自治"政权或独立的缓冲地带，取得间接统治。华北有棉花和煤矿资源，还是日本商品的广大市场，所以牢牢掌握华北，对日本国防十分重要。日本所需要的是一个对它友好的"独立"的华北，滋生了要以直接行动解决中国问题的要求。

第九章 战争与经济

与此同时,蒋介石也已巩固了南京政府的统治,并开始坚定地拒绝日本的要求。1937年春,蒋介石已经和他的共产党对手缔结了统一战线以抵抗日本在华北的侵略行动。1937年7月7日,中日军队之间据称未经策划的战争在北京附近爆发时,一个小小的擦枪事件,很快地演变成了全面战争。此时,日本和中国之间已经没有和解的余地了。

卢沟桥战事的爆发,标志着旷日持久的八年抗日战争的开始。这一事件一直持续到1945年日本完全战败才算结束。日本的领导人没有预料这场战争会拖延如此之久,特别是文职领导还盼望着像"九一八"事变的那种胜利。但是,到后来败局已不可挽回,日本人陷入了劳而无功的挣扎之中。这场挣扎使日本在国内更加军国主义化、组织军事化,最后于1941年向美国发动攻击。在此情况下,只有战胜才能保住国家的面子,但是日本人纵然流尽鲜血,胜利也是不可能的了。

在中国的战争是分三个阶段进行的。1937年7—12月之间,日本军队迅速占领了华北的主要部分,并夺取蒋介石的首都南京。原本是希望南京陷落之后,蒋介石政府就不再抵抗。出于对南京政府抗日的报复,日本军队进行了大规模的洗劫和屠杀。两天之内就有12000名平民被杀害,据我国学者研究,日本占领南京时至少屠杀了30万人,这就是历史上的"南京大屠杀"。

蒋介石向内地迁都,迁到汉口,在汉口继续指挥抗日。在第二阶段的抗日中,日本就要占领汉口和广州,1938年10月,广州陷落,蒋介石进一步向内地迁都,迁到长江三峡以上的重庆。在此后的第三阶段中,中国人采取游击战术,利用地形争取时间,使日本人陷于不能自拔的境地。1938年之后,日本统治了主要城市和铁路线,但经常受到占据了广大农村的中国游击队的困扰。

到了1939年,中国战场每天大约要让日本耗资400万美元,送到中国战场上的日本人在150万以上。部队中伤亡很多,而国内对主要商品的配给,也已开始,这个"事变"就变得严重起来。在政治和宣传中,越来越听到绝望的要求结束战争的呼声;对于中国人,日本人发起了强大的宣传攻势,声称日本军队正在进行一场无私的"圣战",要把中国从共产主义和西方影响下解救出来。他们努力要在华北建立一个亲日政权,结果在南京设立了一个汪精卫的傀儡政权,不过,日本的政治控制和经济剥削,最后被证实是愚蠢的,不协调的。

中国战争在日本国内的影响是深刻的，向全国军事动员和集中的经济计划转化，政府日益处于军方的控制之下，国家主义和爱国主义的口号都被用来激励人民为国尽力，借天皇名义产生一个以军事为基础的民族社会主义机构。这种极端主义的目标在1936年被粉碎，而1940年日本又被推入战争动员之中。它向人民灌输中央集权下经济统治的思想，这种思想和军事极端主义者的预想十分相像。正如某些观察家所言，事实上日本的昭和新政是从上层完成的。日本人和美国人交战，几乎是出于对国家任务、对天皇和对中国"圣战"的歇斯底里式的使命感。

1937年，日本向政府控制私人部门（主要是政治党派和私人的企业集团）迈出了重要的步子。为了利益的均衡，成立了一个内阁的咨询机构，包括四个军方代表、三个政党成员、两人来自财政和企业，一个来自外交界。又由政府各部门抽调了20个人，组成企划院，以协调国家政策。1937年11月成立了大本营，以协调这两个部门的计划和行动。1938年3月，首相近卫帮助陆军在内阁通过了国家总动员法，使首相有权自己决定国内事务。政府可以超越内阁，它就开始制定管理国家经济的非常措施，实行物价控制和配给制，对物资和劳动力也都实行配给。

从此，要采用一个在国家生活各方面都实行军事化的计划，就非常方便了。1940年近卫公爵第二次任首相时，他宣布为了把日本变成一个高级的国防国家而成立了新体制。1940年早期，各政党被迫解散，其地位由大政翼赞会所替代。以单一政党的概念为基础，这个会要把日本全国的官僚和政治力量统一起来，支持"天皇的目标"。不同的意见被集体的单一目标掩盖起来。同时，余下的为数不多的工会也合并为一个为战争出力的爱国工人组织。

大政翼赞会虽然部分以民社党为模式，但它的组成和活动方式，与欧洲的民社党却不同。这个会不是用来夺取政府的党，正好相反，他是一个日本领导者用以演出意见一致的门面机构。所以这个会没有活跃的办事员，也不依靠集会和演说。它更像是一个平息对战争和国家主义的反对或邪说的手段，而不是政治控制的积极力量。因此，德国的民社党先掌握政府，然后产生一个极权主义的国家再投入战争；而日本则是先有战争，越来越觉得不安全，才有"国防国家"的。在发展为全面战争的过程中，逐步地动员了全国的资源（物力和人力），但全国军事化的模式和德国或意大利并不相同。

在大政翼赞会之下，总动员分为三级：第一级是所谓的人民动员，也就是要把后方统一起来。1941年中期，全国都已经系统地组成邻组。通过镇、城、县和国家委员会成为一个金字塔形的国家级组织。这个邻里组织，以住所为单位，把家家户户都吸收进一个委员会来。这个组织按照德川时代的模式，成为实现一致的强大力量，因此在这种制度下持不同政见者和落后分子都没有藏身之地。这个组织还是鼓舞后方士气、替政府宣传的工具。他们也管配给和收集后方给前方战争的捐赠，例如购买飞机的现金或是献给政府的黄金。

大政翼赞会方案的第二个特点被称为国民精神总动员，它包含着国内所有政治、社会和文化团体的大混合。政党和工会已经在一定程度上联合了，对新闻界、各种职业团体和大学施加压力，叫他们把设备归并到一起，并统一他们言论的口径。

言论正是大政翼赞会所关注的第三个方面，即精神动员。当日本人发现自己处于守势，并在国内国外都面临极大难题时，维护国家身份和自信的斗争，就产生了极大的压力，要求思想一致，并在大日本主义和国家主义的口号下团结起来。从反面说，他们尽一切努力扼杀不同思想；从正面说，日本人则高呼这样的口号如"皇道""大和魂""八纮一宇"和"祭政一致"。精神动员也要求公开反对西方主义、把西方影响从日本生活中清除出去。影院里西方电影的观众越来越少，火车站招牌上的英文也取消了，人们用射箭代替打高尔夫球，小学里教授"国体之本意"，教学生接受日本的历史神话、神道中有关天皇神威的教条、日本人民的不同凡响和日本要沟通中西、统一世界的使命。正像神道神话的荒诞，日本人使自己深信自己的国家是正义的，也相信他们在这个现代世界中担负的创造性使命。

到1940年，日本陷入了一系列的事件之中，使它沿着极端国家主义和孤立于世界的路线越走越远，最后和美国开战。在欧洲，大战早在1939年爆发，德国开始取得的胜利和日本遭遇的令人沮丧的情形，形成鲜明对比。1940年6月，法国陷落使许多日本人相信轴心国肯定会赢得欧洲。对日本来说，好像时机也已成熟,可以在亚洲建立一个自给自足的集团。因此,在1940年晚些时候，在外务省松岗的领导下，完成了对门户开放列强的外交革命，9月，日本和德国、意大利签订了日德意三国军事同盟条约，该条约承认日本在东亚的最高地位。1941年，松岗又和苏联签订了互不侵犯条约，这样就可以放手南下，去侵犯法、荷、英属殖民地了。1938年首相近卫发表建设"东亚新秩序"声明，到1940年，他重申新秩序的政策，发展了"大东亚共荣圈"的想法。在这个圈的中心，是一个以日本为主的防御集团，圈的周围在南方是那些殖民地，这种扩张的设想，已经使美国开始不安。

　　观察家们在华盛顿会议之后，早就看到日美之间的冲突是可能发生的，因为日本的利益和主张门户开放的大国要维持现状的努力互相矛盾。不过，直到第二次世界大战爆发，在大陆上的日本扩张使英国的损失最大，因而反抗日本最强烈的也是英国。1939年之后，日本在中国继续作战，且不停地向南方推进，日本成了太平洋上对美国安全的主要威胁，不过美国并未很快的对日采取强硬政策。罗斯福总统发现他的顾问们有不同意见：格鲁大使相信忍耐可以使日本政府中的温和派在政策控制上占上风并遏制军国主义的领导；而国务院内的"老中国通"们则主张只有强硬的表示，才能使日本军国主义者就范。事实上，美国手中有很厉害的武器对付日本，因为日本的国防工业十分依赖美国的钢铁和石油。1939年，罗斯福总统发表相当温和的"道义禁运"演说时，没有说要禁运这些商品，只是把日本归入了极权主义的阵营。1940年夏，日本人进军法属印度支那，罗斯福中止了美日商务条约，并限制对日出售战略物资。德意日三国条约把欧洲和太平洋问题连到一起，更恶化了美国的处境。1941年夏，日本军队进入南印度支那，美国、英国和荷兰对日本实行出口货物全面禁运，这就切断了日本急需的石油和橡胶的供应。日本军官估计这些物资的储存量只够两年之用，而这个情况是不能忍受的。这时日本已被美、英、中、荷四国"挤上绝路"。日本人，尤其是军人，都认为必须把这个包围圈打破。

　　1941年夏，野村、赫尔会谈时，两国关系已经到了绝路。美国认定日本不但应退出印度支那，也要退出中国，日本则决心要让美国放弃对蒋介石的支援，承认日本在远东的霸权，并且放松石油禁运，特别是来自印度尼西亚的供应。双方在目标和承诺上都不断升级，以致难以退步。日本人相信他们过去的希望，现在已是绝对的必要，而为了国防的需要，他们的要求是合法的。美国逐渐认识到集权主义给世界带来威胁，而日本人的进一步扩张是无法想象的。彼此双方都有严重的估计错误，日本加入轴心国集团意在威慑美国，而美国采取强硬政策则希望日本让步。

1941年9月，在一次高级武官和文官的联席会议上，日本的领导者决定，如果10月还不能就汽油问题达成协议，就和美国作战。10月东条英机升任首相，已有战争发生的预期，在11月御前会议上决定：如果外交谈判最后失败，就定于12月1日动员。这是个孤注一掷的决定，不过和美国交战比从中国撤退或国内叛乱还容易接受一些。日本的军事计划是很周密的。他们想在珍珠港消灭美国的太平洋舰队，并在菲律宾消灭美国军队。他们认为德国在欧洲取得胜利之前，美国不可能以全力对付日本，这是一个致命的错误估计。在珍珠港的不宣而战，让美国人团结了起来，他们决心全力以赴地粉碎日本的战略。太平洋战争持续了四年之久，给日本人民带来了无限的痛苦。日本帝国和军事机构也完全破坏。但是在一年时间里，日本人的闪电战术曾得到完全胜利。12月7日在珍珠港美国损失了7艘战舰、120架飞机和2400名士兵。之后，日本人迅速占领了菲律宾、我国香港、新加坡和印度尼西亚。到1942年3月，日本军队到了新几内亚，并做好进攻澳大利亚的准备。到5月它已经占领了缅甸，还考虑征服印度，但是，珍珠港事件让美国人团结了起来，让他们万众一心，美国和盟国强大的军事力量和工业实力，开始让日本尝到苦头。1942年6月，日本海军在中途岛失去了四艘最好的航空母舰；8月，盟军第一次在瓜达卡纳尔岛实施两栖登陆，战线过长的日本帝国被迫采取守势。

1942年夏天到1944年之间，盟军主要在欧洲作战。不过，日本船舶也因盟军的潜水艇而蒙受巨大损失。在吉尔伯特群岛和马绍尔群岛中，也有若干有战略价值的岛屿被夺回。1944年夏，盟军向日本发动了两次规模巨大的两栖挺进。一次是冲向马里亚纳群岛，在6月占领塞班岛，1945年3月占领硫磺岛。另一次是在1944年10月夺回菲律宾。1945年5月这两路兵力在冲绳会师，6月就从日本人的手中夺取冲绳，盟军已经到了日本本土的门口，而日本岛也已处在射程之内。1944年晚些时候，盟军飞机开始对日本城市进行有计划的轰炸。1945年3月10日以燃烧弹攻击东京，估计有10万人死亡。在这些空袭中，总共有668000名市民丧生。到1945年夏天，日本在军事上完全被打败，但还是不肯接受波茨坦公告所要求的无条件投降，8月，日本遭受了两次大打击，投降成为必然。8月6日第一颗原子弹扔到广岛；8月8日，苏联向日本宣战，进入东北。9日又一颗原子弹扔到长崎，在军方的不断反对中，天皇于8月14日自己承担了责任，去"忍受不能忍受的事"，日本于次日接受了波茨坦公告，无条件投降。

第二节 战时经济

一般认为，第二次世界大战后日本经济所具有的许多特征都起源于1937—1945年的战争时期。形成这些特征的全部重要因素都是依靠长期关系或政府干预，其制度和惯例如下表所列，均为从20世纪30年代后半期开始到40年代初之间，日本政府为了构筑战时经济而启用的制度和惯例。在此之前的日本经济是以自由进入、短期合同、劳工自由流动为特征的"新古典派"自由经济体系。

表9-1 日本战时经济制度一览表

□ 以重化工业为龙头	□ 各企业的工会组织
□ 行政领导	□ 金融系统与中央银行制
□ 承包制度	□ 日本银行窗口指导与保驾护航体系
□ 所有权与经营权的分离	□ 粮食管理制度
□ 终身雇佣制与年功序列制	□ 外汇预算与外汇集中管理制度

这些战时的经济体系在第二次世界大战后有很大一部分幸免于解体，得以存留下来。它们在日后日本实现经济高速增长的20世纪50—60年代均较好地发挥了各自的作用。而到了几十年后的今天，它们已经被视为与信息技术时代和国际化时代不相称的旧时代的遗留，或是发展的障碍物。在上述的一览表中，外汇预算与外汇集中管理制度在初期即被取消，但其他制度却维持了很长时间。有的还一直沿用至今，只不过执行程度上有所不同。

关于日本式经济体系的解释，经济学者们之间还继续在争论不休。大多数经济学家认为，长期关系加政府干预型的经济体系对于日本来说根本就是异类体系，今后的日本应该将自由经济模式作为目标。现行体系是在战争时期被迫采用的制度的残留物，虽然也许在战后的一段时期内起到了积极作用，但是对于结束了经济高速增长期的成熟的日本来说，基本上已是没用的多余之物（不过在重视雇佣关系的稳定等方面做部分的保留也并非不可）。冈崎和奥野，以及野口都持这种观点。

反之，也有少数派认为，第二次世界大战后的经济体系对于日本来说绝不是什么异类，这样的体系无论过去还是现在都同样必要，当起步较晚的国民经济经过了纺织、食品加工等轻工业阶段，在转向重化工业及机械制造业的转型期，自由市场经济很有可能不是最合适的体系。这些产业的发展要求有巨额的前期投资、高的技术含量、企业内的劳务市场、技术群体的形成等。为了具备这些条件，政府的支持和长期关系是必不可少的。在20世纪20—30年代，日本在大力发展重化工业时，从明治时期沿袭下来的自由经济不再适用，必须进行调整。实际上，大企业从第一次世界大战前后就已经有过将工人固定在企业内的动向。虽然中日战争的爆发为日本一举完成经济体系的改变提供了客观上的借口，但即使不发生战争，单从在生产制造上精益求精这一主观上的内部理由出发，日本也是需要一个新型经济体系的。提出这个见解的是原洋之介，在他看来，明治时期的自由经济才是异类体系。如果追溯到江户时代，从历史的角度来看，长期关系与政府干预对于日本来说倒是正常的。

如果按照后者的见解，那么对于现在的发展中国家来说，其政策含义应为以下内容：像轻工业、制衣业、电子产品组装这样的劳动密集型产业虽然能够通过自由贸易和招揽直接投资的方式得到充分发展，但是如果这个国家想真正地吸收技术、掌握高超的制造能力的话，相应的制度改革与产业振兴政策是必不可少的。日本、我国台湾和韩国都是经历了这样的过程才成为工业大国或经济体的。而纵观东南亚诸国，还没有一个国家能够突破这道技术屏障、真正靠内部的力量而发展为名副其实的工业国家。如果当代的后起发展中国家由于WTO、自由贸易协定、世界银行的政策等因素的制约而无法再像从前那样实施制度改革和产业振兴政策的话，仅就制造业而言，他们也只能永远止步于委托合同或单纯加工之类的低水平，无法达到更高的技术层次。

接下来分几个方面整理一下第二次世界大战时期的日本战时经济。

一、昭和经济恐慌的到来

自开始实现现代化以来，日本经历过的最严重经济萧条是在1930—1932年发生的。它所造成的影响比起之前提到的1927年的经济萧条更为巨大，波及经济、社会和政治等所有方面。这次的大萧条是由内外两个方面因素造成的。

第一，国内方面的因素是：由1929年7月起步的民政党滨口内阁（井上准之助任大藏大臣，币原喜重郎任外交大臣）有意识地采用通货紧缩政策而造成的结果。这个通货紧缩政策淘汰了效益不高的银行和企业，是日本重新恢复第一次世界大战前平价金本位制的前提。通货紧缩政策与恢复金本位制是由井上大藏大臣极力主张并实施的。

第二，国外方面的因素是：以1929年10月美国华尔街股市暴跌（黑色星期四）为开端而爆发的世界大恐慌给日本经济带来了沉重的打击。美国的萧条波及各个资本主义国家，物价狂跌、失业率骤升。

日本原本指望在20世纪20年代中恢复为金本位制，但是一直到1930年1月才终于恢复到1美元等于2日元的旧平价汇率。这还是滨口内阁的井上准之助大藏大臣下了很大决心并努力争取到的结果。作为解除黄金出口禁令的准备工作，滨口内阁断然实行了宏观经济的紧缩政策。因为以当时的物价水平来看，旧平价汇率过高，所以准备首先降低物价后再转到金本位制去。井上大藏大臣说："由于禁止出口黄金，我国的财界才变得如此不安定，必须尽早解除黄金出口禁令。但是，以现在的状况来看，这是无法实现的了。……至于需要做何准备，我认为政府应削减财政支出，而国民则应当理解政府的态度并参与节制消费。如果国民也都能够有危机意识的话，那么物价就可以下降，进口也就能够只减不增。……我们目前处于一种前景渺茫的经济萧条状态之中，如果置之不理的话，这种萧条局面将会越发恶化。……回顾以往的日本经济发展过程就可知，凡是能使日本的经济萧条变为经济繁荣者，多是借助了外部力量。……但是，看看今日的世界各国，均因欧洲的战争而处于疲惫不堪的状态。……在这样的情况下，不能再指望借助外国的力量来打破我国现在的萧条局面。除了凭借自身的力量、自己勤俭努力之外，我们没有别的路可走。"[①]

遗憾的是，井上大藏大臣的通货紧缩政策的实行在时间上正好与世界经济大恐慌同时开始。日本经济陷入了极为严重的萧条之中，失业者人数众多，国民对于井上的政策怨声载道。金本位制一直延续到两年后的1931年12月，即竞争对手政友会掌握政权为止。

对于按旧平价汇率恢复金本位制的问题，凯恩斯已经在英国提出过反对的观点。他认为，在各国的物价以不同速度上涨之后，汇率是不可能再保持原有水平的。如果选择了对于本国来说过高的汇率水平的话，国内就可能出现经济萧条。根据凯恩斯的计算，如果英镑恢复为旧平价汇率，将会产生10%的过高估价。而在日本本土，东洋经济新报社的记者石桥湛山也曾建议不应以旧平价汇率，而应采用较低的汇率水平来恢复金本位制。但是，与他意见相同的人只占少数。

井上大藏大臣的想法与此不同。他认为，日本正需要经济萧条。在20世纪20年代，不营利企业与不良银行之所以躲过合并或倒闭而侥幸存留下来，完完全全是因为政府和日本银行对它们的出手相助。然而，必须要在一定的时候除去这些不良企业与不良银行，其方法只能是选择与痛苦相伴的经济萧条。这是井上的信条。但是，大多数人谴责井上在世界经济大恐慌之时还积极推行退货紧缩政策的做法是愚昧的，而且这种对井上的谴责一直延续至今，而井上直到1932年被暗杀时为止，从未撤回过自己的主张。

二、社会的衰败与法西斯化

大萧条对日本经济所产生的影响甚大。

第一，宏观经济状况的下降主要不是表现为生产规模的缩小，而是产品价格的暴跌（这个时期推测的实际增长率显示为正）。面对产品价格大幅度下跌的状况，企业为了维持销售额和开工率，不得不扩大生产。但是，这种做法即使对于个别企业来说是合理的，其结果也是极其显著地愈发加速了整个日本经济的生产过剩与物价下跌。在1929—1931年内，批发价格下跌了30%，农产品价格下跌了40%，纺织品价格下跌了50%。

[①] 《井上准之助论集》第1卷，1935年版。

第二，从 1931 年左右开始，农村的衰败状况越来越严重。而 1934 年发生的饥荒更是雪上加霜，特别是东北地区农村的灾情最为严重，饥饿的儿童及卖女求生现象成为重大的社会问题。农村地区的这种悲惨状况激起了各界对政府和财界的强烈反感与谴责。

第三，在政府的主导下，推进了大型联合企业与生产设备的合理化建设。考虑到市场经济有可能使经济大萧条更为恶化，政府积极要求企业界联手限量生产。生产调整的范围涉及棉丝、人造丝、碳化物、纸、水泥、钢铁、煤炭、啤酒、砂糖等多种行业，而在原材料行业则几乎扩大到所有的业种。

第四，政治化了的军部与右翼势力试图建立独裁政权，即法西斯势力开始抬头。在批判经济惨状与政党腐败中，政友会与民政党受到了强烈的谴责。一般的国民虽然不喜欢军国主义，但是在已经厌烦了政党政治的人当中，也出现了不少开始对法西斯势力倡导的改革运动抱有同感的人。

20 世纪 30 年代的政治与思想潮流逐渐告别了信奉自由市场的自由主义，开始倾向于国家管理之下的经济运营模式。导致这种转变的社会背景如下：马克思主义的影响；资本主义国家的经济大恐慌和苏联经济的崛起；昭和经济大恐慌的发生；人们认识到过度竞争导致了经济萧条的恶化；对政治家及政党抱有的幻想破灭等。这些因素掺杂在一起，产生了混合性的作用。许多有识之士都认为，英国式的自由市场经济时代已经结束，国家管理和产业垄断才是今后维持经济竞争力的关键。

军部及右翼势力的另一个目标是积极地对外扩张侵略。他们指责币原外交对中国政策的软弱，认为当务之急就是对日本在"满蒙"的权益进行保护。这里的"满"是中国的东北地区，"蒙"则是指属于中国领土的东内蒙古。但是，对中国进行军事侵略就意味着违背与欧美签订的关于在华利益"门户开放、机会均等"的约定，战争不仅会在中国全境及东南亚地区发生，甚至还有扩大为世界战争的危险。

三、政友会与民政党

政友会（正式名称为立宪政友会）是由改变方针与政府进行合作的过去的在野党与藩阀政治家伊藤博文联手，于 1900 年成立的政党。其特征为：

（1）主张推行以地方上和产业界的基础设施建设为目标的"扩张性财政政策";（2）通过对地主、富农阶级和城市富裕阶层的利益承诺来巩固支持基础;（3）对军备扩张及军事侵略持宽容态度（特别是进入昭和时期之后）。也就是说,政友会是一个试图通过扩大公共事业投资和财政补贴来建立大政府的政党。

表9-2　　　　　　　　　　　　　日本战前两大政党

	政友会	民政党
支持基础	地方地主、富农、城市富裕阶层	知识分子,城市居民
经济政策	大政府,积极财政政策。扩大以产业开放及地方开发为目的的公共事业投资	小政府,市场经济原理,由财政金融紧缩实行企业淘汰
外交政策	允许并支持扩军,为到达政治斗争的目的而不惜与军部联手合作	对美采取协调政策,反对对中国进行军事侵略（以外交交涉手段维护日本的权益）
20世纪30年代的大藏大臣与经济政策	1931年12月—1936年2月,高桥是清任大藏大臣,放弃金本位制,凭借浮动汇率使日元贬值,财政放松扩张（后又改为紧缩）,放宽金融限制	到1921年12月止,井上准之助任大藏大臣,凭借有目的的通货紧缩政策,使日本以战前的平价汇率恢复了金本位制

民政党（正式名称为立宪民政党）是1916年之后,由宪政会与其他政党合流,于1927年时更名为民政党的政治集团。其政策的特征为:（1）在自由经济与小政府的领导之下实现产业合理化和效率化;（2）以战前的平价汇率恢复金本位制（滨口内阁）;（3）国际协商与和平外交,特别是重视与美国的友好关系（币原外交）;（4）一贯的反法西斯姿态。它的主要支持基础为知识分子阶层与城市居民等。

当时的日本国民在选举时并非总是将票投给同一个政党,而是随着各个时期出现的问题及国内外的形势变化来选择自己所支持的政党。而通过1925年实行的普选,选举权范围得以扩大,从而产生出几个以农民工和工人为支持基础的无产阶级政党。虽然它们在议会中所占席位较少,不过直到1937年的中日战争爆发前,支持率却不断攀升。

如前所述,民政党滨口内阁（1929—1931）中的井上大藏大臣对通货紧缩政策和恢复金本位制的信念十分执着。虽然这些政策引发了严重的经济萧条,但是井上从未改变过自己的政策,也从未后悔过。在国民中开始出现了对井上政策的强烈不满情绪，接替滨口内阁的民政党第二届若槻内阁因军部发动的武装政变未遂事件（十月事件）而不得不全体辞职，取而代之的是1931年12月13日成立的政友会的犬养毅内阁。就这样，井上的通货紧缩政策终于画上了句号。

犬养内阁的大藏大臣高桥是清将井上的政策全部推翻。就任的第一天，高桥就放弃了金本位制和固定汇率，已经过渡为浮动汇率的日元随即狂跌。同时，他还通过发行国债的方法来进行财政扩张。为了填补财政赤字而发行国债一事由日本银行承办，这被称为"财政赤字的货币回笼"。日本政府以这样的方式刺激景气还是第一次。

大藏大臣高桥是清主政后改变了政策，金融紧张得到了缓和，其所带来的低利率加快了经济的复苏。日本的经济从1932年开始出现了好转的征兆，直到1936年（即战争经济的前一年）为止持续呈现出繁荣的大好局面。在发达工业国家中，日本是最早摆脱20世纪30年代世界大恐慌阴影的国家，因而说明实施财政金融缓和政策在此时是正确的抉择。但是，汇率的降低有可能被视为"致近邻于贫困的政策"而遭到非难。也就是说，日元贬值对于日本的产业来说是十分有利的，但对于其他国家来说反而会由于本国货币对日元贬值而蒙受损失。

高桥的政策使日本从经济萧条中成功脱身，他也被誉为"日本的凯恩斯"[①]。也就是说，在英国经济学家凯恩斯于1936年发表著名的《通论》之前，高桥就已经实施了凯恩斯政策。直到今天，高桥的政策依然备受赞赏，而井上的政策则被作为顽固的谬误屡遭批判。

不过，我们也不能对两者妄加评价。针对批判井上的普遍性论调，坂野润治提出了自己的异议，他认为，迫使效益不佳的企业退出、存活下来的企业誓死拼搏的通货紧缩政策与之后的高桥扩张性财政政策可同被视为使20世纪30年代中期的财政扩张成为可能的前提条件。从此意义上讲，有了井上的紧缩与

---

① J.M.凯恩斯是《就业、利息和货币通论》的作者。凯恩斯在书中批判了认为市场机制能自动解决失业问题的古典派，并且在对由不确定因素左右着的世界进行构想的基础之上，利用流动性（货币）的取向选择、投资意欲的强弱及稳定程度、总需求与总供给等分析工具，找出一个能使非自发性失业得以继续存在的机制。他还主张，公共事业投资是摆脱慢性经济萧条的方法。由凯恩斯掀起的这场理论革命使经济学有了很大转变，宏观经济学和国民收入统计学也随即应运而生。

其后的高桥的扩张，才有了之后的经济复苏，但是像井上这样丝毫不考虑客观现实情况而一意孤行的紧缩政策还是存在着很大问题的。当世界大恐慌刚刚开始波及日本时，就应该缓和或撤回紧缩政策。外来的萧条已经充分地使日本国内的微观经济改革产生了效果，无论如何不能够再把严重挫伤日本经济作为目的。从这个观点出发，我们就可以解释为什么在政治上一贯反对法西斯主义的民政党却因为扩大了萧条这一经济上的失策，讽刺性地创造出了使军部和右翼势力借以抬头的糟糕透顶的社会环境。

到了 1934 年，日本经济已经坚实地步入了扩张性财政政策的轨道。为了避免财政亏空，高桥大藏大臣开始修正路线，削减开支。可以说这也是个正确的判断。但是，陆海军不顾财政危机，不断要求大幅度地增加军备预算。高桥对此采取对抗态度，于是他在 1936 年 2 月 26 日发生的武装政变未遂事件中遭到了暗杀。

井上与高桥都是在担任了日本银行总裁后成为大藏大臣的，但是两个人的性格和经历却大不相同，甚至是对比鲜明。身材高挑的井上是毕业于东京大学的精英人物，而外号"不倒翁"的高桥甚至没有受过什么教育，属于年轻时饱尝劳苦、莽莽撞撞的平民式人物。毫无疑问，国民的人气都偏向于平易近人且每每都将国家从经济危机中拯救出来的高桥。

四、政治恐怖活动与侵略中国

1931—1937 年，军部对政治的介入态度逐渐强硬起来。特别是在 1931—1932 年和 1936—1937 年这两个时期中，国内外的各种危机相对比较集中，发生了一系列包括对外侵略和国内恐怖活动在内的惨案。而每当这类事件发生后，政党政治的基础就会遭到侵蚀。在陆海军中出现了几个派系，它们之间或互相对立或互相合作，开始进行各自的以推翻政党政治、实现天皇亲政下的国家统一以及引入计划经济等为目标的改革运动。其中的过激派团体曾多次重复武装政变和暗杀要人的行为。这个黑暗时期的进程可以年表的形式归纳如下：

1931 年，3 月事件——军事武装政变未遂；"九一八"事变——关东军（驻扎在中国东北地区的日本陆军）参谋石原莞尔、板垣征四郎等人炸毁铁路后栽赃给中国，以此为借口开始了对中国的军事进攻。石原一贯的论调就是，东方的盟主日本与西方的代表美国之间早晚会爆发一场人类历史上最后的战争,这是不可避免的,因此作为战前准备就必须先夺取满洲。虽然他讲起来头头是道,但是给人的感觉却极为荒诞无稽。石原等人没有上报东京的政府和陆军参谋总部就实施了这次侵略行动。尽管币原外交大臣事前曾命令他们要慎重对待军事扩张行动,但石原一伙却完全把这个告诫置若罔闻。由于中国方面采取了不抵抗策略,所以中国东北地区很快地就被日军占领。"九一八"事变清楚地表明,政党政治已经无法再对军部的行动进行控制了;10月事件——军事武装政变未遂,第二届若槻内阁瓦解。

1932年,血盟团事件——井上准之助(前大藏大臣)与团琢磨(三井财阀)被标榜"一人一杀"主义的右翼团体暗杀;满洲国成立—政友会犬养内阁建立了日本的傀儡政权;"五一五"事件——海军少壮派军官们枪杀了犬养首相,虽然武装政变以失败告终,但是犬养内阁因此而全体辞职,自大正民主运动以来就一直延续着的政党政治结束了。

1933年,脱离联合国——日本因侵略中国东北地区而在联合国遭到谴责后退出了联合国;1933—1935年,在经济方面持续呈现出繁荣景象,国内外也没有发生重大事件,是一个较为安定的时期。然而,这只不过是暴风雨来临前的短暂的平静而已。

1936年,"二二六"事件——一个下着雪的早晨,由陆军皇道派的现役青年军官们所率领的部队在东京策划了一场军事武装政变。他们杀害了高桥是清大藏大臣、斋藤实内务大臣和渡边锭太郎教育总监,并占领了首都的中心地区达四天之久。陆军刚开始时还认可了他们的这次行动,后因昭和天皇震怒并下令镇压,政府才终于出面平息了叛乱。这次武装政变虽然没有成功,但是以此为分界线,军部对政党政治的攻击愈演愈烈,最终导致了军部的独裁[①]。

经过这一系列的事件,政友会为了攻击对手民政党,继续与陆军皇道派的合作和排斥"天皇机关说"(即主张一国主权属于国家而不属于天皇,天皇只

---

① 在军部与政党的关系方面,有几点非常奇怪:第一,与法西斯势力勾结并得到他们支持的犬养内阁为什么会在1932年的军部恐怖活动中被推翻?第二,尽管在1936年2月20日的总选举中政友会惨败,且六天之后的"二二六"事件中陆军皇道派又被扫清,但是为什么军部独裁不但没有被削弱,反而愈发得到加强?仅以军部单方面压制民主势力这一简单的历史观是无法解答这些疑问的。要理解这些问题,就必须从军部与政党各自的内部派别及它们之间复杂曲折的合作与对立关系入手。

是代表国家的最高首脑，只行使统治权——译者注）等机会主义活动。军部的目的是要清除政党政治，因此不得不说政友会所采取的策略实在是过于危险。况且美浓部达吉的"天皇机关说"正是表明了在明治宪法之下政党政治也依然可行的学术界论定。很明显，作为权威政党的政友会却对此进行抨击的做法是非常矛盾的。

另一方面，民政党坚决不向军部妥协，始终采取对抗的态度。尽管如此，在国民的眼中，无论是政友还是民政党都是非常堕落和腐败的。对于工人和农民来说，在他们所期望的改革之中，即否定市场经济、保障生活安定与福利的政策、向计划经济转移，这两个党派都作为反应冷淡的资产阶级政党而遭到了谴责。就这样，民众和无产阶级政党逐渐地、有条件地与军部产生了共鸣。虽然多数人都反对军部所崇尚的侵略战争，但是对于军部的目标——反对资本主义的社会改革还是赞同的。

1937年，抗日战争爆发——7月7日，中日两军在北京近郊的卢沟桥附近发生了小冲突。虽然这次小小的事件在当地很快就进入了停战状态，但是东京的近卫内阁却借此机会决定向华北派兵。就这样，持续到1945年的中日全面战争爆发了。

对于日本从什么时候开始跨越界线，使中日之间的战争出现不可挽回的局面，也许有各种各样的见解，笔者认为，1931年"九一八事变"是分水岭。这次事件之后，主张走和平路线的币原外交政策被废弃，军部的影响力则逐渐扩大。通过武力在中国国内建立傀儡政权并确保日本利益的行为，完全无视了20世纪20年代以来各列强之间关于在中国的"门户开放和机会均等"的约定。日本也因此而不可避免地遭到了国际上的指责和孤立。同时，当时的政党政治和媒体的力量也不足以去阻止这种对外政策。政友会与民政党根据两党的协商，曾多次谋求对抗军部，但是这些尝试均未奏效。有人把从"九一八"事变开始到日本战败为止的1931—1945年称为"十五年战争"，但是直到抗日战争全面爆发之前，在一般日本民众中都还没有战时的感觉。

有一种说法称在这段时期内，由于舆论管制，日本国民和议会都无法得到所需信息，也不能批评指责军部的做法。其实这种说法是错误的。至少到1937年抗日战争爆发为止，日本舆论界都一直非常积极地对军部和扩军政策进行批判，并呼吁结成反法西斯战线。在议会中，可以毫无顾忌地针对军人进行挑衅性批判，代表工人和农民的社会大众党在每次选举中都会取得飞跃性的进步。事态的突变就是发生在"七七事变"之后。全面战争开始后，之前所开拓的民主主义道路即被阻断，一切都染上了战争的色彩。

五、1937—1945 年的战时经济

军部预想且期待对中战争可以在短期内结束。但是实际的结果是，全面战争一直持续了八年。在极不现实的畅想与战略的引导下，战线一点一点地扩大，战争陷入了无法自拔的泥沼状态。而在中国，国民党和共产党曾经互相敌对，但最终两者为了抗日而开始联手合作。

在日本，以前就有过主张实行计划经济的呼声，可一直到 1936 年为止，日本的经济基本上是遵循着市场经济的原理在运转的。而中日战争爆发之后，日本以结束战争为目的，对经济体制进行了大幅度的调整，接连不断地出台了一系列对国民、企业和资源进行管理和动员的措施。虽然大部分企业还保持着私有性质，但它们被置于国家的严格控制之下，并被要求为战争作出贡献。现将为实行战时经济而制定的相应措施中的主要部分列举如下：

1937 年设置企画院。企画院直属于首相，是负责计划和实施战时国家资源动员任务的机关。它的工作性质与以前社会主义国家的国家计划委员会基本相同。它汇集了内阁各省的官僚精英。

1938 年企画院发布物资动员计划，这是日本最早的经济计划。之后公布国家总动员法。

1940 年新体制运动。与日军对东南亚的侵略及德国在欧洲战场的胜利相呼应，以近卫文麿为核心，掀起了为强化国民动员而建立一党专制体制的运动，最终结成了"大政翼赞会"。在这个过程中，原有的各政党被解散。

1943 年制定军需会社法。被指定为民营军需企业的企业在经营、生产计划和处罚规定等方面处于政府（军需省）的管理之下。同时，这些企业可以优先得到原材料的供给。

制订经济计划的目的就是利用有限的国内资源和进口资源，进行最大限度的军需生产，而军需生产中最重要的部分是舰船和战斗机。到了战争末期，无

法再进行大规模的军需生产时，唯有战斗机的生产依然优先进行。为了加强重工业生产，国民消费被大幅度地削减，轻工业生产也受到压制。至此，曾经一直在日本经济中占据主导地位的纺织工业濒临毁灭，国民被迫过着没有新衣新鞋的生活。家里家外的金属统统作为军需生产的材料被强行充军上缴了。同时，还实施了生活必需品配给制度、强制性企业合并、在工厂进行义务劳动等措施，这些措施随着时间的推移也越来越严格。

在战时计划中，外汇储备及燃料（包括原料的海上运输能力）是两个决定性因素。直到1940年都未能解决的问题是如何在受到这两个因素的制约下维持最大限度的军需生产。而到了1940年之后，由于与其他国家的贸易关系已中断，所以问题的焦点又变成了如何将自然资源从殖民地或占领区运送到日本本土这样的问题。

日本认为，仅靠从"日元圈"（殖民地朝鲜、中国台湾、中国东北及日本占领下的中国其他地区）获取资源来完成战争是远远不够的。1941年7月，为了保障更充足的资源，日本首先从法属印度支那（即越南）下手，开始了对东南亚的侵略。愤怒的美国对日本进行了停止石油出口和资源冻结的制裁。如果停止从美国进口石油，日本的石油储备只能维持1—2年。此时，虽然日本也在摸索通过外交谈判来和平解决的途径，但已经基本上做出了对美开战的决定，想趁着还有一些资源储备时尽快打赢这一仗。日本的赌注下得太大了，对于怎么"赢"其实根本没有任何考虑。1941年12月的偷袭珍珠港事件使日本卷入了与美国及其同盟国为敌的太平洋战争。

军部并没有制定出对美作战的明确的战略方针，更没有取胜的把握。他们只看到了纳粹德国在欧洲战线上连续取得的辉煌战果，他们坚信美国的资本主义和个人主义已经落后于时代，日本、德国和苏联的集体主义才是开拓新时代的理想体制。太平洋战争一打响，日本紧接着又对东南亚的广大地区进行了闪电式的进攻，但是马上就遭到了同盟国的反击并开始节节败退。日本的舰船与战斗机迅速减少，而美国的军需生产力却越来越强。从1944年年末开始，美国对日本本土的轰炸愈发猛烈，大量使用燃烧弹。除京都等极少数城市外，几乎所有的城市都在空袭中遭到了破坏。1945年3月末，美军在冲绳登陆，展开了地面战。1945年8月，美国又分别在广岛和长崎投下了原子弹，苏联也对日宣战。几天后，日本宣布投降。

暂且不谈导致日本战败的政治和外交原因，仅从经济方面分析，日本战败是由于缺乏燃料和原材料，以及由此引发的战时经济的崩溃。日本在战争中几乎丧失了所有的船舶，因此根本无法从殖民地和占领区向本土运输物资。

结 束 语

在日本留学期间，笔者就想把自己学到的一些知识和感悟变成文字与同胞分享。作为一名留学生，能为祖国奉献微薄之力，便是最大的幸福。

日本曾经历过以中国为师的历史阶段，以至两个国家在诸多方面确有相同之处。但是明治维新以后，日本转而以西方为师，经济社会发展的速度亦确实曾经超过中国。日本的崛起历程到底有什么密踪可寻，一直是我思考的一个课题，经过多年的踏访考察，今天终于交出了一份或许不成熟的答卷，是耶非耶，任读者诸君自由评说。

日本接受西方先进文化和技术的过程，经历了内外因交错互动的复杂磨炼，历史又一次证明外因是变化的条件，内因才是变化的根据。本书就是力图阐释明治维新前后，日本人以利国实用为标准，自如地调适社会机制，有效地吸纳欧美的文化和技术，使自己迅速地实现了工业立国的愿望。日本近代化的过程留给人们的不仅是丰富的工业产品，还应该有丰富的文化内涵。他山之石，可以攻玉，日本的经验和教训，肯定也有可供国人参考之亮点。

第二次世界大战之后，日本经济社会的变化，有更为丰富的内涵可供学人讨论研究，但这些问题已不在本书的论述范围。好在纷繁复杂的历史事相已纳入了本人的学术视野，我将继续与大家共同讨论这些繁杂而有趣的学术问题。

参考文献

中　文

王屏：《近代日本的亚细亚主义》，商务印书馆 2004 年版。

许介麟：《福泽谕吉的文明观与脱亚论》，《历史月刊》2003 年第 184 期。

周建高：《福泽谕吉对中国文化的迎与拒》，《历史月刊》2003 年第 184 期。

福泽谕吉：《文明之概略》，商务印书馆 1982 年版。

子安宣邦：《东亚论：日本现代思想批判》，吉林人民出版社 2004 年版。

李光耀：《李光耀回忆录 1923—1965》，世界书局（中国台湾）1998 年版。

日　文

石井寛治：『日本経済史　第 2 版』，東京大学出版会 1991 年版。

長幸男、住谷一彦：『近代日本経済思想史』，有斐閣 1969 年版。

経済同友会：『近代経済学系譜』，日本経済新聞社 1949 年版。

杉原四郎：『近代日本の経済思想』，ミネルヴァ書房 1971 年版。

東京大学史料編纂所編：『大日本維新史料』，東京大学出版会 1969 年版。

堀経夫：『明治経済思想史』，日本経済評論社 1991 年版。

同時代編：『福泽谕吉研究資料集成』共 4 卷，大空社 1998 年版。